積水ハウス、クーデターの深層

保身

HO SHIN

Tadashi Fujioka
藤岡 雅

角川書店

保身

――積水ハウス、クーデターの深層

はじめに

高齢の割に恰幅《かっぷく》の良い男は、一人、鬱屈《うっくつ》とした感情を取り払えずにいた。二〇一九年初春、都内の高級ホテルでは、前年の秋の叙勲で旭日重光章《きょくじつじゅうこうしょう》を受章した、建設業界名士の受勲パーティが開かれていた。男は、この宴席の重要な来賓の一人だった。

乾杯の後、業界では名の知れている男の周りにはすぐに人の輪ができた。男自身も二〇一六年に旭日大綬《だいじゅ》章を受章しており、業界で彼の功績を疑う者などいない。男の所作や言葉にも、その自負がにじみ出ていた。

彼が住宅メーカーの会長を退任してからすでに一年を経ていたが、国交省の官僚やライバル会社の社長は、こぞって声をかけてきた。かつて仕事を共にし、あるいはしのぎを削った友人たちは、皆、業界の功労者である男に敬意を示していた。

しかし、ある人物だけは、男から一定の距離を保ち続けている。それとなく視線を送っても、一瞥《いちべつ》もしてもらえない。男は、まるで自分の存在が消し去られているような感覚に襲われた。

その人物は、かつて男の部下だった。住宅メーカーの社長を務めていた時、男は彼を後継に指名した。いまは会長職を離れてしまった男に代わり、彼はその地位にある。

男が会社に残した功績は大きな経営基盤となり、彼の地位も支えていた。だが、それがまるでなかったかのように振る舞うその人物に、男はざわざわと胸を揺さぶられるのだった。

住宅メーカーのリーディングカンパニー積水ハウスでクーデターが起きたのは、二〇一八年一月二四日のことだった。同社の取締役会で、会長職にあった和田勇《わだいさみ》は、社長の阿部俊則《あべとしのり》が提出した動議によって事実上の解任に追い込まれた。

和田にとってクーデターは、裏切り行為に他ならないが、人生を捧《ささ》げてきた会社の状態を少しでも知りたいと考えることは自然だった。積水ハウスを二兆円企業に育て上げた実力経営者だった和田には、依然として豊富なアイデアがあった。だが、阿部はクーデター以降、自分のもとには一度たりとも相談にこない。そんな心中を知ってか知らずか、阿部はかつての上司の思いにまったく応《こた》えようとはしなかった。

阿部の側にも和田に近づけない事情があった。自分の経営者としての存在意義を根底から崩しかねない事情を、和田が探っているのではないか。阿部は猜疑《さいぎ》心に苛《さいな》まれていた。かつての恩師に弓を引いた負い目と恐怖は、徹底的に避けようとするその行動に色濃く反映されていた。

クーデターから一年を経たこの時でさえ、新旧会長の間には、会釈さえも憚《はばか》られる緊張関係が続いていたのである。

失意のうちに受勲パーティの会場を後にした和田は、それからさらに一年後、株主提案の記者会見の壇上に立ち、真っ向から阿部体制に異を唱えることとなる。

二〇二〇年四月二三日に行われた積水ハウス株主総会は、プロキシファイト（委任状争奪戦）となった。争点は同社のガバナンスである。

阿部は「和田会長の専横によってガバナンス不良が生じている」と訴えて、クーデターを起こした。これに対し、和田は株主提案で「クーデターによりガバナンスが侵害され、深刻な機能不全を引き起こした」と訴える。

両者の主張は真っ向から対立した。かつては親子のような関係だった二人の激突は、斎藤道三《さいとうどうさん》が一度は家督を譲った息子の斎藤義龍《よしたつ》に挑んだ長良川《ながらがわ》の戦い（一五五六年）のようだった。道三と和田に共通するのは、後継者の人選を見誤ったという思いだろう。

しかし、自ら家督を譲って隠居した道三と異なり、和田は現職の会長時代に、すでに阿部を社長から退任させようと行動していた。その行動には、二〇一七年六月に発生した「地面師事件」が深く関係している。

他人の土地を地主に成りすまして、勝手に売却してしまう――。

右肩上がりに地価が上昇した戦後から八〇年代にかけて暗躍した詐欺師たち。彼らは二〇一三年からのアベノミクスによる地価の上昇を奇貨として、亡霊のように復活した。世間は狡猾《こうかつ》な地面師たちの空恐ろしいイメージを植え付けられ、「業界最大手の積水ハウスをも手玉に取る地面師像」が定着した。

ところが、事件をつぶさに検証した積水ハウスの調査対策委員会は、まったく異なる結論を出していた。それは、「騙されるはずがなかった事件」と評価し、社内の腐敗を強く意識させるものだったのだ。

調査対策委員会は、和田に組織の是正を勧告し、同時に人事・報酬諮問委員会は阿部に社長退任を求めた。しかし、和田は失脚し、会長の地位に就いたのは阿部だった。

この不自然で矛盾に満ちた帰結は、なぜ生まれたのか。地面師事件と、二兆円の売上を誇る住宅メーカーの特徴から浮かび上がってきたのは、地位に恋々とし、保身に走る男たちの狂騒だ。

オリンパスに東芝の粉飾決算、また関西電力の金品受領問題など、二〇一〇年代は数年おきに、大規模な企業不祥事が起きた。積水ハウスの地面師事件もその一端にあるが、それほど注目は浴びなかった。けれども、詐欺事件と密接に結びついたクーデターは、企業不祥事の深淵《しんえん》にある、経営者の身勝手な「保身」を浮き彫りにしていた。それは、「会社を支配している者は誰なのか」という本質的な議論を喚起させ、国内外から厳しい視線を誘い込んでいる。

また、経営者の権威と実力が全面的に称賛された「日本型経営」と呼ばれてきた特有のシステムの劣化も、如実に示していた。


積水ハウスは、地面師事件で五五億五九〇〇万円の被害に遭った。彼らは、いったい何に騙されたのだろうか。

※なお、積水ハウスの現役社員や元社員の証言については、証言者保護のため特定されないよう一部の方々を匿名・仮名にしたうえで、証言を分割・統合するなどしたことをお断りしておく。

保身

目次

序章

解任

クーデター政権、樹立す

クーデターの衝撃

「動議！」

そう叫んだ男の声は緊張からか、ひどくかすれていたという。

「和田会長の代表取締役及び会長職を本日付で、解職することを提案いたします」

突然、示された解任動議に、梅田《うめだ》スカイビル二〇階の議場は動揺に包まれた。二〇一八年一月二四日のことである。

動議を出したのは、積水ハウス社長兼ＣＯＯ（最高執行責任者）の阿部俊則。彼を社長に引き上げたのは、他ならぬ会長兼ＣＥＯ（最高経営責任者）の和田勇である。一〇年にもわたり忠誠を尽くしてきた和田に阿部が初めてとった反抗的態度が、このクーデターだった。

怒りに満ちた表情で和田は阿部をにらみつけた。和田に与《くみ》する役員からは、悲鳴にも似た批判が沸き起こる。

「それはおかしい」

「何を考えているんや」

怒号が飛び交う中、取締役会の議長を務めていた副社長兼ＣＦＯ（最高財務責任者）の稲垣士郎《いながきしろう》は、同伴させた弁護士の指示に従い、クーデターのために用意された手続きの数々を粛々と処理していく。阿部の周到な多数派工作を前に、和田はただ茫然《ぼうぜん》と議事が流れていくのを見ることしかできなかった。結果、解任の憂き目にあう。

和田が積水ハウスの社長に就任したのは、一九九八年。当時の売上高は一兆三〇〇〇億円ほどだったが、以降、着実に業績を伸ばし、積水ハウスを二兆円企業に押し上げた。一〇年前、阿部に社長の職を譲るも、会長兼CEOとして実権を握り続けていた彼は、実に二〇年も積水ハウスに君臨し続けていた。それだけに、退任は積水ハウスの世代交代を印象付けるものだった。

和田に集中していた権限を分散させ、企業統治のあり方を転換させる。この「ガバナンス改革」こそが、阿部が掲げた大義名分である。この日、積水ハウスは創立五八年目にして、大きな転機を迎えた――はずだった。

ところが、このクーデター劇はひと月近くも公にされることはなく、阿部が掲げた「ガバナンス改革」は、さっそくその基盤から揺らぎ始めたのである。


取締役会から三週間を過ぎた二月一九日一八時を回ったころ、「週刊現代」の記者をしている私のスマホにニュースが飛び込んできた。日本経済新聞電子版「イブニングスクープ」のプッシュ通知である。

「実は『解任』だった…積水ハウスの会長交代」と題されたその記事は、クーデターの起きた一月二四日の取締役会の内容を詳報していた。北西厚一《きたにしこういち》記者による記事に、私は目を奪われた。

そもそも、その日の取締役会のあとに開かれた記者会見では、クーデターの話など一切出てこなかった。会長の和田の退任と、社長の阿部の会長就任、副社長の稲垣の副会長就任に加え、取締役常務執行役員の仲井《なかい》嘉浩《よしひろ》が新社長に就くことが発表されただけだった。和田が七六歳、阿部も六六歳を迎える中で、仲井は当時五二歳で、取締役の中で最も若い。眼に見える若返り人事である。阿部の社長就任から約一〇年ぶりの社長交代も好感を持って報道された。円満な世代交代を演出する経営陣の欺瞞《ぎまん》と、その背景にある内紛劇を見事に暴いた日経の記事は、紛れもないスクープである。

さらに、日経電子版には和田の一問一答も掲載され、そこにはこのような和田の言葉が記されていた。

「晩節を汚さずきれいに去ろうとも考えていた。だが、新体制では『魔女狩り』も始まっていて、社内がびくびくしている。いっときのブランドイメージを落としても、異常な姿をさらけ出した方がいい。このままでは会社がボロボロになると思ったので、覚悟を決めた」（二〇一八年二月一九日・日本経済新聞電子版）

経営陣への宣戦布告であることは明らかだ。

一方の積水ハウスは、翌日プレス・リリースを出した。

代表者異動に関する一部報道について

2月19日18：02付、日本経済新聞電子版の「イブニングスクープ」を始めとする関連報道で弊社代表取締役交代人事に関する報道がありましたが、本記事の一部には重大な事実誤認を含んでおりますのでお知らせいたします。前会長は解任という事実はなく、本人の意思による辞任で世代交代を決定したものです。

このリリースは、日経のスクープを真っ向から否定し、さらに和田との全面対決姿勢を示すものだ。どちらかが本当のことを言い、どちらかがウソを言っている。内紛が尾を引くことは明らかだった。

「週刊現代」編集部から、私に「積水ハウスの内紛を取材せよ」と指示が下ったのは、二月二〇日の午前中のこと。その日は、恩師である元日本経済新聞記者で、経済ジャーナリスト・磯山友幸《いそやまともゆき》のランチ勉強会に出席することになっていた。スピーカーは、東京証券取引所の元社長で、コーポレート・ガバナンス改革に造詣《ぞうけい》の深い、斎藤惇《さいとうあつし》。「週刊現代」でオリンパスや東芝の粉飾決算など、企業不祥事の取材をしてきた私はこの講演を楽しみにしていた。勉強会会場に向かう途上、浅草《あさくさ》線・虎ノ門《とらのもん》駅の改札を抜けようとしたその時、編集部から着信があった。

「藤岡《ふじおか》さん、日経のスクープ読んだでしょ。ひと月前の積水ハウスの世代交代。あれ、実はクーデターだったようですね。日経の朝刊にもデカデカと出てますよ」

一〇年来の付き合いの編集者は、「すぐに取材しましょう！」と息巻いていた。内紛の深淵《しんえん》の一端をのぞいてみたくなるのは、企業取材を生業《なりわい》とする週刊誌記者の性《さが》でもある。私は磯山の勉強会会場に到着すると、すぐに斎藤惇に挨拶《あいさつ》を済ませた。楽しみにしていた講演だが、積水ハウスのクーデターが気になって仕方がない。止む無く講演の途中でその場を離れ、東京駅から新幹線に乗り込んだ。

積水ハウス本社のある大阪・梅田に着いたのは、一五時半を回ったころだった。大阪市内の和田の自宅マンションに向かい、インターフォンを押したが応答はない。

やがて、「週刊現代」からもう一人、安部次郎《あべじろう》記者が大阪に到着した。

今回の取材のターゲットは和田であり、内紛の状況を聞き出すことが主眼だったが、対立している阿部と稲垣もターゲットに加えることになった。私は和田を自宅マンションの前で待つことにし、安部記者は宝塚《たからづか》市の稲垣の自宅に向かう。

その日の夜には、安部記者が他媒体の記者と稲垣を囲み取材することができた。

稲垣は帰宅するなり、「わははは」と笑い出したという。記者が三人も待っていたことに、「何を大げさな」とでも言いたげだったそうだ。

「寒いところ、皆さんそろって、どうしたのよ」

「クーデターの件ですよ」

「う〜ん、日経の記事については抗議文を出しているんだけど。『解任』って書いてあるけれども、取締役会の事実は、和田さんが会長を辞任したことになっている。あの記事は誇張がある」

稲垣の「和田は辞任したのだ」という主張は、まやかしである。和田は阿部によって解任動議が出されると抵抗を示したが、外堀をすでに埋められてしまっており、辞任に追い込まれたのが真相だ。この経緯は後に詳述するが、解任動議が提出されたことは、同社の取締役会議事録に明記されている。実質的に解任されたのは明らかだ。稲垣の囲み取材に戻ろう。

「解任動議も出ているとされているが……」

「その過程は、守秘義務があるから話せない部分もある。最後は会長が分かったと、やはり次世代に譲るという決断をされた結果です」

「解任動議はなかったということでしょうか」

「あったかなかったかはコメントできません。守秘義務があるから。でも相談役（和田のこと）も応援してくださっているのは、新体制でガバナンス改革を進めることです。ガバナンス改革って一〇〇点満点はないんで、進化させられるかどうか。これからも成長していくことが、求められているんだと思ってます」

「和田さんが日経の記事であれだけ批判しているのに、クーデターではないと言うのですか」

「クーデターなんかじゃないですよ。ありがとう！」

こう言うと、稲垣は取材陣の囲みを出て自宅に入っていった。

稲垣はあくまで円満な世代交代を印象付けたいのだろう。しかし、彼の言い分は、和田の見解とあまりに隔たりがあった。守秘義務を盾にするのは、何かを隠そうとする経営幹部の典型的な態度でもある。積水ハウスの幹部で、「守秘義務」という言葉を強調したのは、稲垣だけではなかった。広報部長（当時）、楠正吉もそうだった。

「日経の記事は事実誤認がある。和田は解任されたのではなく、辞任したのです」

こう語る楠に、「では解任動議は出ていないのか」と質《ただ》すと、「守秘義務があり、答えられない」という。その後の質問のほとんどが「守秘義務」に遮られた。稲垣と楠の対応からは、積水ハウスの幹部たちが「守秘義務」を利用して、和田解任動議の提出を隠し通そうと申し合わせていることがうかがわれた。

翌日、和田が大阪にはいないとの情報を受けて、私は西宮市《にしのみや》の阿部の自宅マンション前で長いこと待ってみたが、こちらも接触はかなわなかった。おそらく、阿部も守秘義務を盾に何も話はしないだろう。積水ハウスがクーデターを隠そうとしていることは、もはや明らかだ。それはいったい、何が目的なのか。

それを知るためには、やはり和田から直接に話を聞かなければならない。

「週刊現代」の締め切りを迎えた日、私は最後にある人物を訪ねてみた。その人物の名前を明かすことはできないが、積水ハウスと密接不可分の関係を持つ人物である。

彼は当初、突然の訪問に「失礼だろ！」と怒っていたが、訪問の理由を説明すると、黙って耳を傾けてくれた。

「日経のスクープは、当事者の和田さんの証言から作られた記事です。それを真っ向から事実誤認だという会社の姿勢には、何かあると思うのが普通でしょう。しかも、その理由を尋ねても会社側は守秘義務を盾にして具体的な説明を避けている。怪しいじゃないですか。会社は何を隠したいのか、興味を持たない記者がいるはずがないでしょう」

その人物は、深くうなずき、こう言った。

「少し待ってくれ。いまはまだ話ができない。状況が変われば、話ができることもあるだろう。名刺だけ、置いていってくれ」

彼の対応は、和田に与する幹部が社内にいることをうかがわせるとともに、和田の反撃がこれからも続くことを示唆していた。この内紛劇は積水ハウスの将来に禍根を残す可能性が高い。そう確信し、私はいったん東京への帰路についた。

地面師事件

積水ハウスのクーデター劇の端緒となったのは、地面師事件である。日経のスクープ以降、地面師事件がいかにクーデターへ関係していたかを示す記事が、各メディアで盛んに報じられた。地面師事件の経緯は第一章〜二章で詳述するが、ここでは概要を紹介しておこう。

積水ハウスの地面師詐欺被害は、二〇一七年六月九日、東京法務局に西五反田《にしごたんだ》・海喜館《うみきかん》の土地の「所有権移転登記」が却下されたことで発覚する。積水ハウスは警察に通報し、発覚から二ヵ月後の八月二日に被害を公表した。そのプレス・リリースは「分譲マンション用地の購入に関する取引事故」と題して、購入したマンション用地の取得に失敗し、支払い済みの六三億円が回収できない状態になったことを伝えていた。最終的な被害は五五億五九〇〇万円とされ、現在に至るまでその資金の一切が、回収できていない。

地面師とは、詐欺師の一種である。その手口は、他人の土地の所有者に成りすまし、土地を勝手に売却してしまうというものだ。戦後の混乱期に台頭し、土地バブルが華やかな八〇年代に全盛を迎えた。その後、バブルの崩壊とともに消滅したと考えられていたが、二〇一三年に始まった大規模な金融緩和や東京五輪招致の成功によって都心の地価が高騰すると、地面師たちは現代に蘇《よみがえ》った。

犯行の特徴は、計画を描く主犯格と地主に成りすます実行犯とで行われることだ。偽造されたパスポートや印鑑証明、保険証などを主犯格が提供し、実行犯が本人に成りすます。その上で、弁護士などを巻き込んで、実態のある取引を巧妙に装うのである。この時期、アパホテルを運営するアパグループや、NTT都市開発などが地面師による詐欺被害にすでに遭っていたが、実態はまだ解明されていなかった。積水ハウスの地面師事件も、全容を把握することは非常に困難だった。

警察の捜査に動きがあったのは、積水ハウスが被害を公にしてから約一年二ヵ月後のこと。二〇一八年一〇月以降、警視庁捜査二課により、容疑者たちが次々と逮捕されていった。土地の所有者に成りすましたのは、元保険販売員の羽毛田正美《はけたまさみ》。また、所有者の内縁の夫に扮《ふん》して羽毛田の犯行を指南していた常世田吉弘《とこよだよしひろ》、事件を主導したとされるカミンスカス操《みさお》や、過去に数々の地面師詐欺を働いていた内田マイクが逮捕された。世間の耳目を集めたのは、逮捕者が総勢一七名に上り、史上空前の詐欺事件となったからだ。

しかし、主犯格のカミンスカス操や内田マイクと、実行犯の羽毛田正美や、その内縁者とされる常世田吉弘の関係も非常に曖昧模糊《あいまいもこ》として、詐欺師集団としての一体性は見いだせない。それだけに逮捕者は膨れ上がったのだが、不起訴となる者もいた。関係した弁護士や司法書士も、犯行の実態のどこまでを知り、どこからを知らないのか、検証が困難な事件だった。

偽の土地所有者を演じた実行犯の羽毛田正美は、全面的に容疑を認め、裁判では懲役四年の実刑判決が下された。一方でカミンスカス操や内田マイクは当初より否認を貫き、一審判決が下ったのは、事件から三年もあとの二〇二〇年になってからだ。内田マイクに懲役一二年、カミンスカス操には懲役一一年が言い渡されたが、両名は控訴した（二〇二一年、両名の控訴は棄却された）。

積水ハウスでクーデターが起きた二〇一八年一月当時は、まだ警察の捜査が本格化していなかったが、積水ハウスの社内調査はすでに結論を出していた。この時点ではほとんどの記者は気が付いていなかったが、それは無理もない話だった。一七年九月には、代表取締役の和田と阿部が報酬の二〇%を、また取締役全員が一〇%を二ヵ月間減額する処分が下された。加えて一二月には、地面師との取引で現場の指揮を執ったマンション事業本部本部長の三谷和司が、その責任を取り、常務執行役員を辞任して会社を去っていた。さらに不動産部長の黒田章、法務部長の中田孝治がその職責を解かれていたのである。このように、会社の処分が一通り下されていたことから、すでに一定の決着がついていたかのように見えていた。ところが、積水ハウスは調査対策委員会を七月に立ち上げ、本格的な調査を開始していたのである。

　調査対策委員会が結果をまとめた調査報告書が、クーデターのあった取締役会の冒頭で報告されていたのだが、実はこれこそが、クーデターの背景を如実に物語る最重要資料である。その調査報告書はいま、私の手元にあるが、冒頭にはこう書かれている。

> 本件は、不動産を専業とする一部上場企業が、55億円《ママ》5千万円という、史上最大の地面師詐欺被害にあったということである。また、被害金が裏社会に流れたと推定される。大手金融機関が振込詐欺で甚大な被害を受けるのと同じで、通常起こりえないことであり、絶対にあってはならないことである。

　極めて厳しい文言で、詐欺被害を招いた積水ハウス経営陣を批判していることが分かるだろう。近年の企業不祥事では、外部の有識者による第三者委員会が立ち上げられることは珍しくない。だが、外部機関による報告書でも、ここまで痛烈に批判したものはほとんどない。積水ハウスの調査対策委員会は、第三者による調査ではなく社内調査だが、厳しく自社を批判する報告書は、極めて珍しい。

もう一つ、この調査報告書には特徴があった。それは世間の地面師事件のイメージと、調査報告書全般に共通する認識に、大きな隔たりがあることだ。

地面師は、一般的に積水ハウスのような大手企業でも騙《だま》されてしまうという、大胆かつ狡猾《こうかつ》なイメージでとらえられているが、調査報告書は騙されるはずのなかった事件という評価で貫かれている。そして、責任の所在についても厳しく、明確に指摘していた。

ＣＥＯである会長の和田については、取締役会・監査役会の責任という項目に、代表取締役会長も、このような事態が発生した責任があると言及し、再発を防止するために、人事及び制度の運用について、不完全な部分を是正する責務があると、今後の組織改革を促している。趣が格段に異なるのは、ＣＯＯである社長の阿部への言及だった。

「業務執行責任者の責任」という項目にはこう記してある。

本件取引の全体像を把握して、誤った執行にならないよう防ぐ責任は業務執行責任の最高位者にあり、最後の砦である。

業務執行責任者として、取引の全体像を把握せず、重大なリスクを認識できなかったことは、経営上、重い責任がある。

調査報告書は、事件の責任を取るべき人物を明確に示していた。

日経のスクープによってクーデターが発覚した二月一九日以降、社長の重い責任を問うた調査報告書を日経、朝日、読売などの各紙がこぞって報じるようになったのは、当然のことだ。

五五億円を超える被害をもたらした地面師事件について、調査対策委員会は阿部の責任を追及し、和田に組織改革を促している。ところが、この調査報告書が提出された取締役会で、阿部は責任を一切問われず、和田だけが解任されてしまったのだ。「クーデターではない」「和田は自ら辞任した」という経営陣の説明を、そのまま受け入れる記者がいるはずもなかった。

ましてや、一月の取締役会後の記者会見で、阿部は「若返りを図ろうと決まった」と言い、新任社長の仲井は、この人事について「地面師事件は、全く関係がない」とまで言い切っていた。積水ハウス経営トップが、記者会見でウソまでついて何かを隠そうとしていることは明らかだった。

当然、クーデターを暴露された阿部が、次に何を語るのかが、記者たちの関心事となる。三月八日、大阪取引所で行われた積水ハウスの決算会見には、例年の二倍の記者が集まったが、その内容は大方の期待に反し、要領を得ない答弁が際立つものとなった。

冒頭、阿部はこう語った。

「ガバナンスについて、なんとしても、不退転の決意でやるのが私の役割と責任だと思っております。若い仲井社長を、会長の私、副会長の稲垣の二人でサポートしながら、新しい積水ハウスを作っていきたいと思っているわけでございます」

ここまでの報道で、ガバナンスと相反する「ウソと隠蔽《いんぺい》」の実態が暴かれているにもかかわらず、「ガバナンスをやり遂げたい」と言う。全く矛盾するこの発言に、新聞記者から次々と質問があがった。

「情報開示の在り方について、伺います。トップ交代があった会見のときには円満な世代交代だと発表されていて、土地取引のことは無関係とおっしゃっていました。しかし、その後、会長の解任動議が出されたことが明らかになり、地面師事件の背景が報道されています。これについて、阿部会長はどう思われますか」

「その件につきましては……、情報開示についてはこれからも、とにかく新しいガバナンス体制に向けて、しっかりとやっていきたいと思っています」

地面師事件の責任についても質問があったが、阿部は「責任は感じている。とにかく感じている」と繰り返すばかり。取締役会で何があり、なぜ和田が解任されたのか、具体的な話はない。説明はどれも言葉足らずで、要領を得ないやり取りに、記者たちは苛立《いらだ》ち始めた。

「ガバナンス強化といいますが、よく分からない。取締役会での会長の交代劇について、その情報開示の在り方も含めて、もう少し丁寧な説明をお願いしたい」

「ですから、我々は前に向けて改革を進めていく。その都度、必要なものは入れていくということでございます。その辺でご理解いただきたいと思います」

私が驚いたのは、阿部がこの会見で「取締役会の透明性」を掲げたことだった。そもそも記者たちは、和田を解任したことをひた隠しにしている不透明さを問うているのだ。その問いにまともに答えずに「透明性」を掲げては、かえって不信が募るのは目に見えている。しかし、阿部はこの論理破綻《はたん》に全く気が付いていないようだ。この場で「ガバナンス改革」「コンプライアンス」と正論を吐く姿は、なんとも痛々しかった。私は阿部の経営者としての資質に疑念を持つようになった。

翌日、東京で開かれた経営計画説明会でも同様だった。説明会後、記者に囲まれた阿部に「マーケットに対して、謝罪はないのか」という質問が飛んだ。株式市場から資金を集めている株式会社のトップなら、決して無下にしてはならない質問だ。経営体制の動揺は、投資判断の重要な情報である。円満な世代交代を好感して積水ハウスの株を購入した投資家がいたとしたら、後に発覚したクーデターは株主にとって背信行為と映る。特にこの二〇一八年一月～二月は、株価が大きく下落していた時期である。割安となった株価に、投資チャンスと踏んだ投資家には、影響を受けた者も少なくなかっただろう。

株主から資金を集めて事業を行う株式会社のトップなら、一言くらいディスクローズ（株主や取引先、従業員などのステークホルダーへの情報開示）の至らなさに言及し、「ご迷惑をおかけした」くらいの謝罪があってもおかしくはない。ところが、阿部は「それは昨日、話をした通りです」と煙に巻く発言に終始した。記者が「欺かれたと思った投資家もいたのでは」と質問を重ねると、今度は感情をむき出しに抗弁した。

「いや、欺いたとは思ってないですよ！」

記者の質問を遮るように広報部長の楠が割って入ると、阿部はその場を去っていった。

こうした姿勢は、私に一つの思いを強くさせた。――阿部は本当に、積水ハウスのことを真剣に考えている経営者なのだろうか。

そのような折、私のスマホに待望の人物から着信があった。大阪で私の名刺を受け取ってくれた積水ハウスと関係の浅からぬ、あの人物である。

「和田さんが会うと言っている。連絡先を教えるから、あとは和田さんに直接、聞いたらいい」

和田との面会が決まった。一月二四日の取締役会で何があったのか。その真相を教えてくれそうなのは、もはや和田しかいなかった。

和田は激怒した

待ち合わせた大阪のホテルに、和田は一人で現れた。高校時代は野球に明け暮れていたそうで、八〇歳を目前とする今も、その体格はがっしりとしている。背丈は一七三センチの私よりも高く、やや見上げるようにして対峙《たいじ》した。

「今日はお時間をいただき、ありがとうございます。お会いするのを楽しみにしていました」

「こちらこそ、わざわざ大阪まで来てもろうて、ありがとう」

積水ハウスに二〇年も君臨した和田である。記者のあしらいもお手の物だろう。取材は和やかな談笑から始まり、本題へと流れていった。

「会社側の説明は腑《ふ》に落ちるものではありません。和田さんは解任されたと日経新聞に語っていますよね。いったい、何があったんですか」

「よう分からん説明ばっかりしとるでしょ。あいつらホンマに正気かと思うわ。そもそもの話からします。ワシが解任された背景には、地面師事件がある。あの地面師事件の調査報告書では、阿部に『重い責任がある』と指摘していた。このことは知っとるやろ」

「はい」

「実はあのクーデターのあった取締役会の前には、人事・報酬諮問委員会が開かれとった。そこで阿部は事件の責任をとってクビになることが妥当やと決議されたんや。この決定を受けて、ワシは取締役会で阿部の社長解任の動議を諮った。ところが、この阿部解任の動議は否決され、逆にワシが解任されたんや」

「つまり、こういうことですか。調査対策委員会は社外取締役と監査役で構成された中立な調査機関で、地面師事件を調査した。そこで阿部社長の責任が明確となり、これまた社外の独立役員の四人と和田会長、阿部社長がメンバーの人事・報酬諮問委員会で、地面師事件の責任を取る形で社長の退任が決議された。にもかかわらず、取締役会で社長がクーデターを起こし、和田会長が解任され、阿部社長が生き残った」

「その通りや。阿部たちは、地面師事件は『全く関係ない』と言うとるが、大ありや。ワシが解任されたのを隠して『円満な若返り人事』とぬかしとる。おかしいと思わんか」

「それが事実なら、積水ハウスのガバナンスを大きく揺るがすような話ですね」

「まったくや。どの口が『ガバナンス改革』とか言うとんねん。あいつらの説明はウソばかりや。これを許しとったらアカンで」

和田は解任されたことが、よほど悔しかったのだろう。クーデターの話は、かなり熱を帯びており、取材は二時間に及んだ。

それから私はさらに取材を重ね、和田をはじめ、この取締役会に出席した複数の役員やスタッフから、取締役会の詳細を聞き出すことができた。加えて、議事録も参照することができた。

二〇一八年一月二四日のクーデターで何が起きたのか。証言と関係資料から可能な限り、詳細に描き出してみよう。この取締役会は一七年六月に発覚した地面師事件の影響が色濃く反映されており、その顚末《てんまつ》は、事件をきっかけに引き起こされた激しい権力闘争だった。

人事・報酬諮問委員会

その日の大阪はきりっと寒く、陽光のまぶしい冬らしい朝を迎えていた。和田は大阪市内のマンションを出ると、梅田スカイビルの積水ハウスの本社に向かった。午後には定例の取締役会が開かれる。それに先立ち、人事・報酬諮問委員会も予定されており、重要会議を前に、和田は会長室で地面師事件の経緯が詳述された調査報告書に目を通していた。

地面師事件を調査した調査対策委員会は、事件が発覚した翌月、二〇一七年七月二〇日の取締役会後に、和田が取締役会議長として社外役員に要請して発足し、九月の取締役会で正式に承認された。

積水ハウスには、当時二人の社外取締役と三人の社外監査役がいたが、そのうち社外取締役の二人と、社外監査役の二人の計四人が調査対策委員会の委員に就いた。委員長を務めたのは、社外監査役の篠原祥哲《しのはらよしのり》（篠原経営経済研究所代表）。実は、和田に調査対策委員会の立ち上げを強く勧めたのは、この篠原だった。

「このような大きな事件が起きたのだから、その原因を究明し、責任を明らかにするべきだ」

こう迫る篠原に、和田は「お願いします」と頭を下げた。

地面師被害に遭った西五反田・海喜館の取引に、和田は関与していない。事件の発覚後に初めて聞かされたのだという。

「ワシは国際事業に専念しとったから、国内事業のことは、阿部に全部、任せとったんです。この事件を聞かされた当初は、『年間に五〇〇件近くも取引をしとるわけやから、一件くらい事故があってもしゃあないわ』とこのくらいの気持ちゃった。ところが事件の最初から、阿部たちは、ワシにも取締役会でも、なんも説明せんのです。どこか隠そう、隠そうという意識が見て取れてな。それでおかしいなと思い始めたんですよ。そんな時に篠原さんから『ちゃんと調査せなあかんで』とこう言われてな。ほな、あんたやってくれと、こうなったわけです」

調査対策委員会は、会長である和田や社長の阿部はもちろん、事件の取引に関わった一七人の関係者から計二〇回のヒアリングを実施し、関係者二三名分三万一〇〇〇通を超えるメールを調査していた。そのうえで、前述した通り、地面師事件は阿部に「重い責任がある」と判断している。事件の経緯については章を追って説明していくが、和田はこの調査報告書を受けて、阿部の責任を確信し、社長から退任させようと考えていた。

積水ハウスの「コーポレート・ガバナンス報告書」（二〇一七年一〇月二〇日付）には、人事・報酬諮問委員会の項に「取締役の諮問機関として、公正性及び透明性を確保する目的のため、取締役・執行役員の人事や報酬に関し取締役会に意見を述べます」とある。

和田は取締役会の議長であると同時に、人事・報酬諮問委員会の議長でもある。まず、ここに阿部の解任の是非を諮ることにした。

一月二四日一三時、大阪市が一望できる梅田スカイビル二〇階の役員専用会議室。そこで人事・報酬諮問委員会は始まった。当時の委員会の構成は六人。会長の和田が議長を務め、社長の阿部もメンバーである。積水ハウスの取締役はこの二人だけで、元副社長で常任監査役の和田純夫《わだすみお》の三人が常勤の委員である。人事・報酬諮問委員会は、半数以上を積水ハウスとは利益相反のない独立役員が占めるよう定められている。残りの三人は、社外取締役の三枝輝行《さえぐさてるゆき》（サエグサ流通研究所代表）と涌井史郎《わくいしろう》（東京都市大学特別教授）、そして社外監査役の篠原祥哲である。三枝、涌井、篠原は、調査対策委員会のメンバーでもあった。

【人事・報酬諮問委員会の委員】

議長：和田勇（代表取締役会長兼ＣＥＯ）

委員：阿部俊則（代表取締役社長兼ＣＯＯ）

○三枝輝行（社外取締役）

○涌井史郎（社外取締役）

○篠原祥哲（社外監査役）

和田純夫（常任監査役）

〇＝「調査対策委員会の委員」

和田が席に着くと、委員たちは阿部を除いて発言を待っているように見えたという。すでに何を言わんとしているか理解していたのだ。当の和田は開口一番、はっきりとこう委員たちに伝えた。

「阿部俊則くんに社長を辞めていただきたい。阿部くんの解任についてお諮りしますので、委員の皆さんにご判断をいただきます」

自身の解任を諮る決議である。阿部は参加できない。和田が退出を促すと、阿部は憮然《ぶぜん》として会議室の外に出たという。採決は阿部以外の五人で行われ、和田はすぐに決をとった。委員たちは次々に賛成の手を挙げる。結果は賛成五、反対〇。人事・報酬諮問委員会は阿部の社長解任が「妥当」との判断を示した。この答申を持って、社長解任を「取締役会」で諮ることとなったのである。

このとき、まさかあのような大波乱が起こることなど、和田は夢にも思っていなかった。

動議否決

梅田スカイビル二〇階、最高経営会議が開かれるその部屋は、人事・報酬諮問委員会が開かれた会議室のすぐ隣にあった。社内で最も広い「役員会議室」である。和田が役員会議室に入ったのは、一三時三〇分を回ったころ。すでに取締役たちは全員が着席しており、一様にその表情は硬かった。これから解任されることになる阿部は、茫然と遠くを眺め、決して和田と目を合わせようとはしなかったという。

阿部をよく知る積水ハウスの幹部OBは、阿部の人となりをこう評していた。

「和田会長の前で阿部社長が発言することは、ほとんどない。阿部さんは和田さんの前ではいつも下を向いていた。和田さんの指示を忠実にこなそうとするが、何か自分の意見を言ったり、ビジョンを語ったりするようなことは、見たことがない」

和田と阿部の二人の関係をよく知る積水ハウスの幹部たちは皆、異口同音に二人の関係は、「常に主従関係だった」と証言する。これから反旗を翻すのだから、阿部は「本能寺《ほんのうじ》の変」に臨む明智《あけち》光秀《みつひで》のような心持ちだったのではなかったか。かたや和田は、目を合わせようとしないその様子に「これから解任されるのだから、無理もない」としか考えていなかったという。

私が参照した取締役会の議事録の表題にはこうあった。

取締役会議事録　平成30年1月24日　積水ハウス株式会社

この議事録には各取締役たちの「印」がついていないため、正式なものではないが、関係者の証言と事実関係に乖離《かいり》がないため、大方において齟齬《そご》のない「原文」とみられる。ただし、議事録は私が複数の関係者から聞き取った内容と時系列が一部異なっている。そのため、議事録をベースに取材内容を加味しながら、取締役会の全容を以下に描写していく。

議事録によれば、取締役会の出席者は取締役が一一人、監査役が四人だった。またその都度、弁護士らが出入りする物々しい雰囲気の中で行われ、他に広報部長の楠ら事務方が議事を支えていた。取締役会は一三時三七分に始まり、終了したのは一五時四七分とある。約二時間が費やされ、一三個の「動議」が審議された。

第一号動議は「阿部社長の代表取締役及び社長職解職の件」だが、第一三号動議は「役付取締役選定の件」であり、この最後の動議で、取締役会長に阿部俊則（前職・社長）、取締役副会長に稲垣士郎（前職・副社長）、そして取締役社長に仲井嘉浩（前職・常務執行役員）が選任されている。

解職されるはずだった阿部は生き残り、会長に就く一方で、和田は会長から外された。この間に何が起きたのか、じっくり見ていこう。

一三時三七分、和田は議長席に深く腰掛けると開会を宣言した。すぐに調査対策委員会の委員長であり、監査役の篠原祥哲に発言を促している。

この日、あらかじめ取締役や監査役に配布されていた調査報告書の内容を篠原は報告し、次のような旨の発言があったことが、議事録には記録されている。

「事件の責任の所在等について、営業部門、法務部及び不動産部の各責任者は既に辞任または職を解かれ、全取締役で減俸を決議し、全監査役も自主返納を行ったところ、阿部社長には業務執行の最高責任者として大きな責任があること、和田会長には直接的なものではないが根本的な人事・組織の問題については責任があり、その是正に取り組んでもらいたい」

篠原の発言後、全員が硬直した表情で和田を見たという。次の言葉を、いまかいまかと待つ役員たちの期待に応《こた》えるように、和田は次のように発言した。

「調査対策委員会より提出された調査報告書には、社長の阿部くんには重い責任があったことが示されています。さきほど人事・報酬諮問委員会でも、阿部くんの社長退任が妥当との判断が示されました。これをうけて、分譲マンション用地取引事故の責任を明確にするべく、この際、阿部くんの代表取締役及び社長職を解職する動議を提出する」

取締役会は緊張に包まれた。阿部は下を向いたままだったという。粛々と「阿部社長解職動議」の処理に移った。自身の進退を決する動議である。会社法の定めにより、当事者である阿部にはこの動議の議決権はない。和田は阿部に退出を求め、彼は静かに会議室を出ていった。

次に、和田はこの「社長解職」という重要動議をつつがなく成立させるために、弁護士を二人、議場内に呼び寄せる。弁護士が着席したのを見届けると、意見を募った。

取締役専務執行役員の内田隆《うちだたかし》が発言を求めた。

「地面師事件の責任は、阿部さんもあるかもしれません。ただし、社長を辞任するほどの責任があるとは思えません」

内田が阿部擁護に回ることは、当初から想定されていた。内田の意見表明が終わると、和田は採決に入った。

「この動議に賛成する方は挙手をお願いしたい」

次の瞬間、和田は目を疑ったという。挙がった手はたった四本しかなかったからだ。これでは和田を含め五人しか阿部の社長解職に賛成していないことになる。

積水ハウスの取締役は一一人で、うち二人が社外取締役である。阿部が加わらないので、阿部の社長職解職動議は一〇人による採決である。阿部が解職されるには六人の賛成が必要だったが、採決の結果は賛成五、反対五の同票となった。規定に基づいて、この動議は否決されてしまった。

和田は動揺を隠せなかった。この動議に賛成したのは、人事・報酬諮問委員会の委員である和田と二人の社外取締役、そして社内役員ではたった二人だけだった。

そのうちの一人は副社長で、技術畑を歩んできた伊久哲夫《いくてつお》、もう一人は、和田とともに国際事業に専念していた専務執行役員の勝呂文康《すぐろふみやす》だった。

そのほかの社内取締役五人は、阿部の解職に反対に回った。

【阿部社長の代表取締役及び社長職の解職動議の賛否】

動議の理由「分譲マンション用地取引事故に関する責任の明確化」

議長：和田勇（会長）　賛成

阿部俊則	（社長）	議決に参加せず
稲垣士郎	（副社長）	反対
伊久哲夫	（副社長）	賛成
三枝輝行	（社外）	賛成
涌井史郎	（社外）	賛成
内田隆		反対
勝呂文康		賛成

西田勲平《にしだくんぺい》　反対
堀内容介《ほりうちようすけ》　反対
仲井嘉浩　反対

結果「賛成五、反対五で否決」

「こんなはずはない」と和田は唇をかみしめた。事前の票読みが裏切られたからだ。調査対策委員会が示した調査報告書を読み、「阿部さんは何をやっていたのだ」と憤りを口にしていたはずの取締役が、社長解任動議の反対に回っていた。

クーデター政権の樹立

動議が否決されたことが示されると、「バン！」という音が会議室に響きわたった。それは阿部の忠実な秘書が会議室のドアを開ける音だった。秘書は、喜々として阿部を呼び戻すために会議室を出ていった。遠くから「阿部社長、否決されました！」と興奮した声が、会議室にも聞こえてきたという。

会議室に戻ってきた阿部と、和田はこの時初めて目が合ったが、阿部は意を決したような表情に変わっていたという。反撃が始まった。

「議長の交代について、動議を提出します」

阿部は和田に、議事進行を司《つかさど》る議長交代を迫ったのだ。和田に代わり、副社長の稲垣士郎を議長にするというのが、動議の内容だった。

長らく積水ハウスに君臨してきた和田のことである。おそらくこの時、阿部が何を始めたかを察知しただろう。しかし議長として、この動議を拒否することはできない。阿部が提案者として議場に採決を諮ると、和田にとって再び受け入れがたい光景が目の前に広がった。阿部社長の解職動議に反対した役員全員が、議長交代の動議に賛成したのだ。

動議は過半数の六人の賛成で可決され、議長は稲垣に交代された。この瞬間、阿部は次に起こす行動の成功を確信したことだろう。

稲垣が議長となると、彼はすぐに新たに二名の弁護士の陪席を求めた。この二人の弁護士の指示に従いながら、稲垣は次から次に議事を進め、「取締役会規則改定」の動議二件が可決された。そして、阿部はついに和田の解職動議の提出を宣言したのだった。

「和田勇会長の代表取締役及び会長職の解職の動議を提出する」

その場に出席していた取締役によれば、阿部は緊張のあまり声が震えていたという。和田は議長を解任されたときからずっと阿部をにらみつけていたが、彼が和田と目を合わせることはなかった。

阿部はこう続けたという。

「新しいガバナンス体制の構築のため、体制を一新することが、和田会長を解職する理由です」

和田は、積水ハウスの社長職と会長職を二〇年も務めていた。この間、取締役会の世代交代は進み、すでに社内でそのやり方に面と向かって反対できる者はいなくなっていた。会長として取締役会の議長に加え、招集権者でもある和田は絶対的な権限を持っていた。さらに、人事・報酬諮問委員会の議長でもあり、名実共に積水ハウスに君臨していた。

一方で、その営業実績で和田に勝る者もまた、社内にはいなかった。絶対的な権限を持って、国際事業や国内の新規事業で、次々に成果を上げてきたのだ。そのトップ営業の才能に裏打ちされた実力こそが、長期政権を生んだ力の源泉だった。この才覚は、若い役員から見れば、世代交代を阻む障壁以外の何物でもなく、最もそれを感じていたのが、周囲からは和田の子飼いと目され、彼の前では小さくなっているしかなかった阿部だっただろう。

社長にまで上り詰めながら、和田がいる限り、本当の意味での権力を握ることができないのだ。

「何を考えているんだ！」

和田が怒りを露《あら》わにすると、クーデターに与していない役員もたまらず意見を表明し始める。阿部解職に賛成票を投じていた副社長の伊久哲夫は、こう主張したという。

「こういうやり方はおかしい。和田さんをいま辞めさせると会社の損失になるぞ」

実直な技術屋の伊久と、国際事業を和田と共に開拓してきた勝呂文康は、阿部が提示した会長職解職動議に反論し続けた。実際に、和田がこの数十年来種をまいてきた国際事業は、まさに刈り入れ時を迎えようとしていた。勝呂はこう反論したという。

「国際事業はどうなるんだ。いまはまだ開拓段階で事業を進めるにはトップ同士の信頼関係が何より大事な時期だ。そんなときに和田会長を辞めさせれば、信頼関係が一気に崩れてしまうぞ」

会長解職動議は、高齢の会長による絶対統治を解消する機構改革を促すものだ。こう考えれば、阿部の動議は的を射たものと言える。しかし、調査対策委員会によって明らかとされた地面師事件の責任を覆い隠してしまうことになる。しかも、クーデターを支えているのは、地面師事件の取引や決裁で大きな役割を果たしていた取締役の面々だった。ここに、クーデターの致命的な欠陥があった。

先の社長解職動議の採決結果を思い出してほしい。これに反対した取締役は、副社長兼ＣＦＯの稲垣士郎、専務執行役員の内田隆、常務執行役員の仲井嘉浩、同・西田勲平、同・堀内容介の各氏である。このうち稲垣、内田、仲井は地面師事件の取引で、社長の阿部が決裁した「不動産稟議《りんぎ》書」に賛成の判を押していた。つまり、社長の阿部、副社長の稲垣、専務の内田、常務の仲井によって、取引の実行が指示されていたのである。もしも和田が会長にとどまり、実権を握り続けたとしたら、地面師事件の責任をこの四人は負わされかねない。まさに、四人は一蓮托生《いちれんたくしょう》の関係だったのだ。

このため、会長解任劇は、阿部の言う「ガバナンス改革」とは縁遠い、「保身にまみれたクーデター」として関係者たちの胸に刻まれることになる。それが今後、積水ハウスにどのような問題を引き起こすのか。そうした予見を差しはさむことなく、いままさに和田の「代表取締役及び会長職解職動議」は粛々と決議されようとしていた。

会長職解職動議をめぐる取締役会の勢力図を示しておく。ここで採決が行われれば、「社長職解職動議」と、各取締役の賛否は真逆になることは明らかだった。

【和田勇会長の解職動議に対する勢力構成と地面師事件の関与】

	採決	事件の関与
和田勇（会長）	議決に参加できない	なし
阿部俊則（社長）	賛成　動議提案	稟議書を決裁
議長：稲垣士郎（副社長）	賛成	稟議書に賛成
伊久哲夫（副社長）	反対	なし
三枝輝行（社外）	反対	なし（調査対策委員）
涌井史郎（社外）	反対	なし（調査対策委員）
内田隆	賛成	稟議書に賛成
勝呂文康	反対	なし
西田勲平	賛成	なし
堀内容介	賛成	なし
仲井嘉浩	賛成	稟議書に賛成

なお、クーデターをめぐり、阿部と行動を共にした西田と堀内は、地面師事件には関わっていない。けれども、彼らはこの取締役会後、ともに常務執行役員から専務執行役員に昇格し、西日本と東日本とを分け合うように、それぞれの地域の建築事業本部長に就任した。

堀内は従来、自ら公言する阿部派だったが、西田は調査対策委員会が示した「調査報告書」を読んで、和田に憤ってみせたという。

「この取引はおかしい。阿部さんが責任を取って退任するのが筋だ」

西田が和田にこのように語ったのは、取締役会の前日だったという。

一月二三日、和田は勝呂や伊久、西田、堀内を集めて酒席を設けていた。翌日の「阿部解任」に向けて、動議提出の段取りを打ち合わせたのだ。もっとも、和田は堀内が阿部を裏切ることはないと見通していたが、西田については誤算だったという。

「結局、西田はこの時はもう、阿部と通じていたということや」

西田の一票があれば、阿部は解任され、結果は真逆となっていた。和田は後に自らの慢心を恥じた。


「こんな道理に合わないクーデターが、まさか起こるはずがない。阿部が責任を取るべきや」

和田は現実を受け入れられずにいた。しかしこの瞬間、追い詰められているのは紛れもなく和田の方だ。議長を務める稲垣は、最後通牒《つうちょう》を突き付けてきた。

「会長、長年の功績を考えれば、あなたをこの取締役会で解任したくはありません。この際、辞任をされてはいかがでしょうか」

稲垣は入社以来、積水ハウスで財務部門を歩み続けてきた。

積水ハウスでは、管理部門が隠然とした力を持っている。和田が社長に就任する前は、積水化学出身の奥井功《おくいいさお》が社長を務めていたが、奥井も財務部門の出身だ。営業出身でトップ営業マンとして名を馳《は》せてきた和田は、財務部門とは一線を画す存在でもあった。

稲垣をよく知るOBによれば、彼がCFOとなってからは、和田とぶつかることが少なくはなかったという。営業出身の幹部たちが和田に平身低頭するのとは違い、稲垣は時折、面と向かって反抗的な態度を示す発言を繰り返していたという。

先述した通り、稲垣自身も地面師事件の取引で、稟議書に賛成の判を押している。またその立場から、地面師たちの手に渡った手付金や決済金の支払いについて、その内容を深く理解しているはずの人物だ。いま議長についているのも、阿部と入念な打ち合わせなくしては、あり得ないことだった。

もっとも、阿部と稲垣が和田に辞任を迫ったのも、このクーデター騒動を表ざたにしたくないという思惑があったからだろう。事実、先述した通り、この解任劇は長らく隠されていた。

「解任したくない」という稲垣の言葉も、和田にとっては、温情などと安直に受け入れられるものではない。しかし、この取締役会で事態が好転する見込みなどないことも、また明らかだった。

「会長、辞任してください」

稲垣は執拗《しつよう》に辞任を迫ってくる。

「分かった……。辞任する」

追い込まれた和田がこう言うと、取締役会は辞任を承認する動議を決議し、新たな役職を決める動議が次々に可決されていった。

意気消沈し、取締役会を後にした和田は、前日まで共に「阿部社長解任」を打ち合わせていた堀内と西田とエレベーターで一緒になった。梅田スカイビルの高層階から地上までは数十秒を要する。沈鬱《ちんうつ》な空気が、狭小な室内を支配していた。ようやく一階に到着した時、和田は一言、「ありがとうな」と声をかけた。二人ともバツの悪い表情をしていたという。

六〇年の歴史を刻んできた積水ハウスでクーデターが起きたのは二度目だが、成立したのはこれが初めてのことだ。

二〇一八年一月二四日、積水ハウスはこの日初めて、クーデター政権の樹立を見た。

第一章

事件

推進圧力は社長がもたらした

発覚

積水ハウス東京マンション事業部次長の小田祐司は、京王プラザホテルで一人の女性が来るのを、固唾《かたず》を呑《の》んで待っていた。隣にはブローカーの小山武、アパレル会社の代表者と、積水ハウスがマンション用地として購入を進めていた西五反田の不動産「海喜館」の不動産取引を仲介した業者の代表者、計四人が会していた。小山武は、後に地面師の主犯格として逮捕されるカミンスカス操のことだ。報道などによれば、彼の実際の名前は小山操とされているが、事件発覚後に三人目の妻のリトアニア人と結婚し、カミンスカス操と名乗るようになった。また二人の業者代表も、後に地面師詐欺の容疑をかけられ、逮捕（不起訴）されることとなる。

彼らがこの日待っていた女性とは、いまはもう地面師の実行犯として実刑判決を受け、刑に服している羽毛田正美《はけたまさみ》である。このときはまだ、羽毛田は「海喜館」の地主を装っていた。

アポイントの日時は二〇一七年六月六日の午前一一時半。この五日前の六月一日のちょうどこの時間に、積水ハウスは仲介業者と羽毛田正美に対して約六三億円を支払っていた。小田は、取引情報を最初に入手した担当者だが、どうしても確かめなければならないことがあった。それは、羽毛田が海喜館の本物の地主かどうか。巨額の代金を支払った後でもなお、未《いま》だに地主が本物かどうか、確証を持てずにいたのだ。小田の同伴者が地面師の主犯格であるカミンスカスであったこともまた、この取引の危うさを物語っていた。

約束の時間になっても羽毛田は現れず、三〇分が経過した。小田のストレスがピークに達したであろうその時、追い打ちをかけるような知らせが寄せられた。

「本登記が却下されそうです」

電話の相手は小田の部下である。この日、東京法務局品川《しながわ》出張所に呼び出され、積水ハウスが申請した海喜館の不動産登記について説明を受けていた。登記官はこう告げたという。

「身分証として提示された『保険証』と、土地の『権利証』、これは偽造されたものです。この登記を受け付けることはできません。却下する方針です」

本登記が却下されれば、このマンション用地の取得の失敗を意味するばかりか、支払い済みの約六三億円が、闇に消えることになる。知らせを受けた東京マンション事業部に衝撃が走ったことは言うまでもない。その日のうちに社員が新宿《しんじゅく》警察署に届け出て、取引相手の口座は凍結されたが、資金は一切、回収できなかった。それから三日後の六月九日、東京法務局は登記申請の却下を正式に決定し、積水ハウスに通知した。

小田は、東京地方裁判所に宛てた「陳述書」（六月一二日付）で、事件の経緯を詳細に綴《つづ》っている。また警視庁捜査二課に対しても、「陳述書」（七月二〇日付）を提出し、これは調査対策委員会の調査のベースとなった。その陳述書を一見しただけでは、地面師たちの巧妙さが際立つ内容である。しかし、この事件に関わるその他の訴訟資料を重ね合わせて分析してみると、小田をはじめ積水ハウスのマンション事業部全体が、まるで地面師たちに吸い寄せられるように取引へ突き進んだ様が浮かび上がってきた。

もちろんこの見解は、私が知りうる限りの情報に基づいた私見であることを断らねばならない。しかし、調査対策委員会の委員の多くも、同様の見解を持っていた。積水ハウス内紛の背景には、地面師事件の不可解な経緯が影を落としていたのだ。

発足

積水ハウスの会長で最高経営責任者（CEO）の和田勇が、地面師被害の報告を聞いたのは、事件発覚から数日が経ってのことだった。和田は当時、国際事業に専念しており、この取引は事件が発覚して、初めて聞かされたという。もとより、国内事業の担当は社長兼最高執行責任者（COO）の阿部俊則である。取引自体の報告が上がらないことは、特段、不自然なことではないが、詐欺被害に遭ったことは、企業の不祥事対応の情報開示に直結する話である。報告が遅れたことを、和田は不快に感じていた。

「報告に来たのは、法務部長（執行役員）の中田孝治やった。それで被害額を尋ねてみると、六〇億円だというから、けっこうでかいなと思いました。もう警察も動いとるし、早いうちに公表せなあかんなと、こう考えておったんです。ところが、どうも様子がおかしい。阿部も中田も、その詳細な経緯をワシに報告しようとせんのです。こいつらなんぞ、隠しとるなと。これが最初に感じたことでした」

積水ハウスでは概《おおむ》ね月に一度、取締役会が開かれる。事件が発覚した後に開かれた取締役会で、地面師詐欺被害が報告され、和田は「すぐに公表しよう」と方針を告げた。ところが、中田が執拗《しつよう》に「会長、それはしばらくお待ちください」と制止してきたという。その反論は次のようなものだった。

「すでに警察に被害届を出しております。警察の捜査の妨げになりますので。警察からもそのように、指示されております」

中田もまた、法務部長として地面師との取引に深く関わった人物の一人だが、和田はまだそのことを知らない。取引を決裁した阿部と、事件について内容を知らない和田。この公表をめぐる意見の相違は、内紛の火種とも言える最初の対立だった。

一ヵ月後の取締役会では、和田は感情をむき出しにし、会議室は不穏な空気に満たされたという。

「いつ公表するんや」

「捜査の妨害になりますので……」

「アホちゃうか！　もうええ、ワシが直接、警察と話をつけてくる」

「もうちょっと、もうちょっと待ってください」

「なんでそんなに警察にこだわるんや。警察が会社を守ってくれるんか。そんなわけないやろ！」

警察に詰めている全国紙の社会部の記者が、事件をかぎつけないとも限らない。新聞に地面師詐欺被害の事実をすっぱ抜かれては、積水ハウスの信用問題になりかねなかった。

和田はこの日の取締役会を終えると、すぐに旧知の警察庁の幹部にアポイントを取り、数日後には東京に向かったという。東京支社に到着した彼を迎えたのは、意外な人物だった。

「東京で中田が、ワシを待ち構えとったんです。ワシが東京に到着する時間まで調べて、追ってきよったわけや。『会長お願いです。もう少し、もう少しだけ、警察に行くのは待ってもらえないでしょうか』とすごい剣幕でな。いよいよおかしいなと思うたんです。中田がここまでするのは、阿部の差し金としか考えられん。警察が公表に反対しとるというのも、いよいよ怪しゅうなったと思いました」

和田は中田の制止を振り払い、警察庁に向かった。警察庁の幹部と面会し、単刀直入にこう尋ねたという。

「この詐欺被害について、私は公表せねばならない立場です。ところが社長や他の役員たちが『捜査の妨害になる』『警察から公表を止められている』と言っています。本当に公表することが捜査の妨害になるのでしょうか」

面会した警察庁の幹部は、こう即答したという。

「問題ありません。どうぞ公表してください」

この瞬間、和田の地面師詐欺被害への疑念は、確信に変わった。

被害の発覚から二ヵ月近くがたった八月二日、ようやく積水ハウスは地面師詐欺被害を公表した。社長の阿部名義によるもので、概要は次の通りだ。

　分譲マンション用地の購入に関する取引事故につきまして
　当社が分譲マンション用地として購入した東京都内の不動産について、購入代金を支払ったにもかかわらず、所有権移転登記を受けることができない事態が発生いたしました。
　本件不動産の購入は、当社の契約相手先が所有者から購入後、直ちに当社へ転売する形式で行いました。購入代金の決済日をもって、弁護士や司法書士による関与の下、所有者から契約相手先を経て当社へ所有権を移転する一連の登記申請を行ったところ、所有者側の提出書類に真正でないものが含まれていたことから当該登記申請が却下され、以降、所有者と連絡が取れない状況に至りました。

当社は何らかの犯罪に巻き込まれた可能性が高いと判断し、直ちに顧問弁護士によるチーム体制を組織のうえ、捜査機関に対して被害の申入れを行い、その捜査に全面的に協力すると共に、支払済代金の保全・回収手続に注力いたしております。

【概要】

・対象不動産　東京都内　地積約2，000㎡
・購入代金　70億円（支払済：63億円）
・売買契約日　平成29年4月24日
・決済日　平成29年6月1日
・所有権移転登記申請が却下された日　平成29年6月9日

このプレス・リリースでは、ある重要なことが、示されていない。

それは、調査対策委員会の存在である。調査対策委員会は七月二〇日の取締役会後、議長の和田の要請で仮発足し、準備を進めていた。ところが、リリースでは社外役員によるこの調査体制について、一言も触れられていないのだ。もっとも、この時はまだ取締役会の承認を受けていない段階だが、本来なら委員会で実態解明に向け調査中と示すことは、ステークホルダーへのアピールにもなる。それをしないのは、調査対策委員会について社内で見解の相違があることを示唆していた。見解の違いとはもちろん、和田と阿部の思惑の違いである。

事件の全容を把握したい和田。そうなることが面白くない阿部。二人の対立は、この調査対策委員会の調査で決定的となるのである。

九月七日の取締役会で、調査対策委員会は正式に承認される。四人の社外役員と外部の公認会計士の一人を補助につけ、計五人体制。それに先立つ九月一日より調査は開始されていた。最初にヒアリングを受けたのは、公表を頑《かたく》なに反対した中田孝治である。法務部長である中田は、地面師事件の取引の法務手続きの責任者だった。またもう一人、阿部の決裁を得るために「不動産稟《りん》議《ぎ》書」を作成した、不動産部長の黒田章もこの日にヒアリングを受けた。事件発覚から三ヵ月を経て、ようやく全容解明に向けた調査が始まった。以降、小田をはじめ、東京マンション事業部や本社マンション事業本部の責任者から、代表取締役の阿部と和田に至るまで、調査の対象となったのは、総勢二五名に上る。

積水ハウスが遭難した「地面師詐欺事件」とはいったい、なんだったのか。じっくりと見ていこう。

積水ハウスの地面師事件をめぐっては、調査対策委員会によりまとめられた「調査報告書」以外にも、数々の資料が残されている。これまで刑事・民事問わず、数々の裁判が行われてきたからだ。地面師たちをめぐる刑事裁判では、実行犯の羽毛田や主犯格の内田マイク、カミンスカス操の第二審まですでに終了したが、株主代表訴訟も大阪地裁で行われている。とある一人の株主によって提起されたこの株主代表訴訟では、阿部と稲垣、仲井、内田の現代表取締役の四人が、善管注意義務違反に問われている。その被告側の「準備書面」は、四人の事件認識を示す資料となっている。また、積水ハウスと地面師をつないだ中間会社と、本物の地主の間でも民事訴訟が展開され、控訴審で和解が成立している。

裁判には、地面師事件の経緯を示す数々の証拠が提出されており、そこには取引情報を入手し、最後まで取引を担当した東京マンション事業部次長の小田が、東京地裁に提出した「陳述書」も含まれる。これら裁判資料や調査報告書に加え、私のもとには、積水ハウス社内の幹部やOB、また一般社員らの証言も多数寄せられている。その中には、株主代表訴訟で阿部が主張する事件経緯とは異なる情報も含まれる。資料や証言に基づき、地面師事件の全貌《ぜんぼう》に迫っていく。

調査報告書によれば、事件は二〇一七年三月三〇日、小田へある男から電話があったことに端を発している。その男は生田剛といい、アパレル事業会社の「株式会社ＩＫＵＴＡ　ＨＯＬＤＩＮＧＳ」の代表だった。小田は生田から、事件の舞台となる品川区西五反田の旅館「海喜館」の売却情報を入手した。小田と生田は数年来の付き合いだったという。小田の陳述書にはこうある。

「生田氏から私に電話があり、『西五反田の物件を押さえられます。七〇億円だせるなら積水に売ります。ついては少額で良いので直ぐに手付金を用意できますか。』との打診がありました」

この海喜館は、五反田一帯を歩いたことのある人なら、その目的の如何《いかん》にかかわらず、一度は目にしたことがある不動産である。五反田駅から国道一号線を南下して徒歩数分、目黒《めぐろ》川を渡った一角に、都心には似つかわしくない不気味な空間があった。その一角だけ木々が生い茂り、暗がりの中に木造の建物が静かに建っている。その川沿いの道路には喫煙所が設けられており、私は一服しながら、海喜館を眺めていたことがある。

まるでお化け屋敷のような海喜館だが、不動産を生業《なりわい》とする者にとっては垂涎《すいぜん》の的だった。都心のど真ん中にありながら開発から取り残されており、しかも約六〇〇坪というまとまった土地。さらに川沿いの道路に面していることで、その容積率（敷地面積に対する建築延べ面積の割合）は七〇〇%に上った。より多くの戸数、あるいはより広い部屋をたくさん用意できるので、ここにマンションを建設すれば高い利益率が見込めたのだ。

小田も陳述書で「不動産用地を担当する者であれば知っている有名な物件（開発に適している物件）でした」と述べている。

しかしこの地主は、「売らない地主」としてもまた有名だった。地主の名は海老澤佐妃子（当時七二歳・故人）といった。約四〇年前に土地と旅館を相続した海老澤は、一人で土地を守り続ける。何人もの営業マンが「買いたい」と海喜館を訪れたが、その都度、海老澤は申し出を断ってきた。ところが四年前に患った胃がんが再発し、二月一三日に日本赤十字社医療センターに緊急入院する。

これを契機として、業界では海喜館の売却情報が出回り始めたのである。生田から取引を持ち掛けられた小田の耳にも、その情報は入っていた。

「この頃、私は不動産用地の取得に関わる仕事をしている人達の話として、いよいよ入札に出されそうだ、六〇億円スタートで場合によっては落札金額は八〇億円、九〇億円、一〇〇億円も考えられる案件との情報を複数、聞いていました」

生田は四月三日ごろ、さらに有力な情報を小田に寄せている。

「本人確認を公証人役場で行い、手付金二〇〇〇万円で（海喜館の土地を）押さえます」

生田の話は次のようなものだった。公証役場で地主の海老澤とパスポートと印鑑、印鑑証明書による本人確認を実施し、四月三日に所有者と二〇〇〇万円の手付金で売買契約を結んだとのこと。さらに翌日、生田から小田に、ＩＫＵＴＡと海老澤との間で交わされた「売買契約書」と「重要事項説明書」、海老澤と弁護士との間で交わされた「委任状」がメールで送られてきた。こうした資料の中には、公証役場で海老澤と生田が現金二〇〇〇万円を前に撮影した写真まであったという。

もちろんこれは本物の海老澤ではなく、後に逮捕される羽毛田なのだが、そんなことは知る由もない。小田は生田の話で、取引に前のめりとなった。

メールは東京マンション事業部の開発室に転送され、技術次長にも伝えられた。こうしてＩＫＵＴＡが購入した土地を積水ハウスに転売してもらうという方法で、海喜館を取得するプロジェクトが動き出した。

社長案件

これ以降、取引は、異様なスピードで進められていく。

小田が生田の申し出を受けてから、わずか二週間後の四月一四日、積水ハウスの本社マンション事業本部は、この物件購入を進めることで合意している。それだけではない。この時、すでにマンション事業の指揮官である本部長にして常務執行役員の三谷和司までもが、取引にかなりの関心を示していた。三谷と東京マンション事業部のトップ幹部や小田らが一堂に会し、海喜館の取引に一つの方針が定められる。それは「スピードを持って対応する」ということだ。

もっとも、小田も三谷も、取引をスピードを持って行うべき二つの理由を抱えていた。

一つは、海喜館を購入したいと考えるライバル業者が多数存在していたことである。一等地でありながら、長年手つかずになっていた土地が動き出したのである。小田が陳述書で語っているように、海喜館で入札が行われるという情報はすでに業界に広がっていた。当然、競合他社もアプローチを試みているはずだった。実際、生田からも競合の存在を示す話もあり、対応が遅れれば、地主がより良い条件を提示する買い手を探し始める可能性があった。

「所有者がマンションを購入するために三億円程度の資金の受領を急いでいて、生田がこれに応じなければ商談が流れる可能性がある。課題はスピードです」

小田はこう説明し、これに三谷は同意した。

しかしもう一つ、「スピードを持って対応する」との方針に、大きな影響を与えたことがある。それは、取引が当初から「社長案件」として進んだことだ。

株主代表訴訟の阿部の準備書面によれば、阿部はそれを認めてはいない。だが、東京マンション事業部の関係者や、この事件に関わった本社の幹部らの話からは、少なくとも、現場はこの取引を社長案件と捉《とら》えていたことが分かる。現場がなぜ社長案件と捉えたのか。それは、阿部と三谷の関係に要因があった。

そもそも積水ハウスの中でマンション事業は、それほど大きな位置を占めていない。総売上高に占めるマンション事業の売上高の割合は三％程度。マンション事業部の規模も小さかった。二〇一七年当時の積水ハウス単体での戸建や賃貸、分譲に携わる社員数は約一万三〇〇〇人いたが、マンション事業は約一八〇人に過ぎなかった。

積水ハウス元役員のＯＢが言う。

「積水ハウスは、創業以来の住宅メーカーの会社ですから、いわゆるマンション事業は傍流の事業です。大手ゼネコンにとって大型ビルやマンション建築は、普通の事業ですが、住宅メーカーの我々からしたらマンションは特殊建築になる。だからマンション事業のことを『トッケン』と呼んどりました。マンション事業は、浮き沈みも激しく、積水ハウスにとって、長期安定的な収益源ではありません。和田さんも阿部くんも戸建営業で上がってきましたが、三谷くんは入社以来、トッケンを手掛けてきた人物でした。

阿部くんが社長に就任したんは二〇〇八年。当時、戸建や賃貸や、フィービジネスの安定事業には、実力会長の和田さんがにらみを利かせていた。そんな和田さんの影響力があまり及んでいないのが、マンション事業やった。その後、阿部はマンション事業部への影響力を強めていったのですが、その足掛かりとなったのが三谷でした」

確かに和田にマンション事業の話を向けても、いまひとつ要領を得ない。また三谷のことを尋ねても、「ワシは三谷くんのことはよう知らんのです」と言う。前述の元役員ＯＢによれば、「三谷を常務執行役員にまで引き上げたのは阿部だ」という。それを裏付けるように、積水ハウスの現役幹部はこう語った。

「阿部社長と三谷マンション事業本部長が昵懇《じっこん》の間柄だというのは、社内の共通認識でした。『阿部—三谷ライン』とも形容され、三谷本部長が自信を持って事業を進めるときは、決まって阿部社長の後ろ盾がある。三谷さんもそのように吹聴《ふいちょう》していましたからね」

海喜館の取引でも当初から、そうした趣があった。三谷はこの日、社長の阿部に現地視察をさせることを決めたのだ。さらにその後のスケジュールまで、この日のうちにすべてが決定された。

社長の阿部の視察は四月一八日とし、一七日の朝までに「不動産稟議書」を完成させる。順次、社長決裁をもらい、売買契約を四月二四日に結ぶ。初期情報の入手からひと月にも満たないが、東京マンション事業部から異論が出たという話は、各種資料には一切出てこない。これは実に不可解な話でもあった。

というのは、この段階では小田をはじめ、東京マンション事業部やマンション事業本部の担当者は、まだ地主の海老澤と接触できていないからだ。つまり積水ハウスは、仲介する生田の話だけでこの取引を信用し、肝心の地主の意向を直《じか》に確認しないうちから、契約に向けて突き進み始めたのである。

四月一八日、東京は青空が広がり、朝から春らしい陽気だった。この絶好の視察日和に、阿部は半日かけて、東京都内の複数の物件を視察している。

「社長物件御視察工程《ママ》　２０１７・04・18（火）」と銘打たれた「行程表」が、株主代表訴訟に提出されている。それによると、阿部の出発点と帰着点は黒塗りとされているが、移動の所要時間から鑑《かんが》みて、港区白金台《みなとくしろかねだい》に妻とともに所有している自宅マンションであることがうかがえる。

阿部が視察に出発したのは一二時三〇分のこと。計九か所を視察した後、最後に立ち寄ったのが海喜館である。阿部はここに一六時三九分に到着し、八分間滞在した。視察物件の中で行程表に「検討中」と記されていたのは、この海喜館の物件ただ一つである。

阿部の視察の車中には、三谷も同乗し、阿部に物件情報を説明している。この時の様子が、株主代表訴訟に提出されている被告・阿部の準備書面に示されている。三谷は次のように発言したという。

「長い間、地主が売りに出さなかったが、ある個人に対してであれば売っても良いという話になっており、購入の際にはその者が経営する会社が間に入る」

阿部は、間に入るＩＫＵＴＡの信用性や事業内容について、三谷に質問したという。三谷はこう答えた。

「同社はアパレル関連の企業であるが、あくまで間に入るだけです。地主とＩＫＵＴＡとの間でまず売買契約を結び、同時にＩＫＵＴＡと積水ハウスの契約を結びます。その上で同時に決済を行うので、地主の本人確認と、売却の意思の確認さえできれば、ＩＫＵＴＡの信用性は、それほど問題にならない」

阿部は三谷にこう釘《くぎ》を刺したという。

「担当者任せにせずに、その業者や地主に会って確かめるように」

なるほど、その指示はもっともだ。しかし、問題は視察が行われた状況だった。未だ担当者たちが地主と面会すらできていない段階で、社長が現地を視察したことの意味は大きかった。事業推進の求心力が現場に浸透し、この案件は現場に「必須案件」との認識を強くさせた。

当初より、地面師事件に関心を寄せていた幹部は、私にこう話してくれた。

「どの会社もそうだと思うが、トップが大きく旗を振る案件は現場に大きな求心力を与えます。特にわが社では、阿部さんが東京マンション事業部に与える影響力は小さくない。社長がこの段階で物件を視察したことは、大きな意味があった。現場は地主が本物かどうかということより、取引を成約させることのほうが、何より大事なこととなったのです」

稟議書も決裁も杜撰だった

実際、株主代表訴訟で「善管注意義務違反はなかった」という立場をとる阿部だが、その「準備書面」にも、取引が社長案件として求心力の増した様を読み取れる箇所がある。それは、稟議書が決裁されるまでの経緯である。

阿部が現地を視察した翌日の四月一九日、積水ハウスの不動産部長にして執行役員の黒田章は、東京マンション事業部からの稟議書を受け取っていた。不動産部長の役回りは、各セクションから上がってくる取引の稟議書を確認し、社長決裁を取ることだった。

黒田が事件後、調査対策委員会のヒアリングを受けるにあたり、提出したメモがある。それによれば、黒田が海喜館の購入に関する「稟議書」を手にしたのは、社長の阿部が現地視察した翌日の四月一九日夕刻のこと。この日、出張先から本社に帰る新幹線の車中で、東京マンション事業部の部長から電話を受けていた。

「相手方の都合等もあり急ぐので、至急対応してもらいたい」

稟議書はその日の午後には、本社不動産部に到着し、複数の部員で確認作業が行われ、特段の問題はないと判断されていた。稟議書を手に取り内容を確認すると、黒田は通常とは異なる方法で、決裁を取ることを決める。

通常とは異なる方法とはどんなものなのか、それを説明するために、まずは積水ハウスの通常の稟議手続きの作法を示しておこう。

積水ハウスでは、一〇〇億円以上の取引については、取締役会の決議が必要とされる。今回の海喜館の案件は、総額で七〇億円なので取締役会の承認は必要ない。一方、本社不動産部の部内ルールでは、一〇億円以上の取引については、社長の決裁が必要だった。その際、事前に副社長と専務、常務の三人の取締役と、一人の常務の計四人の回議を受け、「賛成」を受けなければならない。三人の取締役とは、副社長兼最高財務責任者（ＣＦＯ）の稲垣士郎（後に副会長）、専務執行役員の内田隆（後に副社長）、そして常務執行役員の仲井嘉浩（現社長）である。加えてもう一人の回議者は、常務執行役員で東京支社長だった内山和哉《うちやまかずちか》。この四人の「賛成」を受けて、いよいよ社長の阿部に稟議書は回される。そのうえで阿部がこの取引を承認すれば、「承認」の欄に阿部の判が押されるのである。

もちろん積水ハウスの重役である回議者たちの前にも、様々な担当者が判を押す。稟議書の起案を行う部署の各担当者の判が押され、本社の事業本部にて各部長の判が押される。さらに本社の主要部の部長の審議も経て、ようやく回議者に回されるのだ。概ねこの重厚な審査体制によって、ほとんどの取引は安全に行われてきた。

特に今回のような「至急案件」は、上質な物件の購入だけに、ビジネスの価値判断よりも、そのリスク情報の判断こそが焦点となる。不動産部や法務部などでも審査は行われるが、最後の砦《とりで》となるのが、決裁権者たる社長になる。

社長の決裁の判定には五つの種類がある。「承認」、「基本的承認」、「条件付承認」、「差戻し」、「否決」である。

「承認」に社長の判が押されれば、即実行ということだ。逆に「否決」となれば、取引は中止である。「基本的承認」と「条件付承認」、「差戻し」もあり、取引に疑念を抱けば「否決」とせずとも「差戻し」て、いま一度、検討させることも可能だ。一方で、このように厳格な審査を経ることは、ひとたび社長が承認の決裁を下すと、取引の実行を各セクションに強力に促すことになりかねなかった。

では実際には、どのように稟議されたのか。この海喜館で使われた稟議書は、大阪地裁で公判中の株主代表訴訟に提出されている。これら裁判資料と調査報告書などから、当時の稟議決裁を振り返っていこう。

該当する稟議書の正式名称は「不動産稟議書（購入）マンション土地購入用」。稟議番号は「H29（購）第146号」である。以後、この稟議書を「第146号稟議書」と呼ぶことにする。

「第146号稟議書」に記された起案日は四月一八日で、阿部が現地を視察した日。起案事業所は「東京マンション事業部」で、営業次長である小田をはじめ、同事業部長、技術次長、総務責任者、担当者が判を押し、承認を求める格好になっている。

また、本社のマンション事業本部長である三谷が「宜敷《よろし》くお願い致します」とコメントを付して、判を押している。三谷が判をついたのも、阿部と共に現地視察に出向いた四月一八日のこと。阿部の現地視察を一つの根拠として、この稟議書は完成し、本社不動産部の黒田のもとに送付されたことがうかがえる。

四月一九日、出張帰りの本社不動産部長の黒田が稟議書を手にすると、経営企画部長、経理財務部長、そして法務部長の中田の判をもらった。黒田自身もこの日に判をついている。

通常であれば、ここから四人の回議者へと稟議書は回付されるが、「第146号稟議書」を、黒田は回議者には送らず、先に社長決裁を得る「事後回付」とすることにした。それはなぜか。これが社長案件だったからだ。

黒田は事件後、調査対策委員会の調査が本格化していた一一月下旬に、和田と調査対策委員会に、稟議の回付やその後の経緯について詳述した書簡を送っている。そこには、こう書いてある。

（4月19日）三谷常務へ電話連絡し阿部社長の現場視察等が終わった旨と24日契約するので決裁を間に合わせるようご指示される。

4月20日（木）日程的にこのタイミングしかないと判断し物件を見る間も無く意見のし様も無く午前本社にて稟議書を阿部社長に持ち上がり三谷常務からのご指示及び東京での現地ご確認された事を確認しご決裁印頂く。


黒田は四月二〇日、社長室に稟議書を持ち込み、阿部から直接、現地視察の有無を確認したというから、すでに稟議書の中身よりも、社長の裁量に判断を委《ゆだ》ねていたことになる。また、決裁を求める黒田に対して、本来の回議者の判が押されていないことに、阿部は何ら疑問を挟むことはなかった。現地視察でこの案件を承知しているので、特段の説明を求めることもなく、「承認」の欄に判を押した。稟議手続きは、社長の現地視察を機に、形骸《けいがい》化したことがうかがえる。

この書簡からも分かるように、実際「至急案件」と「社長視察済み」の両方の理由から、黒田は本来とるべき行動を起こしていない。私の取材に関係者のほとんどが、「不動産部長は本来、検討物件を自ら視察に出向くのが一般的な行動だ」と口をそろえた。

和田はのちに黒田にこう尋ねたという。

「おまえ現場に行ったのか？」

「いや行ってません」

「なんで行かんかったんや」

「社長がすでにご視察済みとのことでしたので……」

ペーパーカンパニー

クーデターで失脚するまで、地面師事件の全容解明を目指していた和田は、この稟議手続きをどう見ていたのだろうか。私はこう尋ねてみた。

「和田さんも少なくない数の取引を決裁してきたと思うが、なぜ、会社ぐるみで騙《だま》されてしまったのでしょうか」

「それは最初に決裁をしてしもうたことにつきますわ。あれはたしか、事件が発覚してからひと月くらい経ったころやったと思う。阿部たちからろくな説明がないもんで、『稟議書を持ってこい』と言うたんです。それを見て、ホンマ驚いた」

「どこに問題があったのですか」

「だってあんた、そもそも中間業者をかませとるわけでしょ。ＩＫＵＴＡとかいうアパレル業者を相手に取引をして、一〇億円のマージンを取らせとるわけです。この額は法外ですよ。そりゃあ中間業者を挟むこともありますが、そのときは業者の信用力が最も大事になる。ウチのような上場企業が、不動産業者でもない、ましてや信用力のない、アパレル業者を間に挟んで取引するなんてことは、ありえへん。もし事故があったら、その資金の回収はどないすんのや。いや、損失の問題よりも、そのカネがどこに流れるか分からんでしょ。それが問題なんです」

私の手元にある稟議書は、和田の言うことを裏付けている。

積水ハウスの取引相手は、ＩＫＵＴＡ　ＨＯＬＤＩＮＧＳである。契約内容は、地主からＩＫＵＴＡが六〇億円で土地を買い取り、ＩＫＵＴＡから七〇億円で積水ハウスが買い受けるというもの。ＩＫＵＴＡはこの取引で一〇億円を手にすることになる。

実に不可解な話である。海喜館は、かねて不動産業者がこぞって欲しがっていた一等地。地主の海老澤には、複数のライバル社が営業をかけており、そのことは小田も知っていた。わざわざＩＫＵＴＡを間に挟んで売却するメリットは地主にはない。これは調査報告書でも指摘されており、不可解な取引形態に誰も関心を払わなかったことに、調査対策委員会は深い疑念を持ったようだ。

和田はＩＫＵＴＡについて、さらに問題を示した。

「しかもやで、稟議書に書かれとった仲介業者は、そのアパレル会社でもなかった。決裁の直前になってすり替わっとったんです。ワシならこれを見た瞬間に、この取引はペケや」

「決裁の直前に中間業者がすり替わった」とはどういうことだろう。稟議書を細かく見ていこう。

「第１４６号稟議書」に添付されていた資料の一枚目には、この海喜館の不動産について、「はじめに」と題して手短な説明がなされている。以下、引用してみよう。

はじめに
本物件は、ＪＲ山手線「五反田」駅徒歩４分という利便性が非常に高い好立地にあります。
また、容積率が７００％あるにもかかわらず、閉館した旅館が残存し、一部が駐車場に利用されるだけの低利用な状態にあるため、以前より注目され、様々な企業が取得を目指してきましたが、いずれも地主との交渉にまで辿り着かない状況でした。

このような状況の中、本物件の売主となる株式会社ＩＫＵＴＡ　ＨＯＬＤＩＮＧＳが地主との交渉に成功し、平成29年4月3日付で、現在の所有者である海老澤佐妃子様と売買契約を締結致しました。

同社とは、土地代金70億円で本物件を当社に転売することで合意し、平成29年4月24日に売買契約を締結する予定です。

本契約時には土地代金の20％の手付金を支払い、仮登記にて権利保全を行う予定としております。何卒ご決裁賜りますようお願い申し上げます。

尚、南西側隣接地につきましても事業規模の拡大を目的に追加買収を目論んでおります。

以上

※目黒川の氾濫・浸水について

平成13年に本物件西側約３５０ｍの位置に荏原調整池《ママ》（20万㎥）が完成した以降、目黒川の氾濫・浸水は起きておりません。

さらに付《ふ》箋《せん》がつけられ、ＩＫＵＴＡについて鉛筆書きでこう書かれてある。

売主：イクタホールディングス――清ソーム長（注・東京マンション事業部総務長）より
H20年設立、主にアパレル系で多角経営　資本金1億　宅建業者ではありません。

結論から言えば、この「はじめに」と付箋書きの説明は誤りである。というのは、積水ハウスが実際に取引した相手は「株式会社IKUTA　HOLDINGS」ではないからだ。実際の取引相手は、「IKUTA　HOLDINGS株式会社」である。

名称が「前株」から「後株」に代わっただけだが、実態は大きく異なっていた。登記事項証明書によれば、確かに「(株）IKUTA」は付箋の但し書きにあるように、資本金一億円のアパレル会社である。しかし、「IKUTA（株）」は資本金一〇〇〇万円程で、その本店所在地は永田町《ながた》の「十全ビル」。有力国会議員が事務所を構えていることで知られ、この「IKUTA（株）」の本店所在地は、財務副大臣も経験した元衆議院議員の小林興起《こばやしこうき》の事務所である。さらに、その妻で渋谷《しぶや》区議会議員だった小林明子が「IKUTA（株）」の取締役も務めていた。

つまり、「IKUTA（株）」は事業実態のないペーパーカンパニーということだ。ペーパーカンパニーとは、取引の実態を不透明にする際に使われ、節税や逃税目的にも利用されることがある。国際的にはペーパーカンパニーを介した取引は、マネーロンダリングの典型的な手法として警戒が広がっており、テロ資金への移転に利用されることもあると指摘されている。

なお、「第146号稟議書」の添付資料には、取引相手が変更されたことがはっきりと示されている。

添付資料の二枚目には、まずワープロ打ちで次の記述がある。

契約の相手　株式会社ＩＫＵＴＡ　ＨＯＬＤＩＮＧＳ

これが取り消し線で訂正され、その上に鉛筆書きで「ＩＫＵＴＡ　ＨＯＬＤＩＮＧＳ（株）」と書かれている。また住所も「（株）ＩＫＵＴＡ」の住所が取り消し線で訂正され、こちらも鉛筆書きで永田町の十全ビルの住所と小林興起の事務所の部屋番号が示されていた。これは積水ハウスの取引相手が、決裁の直前になって訂正されたことを意味するものだ。

土壇場での取引相手の変更は、稟議書のすべてに、重大な欠陥をもたらした。「はじめに」の内容が誤りであると書いたのは、そのためだ。また「（株）ＩＫＵＴＡ」を取り消し線で「ＩＫＵＴＡ（株）」に訂正した記述の後には、さらに鉛筆書きで「Ｈ29・4　登記名義人と売買契約済」と示されているが、この記述も誤りである。「登記名義人」と示されている地主の海老澤と契約したのは「（株）ＩＫＵＴＡ」の代表の生田であり、「ＩＫＵＴＡ（株）」の女性の代表ではないからだ。「第１４６号稟議書」の内容は、取引相手が変更となったことで、実態とは全く異なるものとなっていた。

和田はこの怪しげな「第１４６号稟議書」を、阿部が何の疑問も挟まずに「承認」の決裁を下したことを特に問題視していた。これから積水ハウスが行おうとする取引が詐欺であることを示す、重要なシグナルだったからだ。このことは事件後、調査にあたった調査対策委員会をも困惑させた。調査報告書には、ペーパーカンパニーは次のように指摘されている。

稟議時点の中間業者が、相手方の申入れで変更されているが、新しい中間業者は、当初の中間業者の（株）イクタホールディングスからイクタホールディングス（株）というペーパーカンパニーに変更され、代表者も女性に変わっている。これに強い疑念を持つべきであった。なお、イクタホールディングス（株）の2名の女性取締役の内、（中略）取締役の小林明子の夫は、小林興起元代議士である。そして、この会社は事件後に繋がりを消すためのペーパーカンパニーであり、このような会社は、絶対に、当社の取引先であってはならない。

かなり強い文言で批判しているが、当然だろう。積水ハウスのような上場企業が、実体のない会社と取引するのは、世界的な資金決済システムに大きな禍根を残すことになりかねない。テロ資金への移転を防止する犯罪収益移転防止法に抵触する可能性があり、後にマネーロンダリングの専門家から、強い懸念が示されることになるのだが、それについては第六章で詳しく見ていく。

では、なぜ積水ハウスの取引相手が、決裁の土壇場で変更になったのか。それは「（株）ＩＫＵＴＡ」の代表、生田からの申し出だったという。小田は東京地裁に提出した「陳述書」でこう明かしている。

「4月19日（水）に、生田氏から、弊社との契約名義人を、（株）ＩＫＵＴＡ　ＨＯＬＤＩＮＧＳからＩＫＵＴＡ　ＨＯＬＤＩＮＧＳ株式会社に変更したいとの申出がありました。理由を聞くと、会計士からＩＫＵＴＡ　ＨＯＬＤＩＮＧＳ（株）のほうが節税でき会計的に良いとのアドバイスがあったためとのことでした。

急な話ではありましたが、ＩＫＵＴＡ　ＨＯＬＤＩＮＧＳ（株）の資格証明書等の必要書類を揃えられるとのことでしたので、弊社は生田氏の申し出を受け入れました」

小田は生田の言いなりだった。功を焦るあまりか、それとも「スピードが課題」という三谷からの指示のためなのか。それは分からないが、この責任は小田だけに押し付けられるものではないだろう。「第１４６号稟議書」を一目見れば、取引相手の変更があったことは一目瞭然《りょうぜん》であり、そこに注意を払えば、取引の重大な欠陥に気づくことは可能だった。

リスク管理部門である不動産部と法務部も、稟議書にはらむリスクに気が付けなかったが、そこにも「社長案件」と「至急対応」が影響していたことがうかがえる。

稟議書が不動産部に到着したのは一九日。同日に生田の要請で取引相手が変更となっているから、不動産部や法務部が吟味する時間はなかったのではないか。

調査報告書は「リスク管理部門である不動産部と法務部が、稟議書の記載内容不足を指摘し、リスク情報に気付くべきであった」と指摘しているが、またこうも指摘している。

短期間での決裁で、十分な内容の吟味ができていない。

不動産部長が通常とは異なるステップで稟議を進めた根拠は、マンション事業本部長からの至急要請があったことによるが、社長が現場視察を済ませていると聞かされていることが影響している。

契約

四月二〇日、阿部が「第146号稟議書」を決裁したことで、取引は最高執行責任者により正式にゴー・サインが示された。決裁を受けて、一五時から契約に向けての打ち合わせが行われた。小田はこの時、初めて地主の海老澤と面会したというから、阿部は担当者が地主に会わない段階で決裁をしたことになる。このように地主の本人確認は極めて杜撰《ずさん》だった。これがのちに致命傷となるのだが、それは次章で詳述する。

西新宿のホウライビル、東京マンション事業部の会議室に集まった関係者は次の面々だ。

もちろん地主の海老澤は偽者であり、羽毛田である。また仲介した生田と、地面師の主犯格であるカミンスカス操も同席していた。カミンスカスは小山武と名乗り、生田の財務アドバイザーという触れ込みだった。加えてIKUTAと積水ハウスのそれぞれの司法書士も立ち会っていた。

契約は、次のような手順で行われることになっていた。

まず（株）IKUTAと地主の間で交わされた海喜館の不動産「売買契約」を解約し、新たに契約をIKUTA（株）と地主との間で結びなおす。その後、IKUTA（株）と積水ハウスの間で契約を結び、海喜館は積水ハウスのものとなる。代金は総額七〇億円。ＩＫＵＴＡ（株）から地主に、総額六〇億円が支払われ、それをＩＫＵＴＡから積水ハウスが七〇億円で買い取るのである。

支払いは、契約と本決済との二回に分けられることが決められた。四月二四日に予定されている契約日には、積水ハウスは地主とＩＫＵＴＡ（株）に一四億円を支払う。さらに本決済では、地主とＩＫＵＴＡに残金の約五六億円を支払う。その本決済日は契約書に七月三一日と明記された。

四月二四日午前一〇時、再びホウライビルに同じメンバーが集まった。

羽毛田は悠然と地主に扮《ふん》し、パスポートと印鑑登録証明書、住民票と海喜館の不動産の登記済み権利証、そして固定資産評価証明書を示したという。

この契約の際に、ＩＫＵＴＡと積水ハウスのそれぞれの司法書士が、東京法務局品川出張所に出向き、不動産登記の「所有権移転請求権仮登記」の申請を行った。近い将来、この土地は積水ハウスのものとなることを第三者に示す登記である。「仮登記」は不測の事態が生じた際に、割り込みの登記を防ぐ一定の法的拘束力を備えている。第三者が登記をしようとしても、優先権は仮登記をしている積水ハウスにあることを示す。もちろん、地主が心変わりをして、契約を解除すればその限りではないが、そのためには手付金の「倍返し」と言われ、契約で手付金として地主に支払われた倍の二四億円を、違約金として積水ハウスに支払わなければならない。仮登記は、いわば本決済までに積水ハウスの強力な購入意思を示すものとなる。

東京法務局品川出張所は、この仮登記申請を問題なく受理する。これを確認すると、事前の打ち合わせ通り、積水ハウスは地主に扮する羽毛田に一二億円を預金小切手で支払い、ＩＫＵＴＡには二億円を振り込みによって支払った。この瞬間、積水ハウスはまず一四億円の被害に遭ったのだ。

その後、「事後回付」とされた四人の回議者にも「第１４６号稟議書」は届けられた。常務執行役員で東京支社長の内山が「賛成」の判を押したのは、四月二四日のことだ。さらに、取締役専務執行役員の内田と、取締役常務執行役員の仲井が「賛成」の判を押したのは四月二五日。副社長の稲垣のもとに稟議書が届いたのは、四月二六日のことだった。いずれも契約日当日か、契約日以降である。

すでに契約が取り交わされた「第１４６号稟議書」について、この四人がたとえ異論を述べたとしても、承認決裁の効力を打ち消すことはできなかったことになる。

グランドメゾン五反田はまぼろしと消えた

なぜ、社長の阿部は杜撰な「第１４６号稟議書」をあっさりと承認したのだろうか。

実は、稟議書には、阿部が東京マンション事業部に強い影響力を誇っていたことをうかがわせる資料が添付されていた。それは海喜館を購入した暁に建設される予定だった、「グランドメゾン五反田」の計画書である。グランドメゾンとは積水ハウスのマンションブランドだが、その計画書は稟議段階にもかかわらず、詳細なものだった。

総戸数は二五六戸。当時計画中のマンションでは、かなりの大規模マンションとなる予定だった。この時、すでに着工していた「グランドメゾン江古田《えごた》の杜《もり》Ｉ」の五三一戸、また未着工の「グランドメゾン品川シーサイドの杜」の六八七戸に続く規模として計画されていたのが、「グランドメゾン五反田」だった。三九平米の1ＬＤＫと五四平米の2ＬＤＫ、そして六六平米の3ＬＤＫの三タイプに分かれ、最高値は最上階の3ＬＤＫで一億八〇万円である。

販売計画の見通しも示されている。販売開始は「平成31年（令和元年・2019年）3月」とあり、着工はその前の「平成30年（2018年）8月」とされた。引き渡しは「平成33年（令和3年・2021年）4月」とされ、これらのスケジュール表まで作成されていた。さらに立地の詳細な説明や、マンションの全体像を示すイメージまで図解入りで詳細に示されていた。マンション事業を長らく経験した、ある大手デベロッパーの元幹部によれば、こうした資料は、稟議段階では必ずしも必要のない書類だという。

詳細な予算も添付されている。土地の購入費と登記費用などで七〇億九八五〇万円、建物の建築費にかかる原価は六四億六〇五〇万円とされ、「グランドメゾン五反田」の原価は計一三五億五九〇〇万円である。販売経費を考慮しない「粗利率」は、二〇％の三三億八九七〇万円と見積もられた。

積水ハウスの元幹部によれば、阿部はことあるごとに「粗利を上げろ」と檄《げき》を飛ばしていたというから、この粗利率は阿部の目に魅力的に映ったことだろう。大手デベロッパーの元幹部も、この粗利率を見て「社長の決裁を得るためには十分、魅力的なものだ」と語った。

詳細すぎる計画書の作成プロセスは、不動産業界でも想像を絶するスピードだった。本社マンション事業本部長の三谷が「購入の方針」を決めたのが四月一四日であり、阿部の決裁は四月二〇日である。購入の方針が決まってから稟議決裁までのわずか七日間に、東京マンション事業部は実に見事な建設計画を練り上げていた。

まぼろしと消えた「グランドメゾン五反田」の計画は、なぜこれほど早く、また詳細に作られたのだろうか。それはやはり、海喜館の購入計画が「社長案件」だったからだろう。

私は複数人の東京マンション事業部の社員や元社員に、接触することができた。そのうちの一人に、この稟議書と添付された計画書を見てもらうと、特段驚いた様子もなく「阿部案件であれば、担当者は徹夜でも何でもして、すぐに作るでしょう」と語っていた。

実は、阿部は役員に昇格する前に、東京営業本部長を務めていた。別の東京マンション事業部の元社員によれば、「東京のマンション事情にかなり精通していた」ということだ。それだけに、公私ともに東京マンション事業部には「阿部案件」が頻繁にもたらされていたという。また「阿部さん自身も、以前より海喜館のことを知っていてもおかしくはない」という証言もあった。

彼らの証言内容をまとめると、東京マンション事業部では、次のようなことが行われていたという。

「東京マンション事業部は、阿部さんの直轄地のような事業所。また阿部さんは東京のマンションをいくつも購入しており、奥さんの要望を直接受ける担当者までいたほどです」

「その影響力から、奥さんのことを、かつてのフィリピン共和国の独裁者、フェルディナンド・マルコス元大統領の妻になぞらえて『イメルダ』と陰で呼ぶ社員もいました」

「もちろん、阿部さんからもたらされる案件は個人的なものだけでなく、事業的なものもあり、そうした案件は〝阿部案件〟として上層部が慎重に検討していた」

「和田前会長からもたらされる案件もありましたが、その多くは重視されていなかった。〝和田案件〟は丁重に断るということが行われていました」

阿部から指示を受けた案件は無条件に推進される風土が、東京マンション事業部にはあったのではないか。現場が「社長案件」とひとたび認識すれば、強力に推進してしまう弊害を備えていたことが、こうした証言からは浮かび上がる。

実は、それを強くうかがわせる痕跡《こんせき》が「第１４６号稟議書」にも残されている。回付者である本社不動産部長の黒田によるコメント欄があり、そこには「宜敷お願い致します」と記されている。しかしこの欄の三行目に、ある文言がかき消された跡があったのである。指摘したのは大阪地裁の裁判長だった。裁判記録にはその文言の内容が示されている。


「4／18 本部長ご案内にて社長現地をご視察済です」との鉛筆書きの記載が抹消された形跡が見受けられる。


証拠として提出されているのは「第１４６号稟議書」の原本である。「4／18 本部長ご案内にて社長現地をご視察済です」と記したのは、黒田だろう。しかしなぜ、社長の阿部が現地視察をした事実がかき消されていたのだろうか。

事件の発覚後に、このことを隠そうとする何らかの意図が働いたからではないか。阿部は、地面師事件の取引に、何らかの影響力を与えたことを認めていたのではないか。少なくとも、稟議書の文言が抹消されていたことは、それを隠したいという動機の存在を示唆している。

第二章

不正

現場は地面師に引き寄せられた

不動産屋の常識

クーデターで会長を退かされた和田勇は、地面師事件のおかしさを私に何度も訴えた。

「調査対策委員会の方々は、『地面師事件は、取引から撤退するチャンスが九回はあった』と口々におっしゃっていた。一つや二つくらいの見落としで騙《だま》されていたというなら、多少は納得もできるが、何度も何度もミスを重ねていたから、問題は深刻や思うたわけです。委員長の篠原《しのはら》さんも、『何か、大きな問題が社内で起こっとるで』と言うてました」

この発言は、調査報告書に基づいている。確かに、私が報告書を分析したところ、取引から撤退を促すアラートは都合九回も鳴っていた。その警報を見落とし、取引に突き進んでいった積水ハウス側のミスもまた九回を数えていた。

その内容は追って説明していくが、こうした数々の見落としや、ミスが起こってしまったのはなぜなのか。和田にポイントを尋ねてみた。

「地面師事件は、なぜ起こったと考えていますか」

「まず、不動産取引の基本がまるで無視されとることや。中間業者を挟んだこともおかしいし、ペーパーカンパニーと取引することも不可解。でもな、それ以上におかしいのは、何度も警告が出ているのに、地主の本人確認をしていないことです」

「本人確認とはどういうことですか」

「実は契約した後、本物の地主から『私は取引をしていない』という書面が来とったんです。しかも、内容証明郵便で送られてきた。地主本人を名乗る内容証明が来たら、自分たちが誰と契約したのか、それをしっかり確認するもんでしょ。ところが、担当者たちは内容証明をみんな無視してしまった」

内容証明は配達記録とその内容の謄本が記録に残されるため、トラブルが起きた際に、誰がいつ送付したのかが確認できるうえ、その内容は法的根拠としても利用される。通常の郵便物より、受取手は丁寧に対応するのが一般的だ。和田が続ける。

「内容証明を送ってきた地主に接触さえすれば、自分たちが契約した相手が詐欺師と分かったはずや。簡単なことやろ。ところが、担当者は、それをしなかった」

「不思議ですね。なぜ、しっかり確認を取らなかったのでしょうか」

「内容証明を『怪文書』扱いしたからです。あげくの果てに、四九億円を支払った本決済の日を、二ヵ月近くも前倒しした」

「前倒しですか……。地主本人から内容証明が届いたら、慎重に調べるために時間をとろうとするはずですよね。それを前倒しをするというのは、どういうことでしょう」

「ワシが教えてほしいわ。そんなこと、普通ならありえませんからね」

和田の言う通り、調査報告書は内容証明を怪文書と解釈したことや、本人確認が徹底されなかったことを特に問題視していた。積水ハウスで長年、営業職を務めてきた元役員はこう語る。

「この場合の本人確認は、そう難しいことではありません。今回、取引した偽の地主は、本人確認のためにパスポートを示している。そこには当然、顔写真があります。それを海喜館の周りに住む、地主を知る人に見せて本物かどうかを教えてもらえば、それで終わり。近くには、古くからのお好み焼き屋やラーメン屋もあったそうですから、その店主らに聞けばいい。内容証明が来るというのは、特殊なリスクにさらされているということですから、地主を知る人への確認は基本です。それをしないというのは、不動産屋としては考えられないことです」

この見解は、どの不動産業者に聞いても同じだった。私は、不動産取引に精通する司法書士の内《ない》藤卓《とうたかし》に不動産取引のリスクを教えてもらった。

「不動産取引は、相対取引ですから、目の前の取引相手が真に権利者であることが何より重要です。取引相手が古くからの知り合いであるならば、パスポートや印鑑証明、保険証など、後日の紛争防止の意味での本人確認書類の授受などで十分でしょう。しかし、積水ハウスが取引した地主について、担当者は全く面識がなかったようですから、一般的な本人確認では危ういですね。取引相手が正に所有者本人であることの確認を様々な証拠によって絶対確実なものにしておく必要があります」

そもそもパスポートや印鑑証明は、要件さえ整っていれば簡単に発給されてしまうという。偽造パスポートが出回る背景には、審査が厳格でないことが原因の一つにある。その方法を示すことは差し控えるが、偽造パスポートを使って本人確認をすれば、他人の印鑑登録も簡単に作成でき、これを公証役場に持っていけば、公正証書も作ることが可能だという。当然ながら、パスポートや印鑑証明を偽造するのは犯罪だが、そもそも詐欺を働こうという人間なら平気でやってしまうだろう。

法務局での不動産登記にも、そのリスクは存在している。日本の不動産取引は、不動産登記が受理された時点で、取引を実行し代金を支払う慣例があるが、法務局でも本人確認の書類審査が厳密に行われるわけではない。内藤が続ける。

「日本の法務局は書面審査や形式審査ですので、法令で定める申請書の添付書類が整っていれば、審査は通ってしまう。パスポートや保険証などの本人確認書類は、司法書士の段階では確認されますが、法務局で審査されることはなく、また本人確認書類の真贋《しんがん》の判別が問題となるようなことは、よほどのことがない限りありません。積水ハウスの地面師事件では、地主本人を名乗る人物が内容証明を送りつけてきたのですから、本人確認を慎重に進める必要がありました。つまり知人による面通しの本人確認は、必須《ひっす》だったと言えるでしょう」

では、実際にどのように取引が進められたのか。ここからは一四億円を支払った契約後から、約四九億円を支払ってしまう本決済までの経過をたどっていこう。

本物の地主から内容証明郵便が届く

最初に、内容証明郵便が積水ハウスの本社に届けられたのは、契約から半月ほどが過ぎた五月一〇日のこと。差出人は海喜館の地主、海老澤佐妃子。表題には「御通知書」と書かれていた。

私は、下記不動産（筆者注・海喜館の不動産）の所有者ですが、（中略）（仮登記が）なされており、「びっくり」しております。

こう書き出された内容証明は、さらにＩＫＵＴＡと積水ハウスに対して、抗議の色を強めていく。

私は、「貴社（筆者注・ＩＫＵＴＡ）と売買予約を締結したり、同仮登記手続をした」こともなく、無効のものであること及び直ちに上記仮登記を抹消することを本書を以って貴社に対して御通知いたします。

この為、積水ハウス株式会社様が有している上記２記載（筆者注・仮登記のこと）も当然に無効となりますので、直ちに上記仮登記を抹消することを本書を以って積水ハウス株式会社様に対して御通知いたします。

なお、即刻抹消登記手続がとられないときには、止む無く東京地方裁判所等に対して、法的手続をとる所存です。

また、売主本人の同一性及び本人の意思確認を伺らすることなく、上記手続をとること自体、驚いております事を念の為付言いたします。

この内容が事実であれば、積水ハウスが取引していた相手は、偽者になる。当然、社内は大騒ぎとなった。翌日の五月一一日、再び海老澤からの書簡が内容証明郵便で届けられる。主旨は変わらず「仮登記を抹消せよ」「抹消できないときには、関与当事者全員に対して民事等の法的手続きをとる」というものだった。さらに同日、三通目の内容証明が届けられる。積水ハウスに対して本人確認の不備を痛烈に批判する内容だったが、自らの印鑑登録証のカード番号まで記載している点で、より踏み込んだものだった。三通目の書簡も、詳しく紹介しよう。

私は、面会謝絶の病院に長期間入院しており、平成29年4月24日に立ち会うことができないばかりか、平成29年4月24日作成の①「登記原因証明情報」の売主名義の欄の氏名の自署及び②「委任状」の委任者名義の欄の氏名の自署すること自体が不可能であるばかりか、上記「登記原因証明情報」「委任状」には私の自署も全くありません。また　売買予約契約を締結したことすらありません。

すなわち　本件虚偽無効の仮登記の上記①及び②の各「氏名」も　別人が私に成りすまして偽造したものです。

更に、印鑑証明は、私のものではありません。私は、品川区長「登録番号●－●●●●●」（筆者注・原文はアルファベットに数字）の印鑑登録証のカードを保有しております。

殊に、本登記までするのにあたって、登記済権利証の原本を持参させるなどして決済の段取りに支障がないことの確認をもなされているはずです。私は　虚偽無効の本件登記の不動産全部につき登記済権利証を現に所持しております。

私の同一性の（中略）確認をしていないばかりか、写真付の公的な身分証明書（たとえばパスポート等）の掲示がなされたとしても、

①写真は私の顔写真ではない。

②所持人自署の「海老澤佐妃子」の署名は私の自署ではない。

③所持人記入欄の「氏名・現住所・郵便番号」いずれも私の自署ではないことからして、私の同一性の確認の資料にはなりません。

結論として、別人との取引で私にとっては偽造された無効のものです。登記簿には、公信力がない為、真の所有者から買受けない限り本件不動産の所有権を取得することができません。

のちに分かることだが、内容証明を送付したのは、本物の地主である海老澤佐妃子の親族である。先述した通り、海老澤はこの時、胃がんが再発し、日本赤十字社医療センターに入院中だった。内容証明を送付したのは、積水ハウスが仮登記を設定したことに気が付いた海老澤の弟で、のちに海喜館を相続する人物だった。

書簡は具体的に取引の危うさを指摘していた。しかし、東京マンション事業部次長の小田祐司はこの文書を信用しなかった。その理由を、小田は陳述書に書いている。

「書面には先日申請したばかりの仮登記に言及されていたほか、同様の書面が弊社やIKUTA HOLDINGS（株）だけでなく仮登記申請代理人の●●司法書士（筆者注・原文は実名）にも届きました。

仮登記や仮登記権利者は登記情報を見ればわかることではありますが、登記申請代理人の情報は普通は部外者には分からないことです。社内で対応を検討しましたが、契約締結にあたりパスポート、権利証、印鑑証明書、住民票（いずれも原本）で海老澤氏の本人確認を行っており、真の本人が別にいるというよりは、今回の契約を快く思っていない者が取引を妨害する目的で送ってきた怪文書の類《たぐい》なのではとの意見が強くありました」

小田の説明を補足しよう。内容証明は積水ハウスだけでなく、ＩＫＵＴＡとこの登記申請をした司法書士にも届けられていた。法務局で不動産登記簿を取得すれば、仮登記人の名義として仲介したＩＫＵＴＡと積水ハウスが示されていることは、誰でも確認できる。しかし、登記申請代理人の司法書士が誰なのかは、登記簿には示されていない。だから小田は、内容証明を送ったのは「部外者」だと考えた。取引の内情を知っている人物で、積水ハウスの取引を妨害したい者の仕業ではないかと疑ったのだ。

この解釈は奇妙なものだ。登記申請した司法書士の名前は、法務局で登記申請書を閲覧すれば、確認できる。それが可能なのは利害関係人である、地主本人や地主から委任された代理人だ。つまり、登記申請をした司法書士が誰なのかは、小田が言うように「部外者には分からない」のだが、本物の地主には確認が可能なのだ。現に、海喜館の地主の代理人によって登記申請書が確認されたことが、後の民事裁判で地主の相続人によって示されている。小田がこのことを知らないというのは、不動産のプロとしてはいかがなものだろう。とは言え、この事情を一介のサラリーマンが知らなかった可能性もないとは言えない。けれども、少なくとも実務家なら誰でも知っている理屈なので、内容証明が届けられた司法書士は指摘しなかったのだろうか。結局、小田らは部外者による妨害と決めつけてしまった。

一方で、内容証明には海喜館の住所はあるが、「電話番号その他連絡先の記載がない」(株主代表訴訟の裁判記録)ことも不信感を募らせた。

また、小田らの判断の背景には、地面師の主犯格、カミンスカス操のささやきもあった。小田は一通目の内容証明が届いた当日に、中間業者の生田剛と、生田の財務アドバイザーを装っていたカミンスカスと面会したが、そこでカミンスカスはこう語ったという。

「海老澤と喧嘩《けんか》別れした、前野の妨害工作ではないか」

海老澤に扮《ふん》する羽毛田正美《はけたまさみ》は、当初、前野という内縁の夫を伴っていたが、その前野と喧嘩別れしていた、というのである。ところが実際には、前野は羽毛田の指南役で、後に実刑判決を受ける常世田吉弘《とこよだよしひろ》のこと。カミンスカスは巧妙に小田を誘導したことになる。結局、マンション事業本部と法務部は、この通知書を「怪文書の類」と判断してしまった。

ただし、それではあまりに杜撰《ずさん》だし、リスクが高い。積水ハウスの顧問弁護士は、小田に本人確認の徹底をアドバイスしている。先述したように、非常時には本人確認の最も有効な手段が取られなければならない。調査報告書によれば、顧問弁護士の指示は具体的で、「知人による確認」「消印付郵便物」「納税証明書」「公共料金納付書」「健康保険証」「年金手帳」「預金通帳」など、可能な限り多くのもので本人確認をするよう求めた。中でも最も有効なのは「知人(第三者)による確認」であることは言うまでもない。

幸いなことに、小田は所有者の顔写真付きのパスポートで本人確認をしており、そのコピーも存在するうえ、生田と銀座《ぎんざ》の公証役場で契約した際に撮影された、地主を含む集合写真もあった。これを海喜館の近隣住民や取引先など、海老澤と付き合いのある人物に見せるだけで、かなりの確率で本物かどうかが裏付けられる。

しかし、この方法での本人確認は、最後まで実行されることはなかった。

稚拙な取引

五月一一日には、別のリスク情報が東京マンション事業部に寄せられている。「生田に取引から外された」と申し入れる不動産ブローカーの来訪を受けたのである。ブローカーは、海喜館の案件を生田に紹介したにもかかわらず、勝手に取引されたと主張し、さらに、社長の阿部俊則と「東北の分譲地の取引を何度か行ったことがある」と述べた。確かに阿部は二〇〇三年に東北営業本部長を務めていた。

翌日の東京支社には、ホテル業の代表者を名乗る人物が来訪した。その人物は、ＩＫＵＴＡとの取引は「不適切」と抗議したうえで「自身が介在したら解決する」と語ったという。

二人の登場は、生田の周辺で海喜館をめぐるブローカーたちのトラブルがあることをうかがわせるもので、ＩＫＵＴＡとの取引を改めて検証するきっかけとなるものだったが、東京マンション事業部やマンション事業本部は、そう考えなかった。二人を不動産業界に巣くう怪しげなブローカーと判断し、「取引を妨害したい者の嫌がらせ」と見なしたのだ。

さらに、社内からも不穏な情報が届けられる。

東京マンション事業部が内容証明に揺れていた五月一二日、当時、積水ハウスのグループ会社、積和不動産関西の社長を務めていた松吉三郎《まつよしさぶろう》は、ＩＫＵＴＡに関する不穏な情報を入手していた。調査報告書には、こう記載されている。

「当社が支払った手付金が地主には少ししか支払われていないという噂があるが、仲介相手は大丈夫か」

松吉から警告を受けたのは、不動産部長の黒田章である。私は松吉を直撃して、事情を聞くことができた。

「僕のところにきた情報は、実は取引を提案するものだったんです。その情報源はこう言うてましたわ。

『ＩＫＵＴＡは怪しいでっせ。契約金を持って逃げてしまった』と。さらに僕に『松吉さん、私は本物の所有者とつながってますから、こっちのルートで買うんやったら、買いまっせ』とこう言うわけです。積水ハウスが取引している案件を、子会社社長の僕が割り込むわけにいかんでしょ。だから『けっこうです』と断ったんですがね。もうこの話だけで、海喜館の取引は、まともな話やないと分かるやないですか」

不動産業界の有能なベテランは随所に情報網をもっており、いざというときのリスク対応に日ごろから備えているもの。松吉に届けられた情報は、まさに取引の危うさを示すものだった。

中間業者のＩＫＵＴＡが一四億円の契約金を持ち逃げしたという警告とともに、さらに本物の所有者と接近していると語る業者からの売り込み。情報の信ぴょう性はともかく、少なくとも複数の地主を名乗る人物が蠢《うごめ》いていると考えられた。松吉は取引の背後にある不穏な空気を感じ取り、これを「危険なシグナルと捉《とら》えた」のだという。

松吉が電話すると、すぐに黒田は飛んできたという。松吉が続ける。

「僕は黒田に『ＩＫＵＴＡが持ち逃げしとるというぞ』『こんな取引はおかしいんじゃないか』と伝えたんです。すると黒田は『分かりました』と言って、すぐに三谷に電話をした。しばらく経って黒田から報告が来ました。驚いたことに黒田は僕にこう言うんです。『阿部社長と話をしているので、もうこの案件には口を出さないでくれと、三谷さんが言っています』と」

「調査報告書」には、この時のやり取りがこう記されている。


この松吉社長からの情報は、当日には、三谷に伝えられているが、三谷は「生田は当社のダミーであるし、売主の本人確認はできている。」と回答し、以後、特に考慮されないままに終わっている。


松吉やブローカーたちのリスク情報は、活《い》かされなかった。その理由は、この時点でマンション事業本部が内容証明を「怪文書」と結論付けていたからだ。

まだ、内容証明が届いてから二日しか経っていなかった。しかも、担当者は内容証明の送付人どころか、羽毛田扮する偽者の海老澤にも確認のための面会はできていない。この段階で「怪文書」と判断したことが、その後も本人確認の不徹底という形で尾を引いていくことになる。

もっとも、積水ハウスは本人確認の絶好の機会を設けてもいた。海喜館の建物の内覧に地主が立ち会うことになっていたのである。

内覧会では、玄関はどう開けてどこに居間や台所、トイレがあるか、地主に案内してもらう。本物であれば建物の構造を熟知しているはずで、少しでも戸惑う様子があれば、それは有力なリスク情報となる。海喜館での地主の立ち居振る舞いを見れば、本物か偽者か判断できると、三谷や小田は踏んでいたようだ。

逆に地面師たちにとっては、内覧会は大変なリスクである。初めて入る海喜館を住み慣れた家のように装わなければならず、トイレの位置を間違うなど不審な様子を悟られれば、計画はその場で破綻《はたん》してしまうだろう。正体が露《あら》わとなっては、身柄の拘束に直結しかねない大変なリスクを伴う。

内覧会は五月一九日と設定されていた。果たして当日、地主は現地に来なかった。

当日、現れたのは所有者の代理人を名乗る弁護士である。弁護士は正面玄関ではなく、勝手口の南京錠《なんきん》のカギを携えていた。なぜ正面玄関のカギを持っていないのか、いかにも怪しかった。また、小山武ことカミンスカスも現れた。彼は地主が現地に来ないことも知らなければ、代わりに弁護士が来ることも知らなかったと主張したという。カミンスカスはその場で羽毛田に電話をかけたが、その際、羽毛田は「体調不良のため、弁護士に現地立ち会いを依頼した」と説明したという。

三谷や小田からすれば、異常事態である。とは言え、彼らにはまだ別の方法が残されていた。周辺住民に地主の顔写真を見せて本人確認をすればいいのだ。生田からの紹介でもなく、カミンスカスからの紹介でもない、純然たる第三者を小田が周辺の住民から無作為に選べばいい。その人物に地主の顔写真さえ見せれば、すぐにでも「知人による本人確認」が完了し、対峙《たいじ》する地主が偽者だと分かるのだ。

ところが、この作業も行われなかった。調査報告書にはその理由が示されているが、三谷らマンション事業本部がこう考えたからだという。

「海老澤の機嫌を損ねるのではないか」

もはや、取引は地面師たちの独壇場だった。

致命傷

三谷と小田は、さらに事態を悪化させる方向へと足を踏み出していく。それは、海喜館の内覧から三日後、五月二二日のことだった。二人は、法務部長の中田や東京マンション事業部の部長ら幹部を集めて会議を開いた。内容証明などのリスク情報を検討するもので、次の方針が決定される。

「七月三一日に予定されていた残代金決済を前倒しする」

リスク情報が多数寄せられている中で慎重に事を進めるのではなく、本決済を急ぐという判断だった。三谷も小田も契約してから、まだ地主（羽毛田）とは接触できていないが、三谷はすでに羽毛田扮する海老澤こそが、本物だと決め込んでいたのだろう。本決済を急ぐ理由を、マンション事業本部は次のように説明したという。

「内容証明や一連の抗議の動きは、今回の契約を快く思っていない人物が取引を妨害する目的で行っている」

「また、ブローカーまがいの人物たちからの妨害を極力回避したい」

決済の前倒しは六月一日とする方針が示されたが、異議は誰からも出なかった。
翌日の五月二三日、一二日ぶりに本物の地主から四通目となる内容証明が届けられる。何度も要請しているのに状況が改善しないので、かなり苛立《いらだ》っていたのだろう。内容は以前の三通よりも踏み込んだもので、書面は「原状回復催告書」と題されていた。仮登記の抹消を即刻行うよう求めるもので、次のように書かれていた。

仮登記対象の不動産の課税価額が14億4517000円、登録免許税が14045100円という極めて高額な取引である為、同一性及び売却・登記の意思につき一般の不動産取引とは本質的に異なり、極めて高度な注意義務があります。（中略）
私とは別人が当該不動産を売却し且つ仮登記をしても、法的に全く無効のものであることを再度、念の為通知いたします。
このことは、登記簿に公信力がないので、当該不動産の真の所有者の売買の意思及び登記手続をする意思確認をしていない以上、各仮登記権利者は何の権利をも有していないことは言うまでもありません。
老婆心ながら（中略）積水ハウス株式会社様等を含めた被害者関係者様において、別人について同一性の綿密・詳細な客観的・合理的・相当な調査をなされることは、損害の拡大防止の為、必要不可欠と思料しておりますので、本書を以って告知させていただきます。

海老澤本人にしてみれば、確認を適正にしてもらえさえすれば分かってもらえる、と思っていたに違いない。ましてや相手は積水ハウスであるから、それは造作もないことと考えていただろう。ところが、すでにマンション事業本部は暴走していた。

四通目の内容証明が届いたこの日、三谷と小田は、羽毛田が扮する地主とようやく面会することができた。場所は地主が指定した弁護士事務所。三谷が羽毛田に会うのは、このときが初めてだ。ここにもカミンスカスと生田が、同席していた。面会の重要な目的は、羽毛田から「確約書」を得ることである。

実は、二人は法務部から本人確認の手段を、もう一つ指示されていた。この日の打ち合わせをチャンスにそれを実行しようというのである。しかし、その方法は、無残なものだった。

三谷と小田に本人確認の指示を行ったのは、法務部長の中田孝治だ。彼は「本人確認を再度行った上で、本件通知書（筆者注・内容証明）は海老澤氏が出したものではないことを確認する書面を徴求するようにとの指示を行った」（株主代表訴訟の裁判記録）という。

この指示が思わぬ問題を引き起こす。二人は何を考えたのか、確約書をもらうことだけを本人確認の手段としてしまったのだ。調査報告書が、これを厳しく批判しているので引用してみよう。

リスク情報を得てから、再度本人確認を行うに当たって、知人による本人確認を行わず、「確約書」の入手で済ましている。

確約書は、『自分は内容証明郵便を出したことはないこと』、『自分以外に本件不動産の所有者は存在しないこと』の2点を確約保証するというものであり、結局は、詐欺犯に詐欺をしていないと確約させるもので、何の意味もない書面である。

内容証明を送った人物が、積水ハウスが対峙する地主でないことは最初から明らかだ。本物であれば、抗議の内容証明を送る理由がないし、偽者であってもそれは同じ。交渉がうまくいっているのだから、抗議する必要などない。羽毛田にとってもカミンスカスにとっても、こんな要求が来るとは想像すらしていなかったのではないか。だが、三谷や小田は、これをもって本人確認を了としてしまう。致命的な判断となった。

羽毛田との打ち合わせに戻ろう。三谷はさっそく四通の内容証明郵便を羽毛田に見せると、「ここにはあなたが偽者だと書かれている」と伝えた。羽毛田はこう答えたという。

「そんなこと言われても、私はここにいるし。それを送ったのは私ではありません」

その態度はごく自然で、うろたえたり、困ったりするような素振りはなかったというが、当たり前だろう。羽毛田はウソなど言っていないのだから。この時点で三谷は、まさに詐欺師に自分は詐欺師ではないと「確約」させてしまった。

三谷は次いで、内容証明を送ってきた地主やブローカーからの妨害を回避するとして、こう発言した。

「物事の鎮静化のやり方として、例えば、決済時期を前倒しにするということも考えられる」

地面師たちは、自分たちが行う詐欺の成功を確信したことだろう。カミンスカスは「なるほど」

と応じたという。

これで決済日は当初の七月三一日から、六月一日に正式に変更された。また六月一日に残代金の四九億円を支払い、七億円を留保金として海喜館の解体と境界線の確認を行ったうえで、七月末に支払うことが決定される。これを最後に、三谷は交渉の現場には来なくなった。

五月三一日、小田はまた羽毛田、カミンスカス、生田らに面会し、関係書類に目を通した。このとき示されたのは「パスポート」「国民健康保険被保険者証」「印鑑登録証明書」「戸籍謄本」「住民票」「除籍謄本」「納税証明書三通」「固定資産評価証明書」。これらを司法書士らとともに確認した。

原本もあったが、一部はコピーだったという。顧問弁護士が指摘したあらゆる書類での本人確認は、一応は実行されたが、これらの書類はすべて地面師たちに用意されたものだった。

この日、羽毛田正美はまた一つ、致命的なミスを犯したが、小田はそれを不問としている。

不穏な兆候は前日からあった。小田のもとにカミンスカスが電話をかけてきたのだが、そのやり取りが株主代表訴訟の準備書面に示されている。

「不動産登記済権利証を前野氏と住んでいたマンションに置いたままであり、（地主が）前野氏に会いたくないので取りに行きたくないと言っている」

おおよそ不合理な主張である。当然、小田は難色を示した。

「小山氏（カミンスカス）が一緒に行ってでも回収してきてもらいたい」

カミンスカスは了承したが、結局、翌五月三一日、登記済権利証は持参されなかった。カミンスカスは、こう理由を述べた。

「昨日権利証を取りに行ったが、部屋の電気がついていたため、前野氏と鉢合わせになると思い、部屋に入れなかった」

その隣で、地主に扮する羽毛田は「うんうん」とうなずいていたという。司法書士は「登記済権利証がなくとも本人確認証明を作成することで登記手続きを行うことは可能」と説明したという。

このとき、事件は起きた。

司法書士と本人確認証明を作成する際に、羽毛田が本物の地主の誕生日と違う日付を書き込んだのである。当然、司法書士が追及すると、さらに羽毛田は自分の干支《えと》を間違えた。

自分の誕生日や干支を間違う人間などいない。大変なリスク情報だった。その場に小田はいなかったが、直ちに司法書士は報告したという。

この時の小田の反応は、どの資料にも見当たらない。株主代表訴訟の被告、阿部の準備書面には、羽毛田が誕生日や干支を間違ったことすら、触れられていない。いずれにせよ、犯人から発せられるシグナルは、一切顧みられることはなかった。

地面師のミスをことごとく見逃してしまう小田や三谷らの対応は、実に不可解だ。最もアラートが鳴り響いたのは本決済の時だったのだが、それでも取引は強行されてしまう。

六月一日本決済の当日、九時三〇分に西新宿の東京マンション事業部には、小田と事業開発室課長、またカミンスカスと生田、そして地主の弁護士が集まった。

地主に扮した羽毛田が現れたのは、約束から四〇分も遅れた一〇時一〇分を過ぎたころ。体調不良だと言い訳した。

羽毛田が現れるころには、すでに尋常でないリスク情報が、小田のもとに届けられていた。海喜館では、東京マンション事業部の技術室課長が、決済後に物件を封鎖するために待機していた。その課長から連絡が入ったのだ。

「室内に電気がついている」

誰も住んでいない海喜館の電気がついているのはおかしなことだった。

「中に入って確かめてください」

小田はそう指示したが、再度、技術室課長からの入電は事の深刻さを伝えるものだった。

「通報され、警察署に同行するよう求められています」

海喜館に現れたのは、警視庁大崎《おおさき》警察署の警察官たちだった。小田は、その場にいる事業開発室課長や生田、カミンスカスらに事の次第を説明すると、みな口々にこう話したという。

「通知書（内容証明郵便）を送ってきたのと同じく、この取引を妨害しようとしている人たちの仕業だろう」

小田は、現場の詳細確認もほどほどに妨害の類と判断してしまう。羽毛田が現れたのはそんな折だ。小田はそのまま決済手続きを強行する。

小田は司法書士に連絡を入れると、東京法務局品川出張所で待機していた司法書士二名は、所有権移転登記申請を行い、受理されたことを確認した。これを受けて、積水ハウス側からＩＫＵＴＡに対して、計四九億八一九万三三〇九円分の預金小切手が手渡された。そして、この資金は闇へと消え失《う》せた。

警察まで出動したのに、確認も取らずに取引を強行するなど正気の沙汰《さた》ではない。

東京法務局から本登記申請を却下する旨が積水ハウスに告げられたのは、六月六日のこと。六月九日には、正式に却下の通知が書面にて届けられた。羽毛田が偽の所有者である可能性から目を背けてきた担当者たちにとって、法務局からの通知は、目を覚ます真のリスク情報だったに違いない。だが、すべてはもう手遅れだった。

積水ハウスが取るべき最善の策は地主が本物かどうか、「知人や第三者への写真による確認」をすることの一点に尽きていたが、トラブルが頻発する中でも、担当者たちは生田とカミンスカス、そして羽毛田を無条件に信用し続けた。いったいなぜなのか。それを知るためには、現場の背後に「社長案件」という大きな求心力が働いていたことを、改めて検証する必要があるだろう。

内容証明は不動産部に隠蔽された

積水ハウス元常務執行役員の藤原元彦《ふじわらもとひこ》は、地面師事件の当時、神奈川営業本部長を務めていた。営業部門のエースとして名を馳《は》せてきた藤原は、和田を師と仰ぐ。このため、クーデターが起こると社内でも立場を悪くし、和田が失脚した一年後には会社を離れた。

藤原は地面師事件の取引には関わってはいないが、社内人脈が豊富で、不動産部長の黒田ともよく意見交換をする仲だった。発覚後は、黒田から事件の深層をよく聞かされたという。

黒田は、事件発覚後の二〇一七年一二月に地面師事件の責任を問われ、不動産部長の職を解かれる。翌年には、執行役員を退任し会社を去った。しかし、彼には忸怩《じくじ》たる思いがあったという。藤原は、私にそのことを話してくれた。

「黒田さんは、誠実で実直な人ですので、地面師事件には納得のいかなかったことが多かったようです。契約後、数々のリスク情報が寄せられる中、マンション事業本部は取引に突き進んだ。しかし唯一、この取引に危機感を持ったのが黒田さんでした。そもそも不動産部長は取引の内容を審査する役回りですから、忠実に職務をやっていたわけです」

「黒田さんの危機感は、阿部さんには届かなかったのですか」

「そこまでは分かりません。ただ黒田さんは、本物の地主から内容証明が来ていたことを『知らなかった』と言っていました。『内容証明のことを知っていたら、もっと大きな声で取引に反対した』と怒っていた」

「調査報告書には、本社不動産部は『不動産事業の全社的な管轄部署』と書かれています。稟議《りんぎ》や審査を担当する不動産部長に、内容証明が報告されないなど、通常ではあり得るのですか」

「あり得ませんね。異常なことだと思います」

黒田が内容証明の存在を知ったのは、九月から始まった調査対策委員会のヒアリングを受けた際だった。黒田はこの時、驚きのあまり声を荒らげたという。

私の手元には、ヒアリングを受けるにあたり、黒田が提出した事件の経過（以下、黒田報告①という）と、ヒアリング後に和田と調査対策委員会に宛てた書簡（二〇一七年一一月二九日付。以降、黒田報告②という）がある。ヒアリングで内容証明の存在を知らされた後、こう書いている。

「事故が表になった後に知った事ですが、この時点で三谷常務は本社に内容証明郵便が届いていることは当然知っていたと思われますが、自身に対して内容証明郵便の事は一切話されず。もし内容証明郵便を自身はじめ不動産部が知っていれば、牽制のレベルは大きく違っていたと思っています。Ａ４一枚の怪文書のような手紙と内容証明では次元が違います」

（黒田報告②　※以下、黒田報告は意味を損なわない限り、個人名、句読点などを割愛・補うなどした）

本物の地主からの内容証明は本社法務部に届き、東京マンション事業部と共有されたが、不動産部とは共有されなかった。この事実からは、マンション事業本部と法務部が主導して、取引を強引に進めた様子が見えてくる。

黒田報告①によれば、黒田がかなり早い段階から取引に危機感を抱いたことが分かる。この取引を彼が疑い始めたのは、先述した子会社の積和不動産関西社長、松吉からの電話がきっかけだった。

「5月12日……積和不関西の松吉社長より電話有り（出張より帰社中の新幹線車中にて）
＊東京でのマンション用地の取引に関し支払った手付金が、売り主へは僅かな金額しか渡っていないような噂情報が有る旨、まともな取引か疑わしいような内容のお話頂く」

さらに東京支社からは、先述したブローカー情報が寄せられる。

「本社に帰社したら、東京総務部より五反田取引に関し仮登記の事実を受け、当社へ男性が来訪され応対した連絡受ける。
＊内容は実質上仲介のＩＫＵＴＡへの非難等々」
黒田は二つのリスク情報にすぐに反応し、マンション事業本部長の三谷に電話をかけている。

「自身より三谷常務へ取引の相手として、疑わしい情報及び東京総務部情報を頂いた旨を伝え、〝ＩＫＵＴＡ〟なるものが信頼できる相手かどうか甚だ疑わしい旨を伝えるが、常務の返事は『信頼できるのか？と言われても……』と、私への対応に困惑されたような様子。私の印象としてプロとしてのプライドを傷つけたかも知れないと感じる。

然《しか》しながら諸情報から取引に対する自身の不安は解消出来ず。

不動産部内で稟議書及び支払い手付け金の額を再確認し資金送金担当者に本件に関する事業部との資金依頼の連絡その他が担当へ直接あれば、担当者同士で行わず自身に報告するよう指示」

内容証明の存在を知らされていないので、黒田報告①にはその記述がないが、もう一つ不可解なことがある。事件の経過が綴《つづ》られる黒田報告①には、積水ハウスにＩＫＵＴＡの苦情を申し立てた二人のブローカーの内、一人しか書かれていないことだ。

先述した通り、取引をめぐっては五月一一日と五月一二日に、二人のブローカーがそれぞれ積水ハウスに接触している。一人は、五月一一日に西新宿のホウライビルにある東京マンション事業部に来訪したが、もう一人は五月一二日に赤坂《あかさか》ガーデンシティの東京支社に来訪した。その目的はいずれも「生田から取引から外された」と抗議する内容だったが、黒田には、東京支社に来訪した人物の情報だけしか報告されていないのだ。

また、五月一八日にはブローカーからの手紙が黒田に報告されている。その報告も東京支社からだった。東京支社が把握した情報は不動産部に報告されるが、東京マンション事業部が把握した情報は、不動産部に報告されないことを、これは意味していた。

ちなみに、一八日に東京支社に届けられたブローカーの手紙は、東京マンション事業部にも報告されていた。その内容はＩＫＵＴＡや、その本店所在地である十全ビルの小林興起に対する悪評が綴られ、取引を強く警告するものだった。これを受け取った黒田は「この取引はもはや普通ではない」と不安を募らせ、すぐに三谷に送信して電話を入れた。ところが、三谷はすでに手紙を承知していたという。この事実に、黒田は驚愕《きょうがく》した。黒田報告①にはこうある。

「手紙の写しを見てこの取引はもはや普通ではないと感じ、直ぐに三谷常務にも手紙を送信し電話会話。三谷常務は既に手紙の件、承知済で本社にも届いている旨聞かされる。前日の17日付けで既に届いていたと推測されるが不動産部への報告連絡はどの部署からも無し。未《いま》だその点解らず釈然としない」

こんな思いを滲《にじ》ませながら、黒田は三谷に再度、警告した。

「仮に取引が無事完了しても事業実施に向け嫌がらせ等大きな妨害リスクが残る可能性大であり、本取引を進めるか否かは極めて慎重な対応が必要かと思います」

しかし五月二五日、三谷から黒田に「本決済の前倒し」の方針が一方的に伝えられた。警戒感を強める黒田率いる本社不動産部は、すでに取引の蚊帳《かや》の外に置かれていた。

繰り返すが、地主から送られてきた抗議の内容証明は、法務部が受け取り、東京マンション事業部（マンション事業本部）と共有されたもの。本決済の前倒しについても、三谷は法務部長の中田に相談して方針を決めている。不動産部長の黒田には、方針決定後に承認を求めただけだった。中田は事件発覚後、和田が地面師事件を公表しようとするのを、頑《かたく》なに反対した人物でもある。

第一章で触れた通り、マンション事業本部は阿部と三谷の牙城《がじょう》である。また、東京に自宅マンションを持つ阿部は、東京マンション事業部に大きな影響力を持っていた。取引を強引に進めようとするマンション事業本部と法務部。ここに、社長の阿部はどのように関与していったのだろうか。

阿部はリスク情報を知っていた

株主代表訴訟の準備書面や調査報告書によれば、契約後に阿部には二度の報告が上がっている。報告したのは三谷だ。一つは地主からの内容証明とブローカーの情報について。もう一つは、海喜館とＩＫＵＴＡに、ブローカーたちが関与した経緯である。

前者は三谷が自分の意思で報告したものだが、後者は決済の前倒しを告げられた黒田が、「社長の了解を得てほしい」と抵抗したことから、報告されたものだ。

また、前者のブローカーは、五月一一日に東京マンション事業部に来訪した方である。このことを黒田には報告せず、阿部に報告していることから、三谷はリスク情報の管理を阿部と共有していたことがうかがえる。報告は五月一二日付でメールと電話にて行われているが、三谷はかなり詳細にリスク情報を書き添えたメールを送っていた。株主代表訴訟の資料にそれは示されているので、全文を紹介しよう。

平成29年5月12日

東京マンション事業部

阿部社長殿

五反田土地の件

○取引の流れ

所有者：海老澤佐妃子　↓　イクタホールディングス　↓　当社

所有権移転請求権の仮登記　　所有権移転請求権の移転請求権仮登記

（A）平成29年4月24日　　（B）平成29年4月24日

1．所有者本人と称する者から、売買をしていないので仮登記（A）の抹消をイクタに、仮登記（B）の抹消を当社に要求する平成29年5月8日付通知書が、当社とイクタに夫々《それぞれ》送達。

通知書の主張

①売買契約をしていないので仮登記の抹消登記手続きを求める。
②実印は偽造されたものである。
③パスポートの写真、署名もわたしのものではない。
④面会謝絶で長期入院中である。

※当社とイクタが売買契約前に行った本人確認方法（各々の司法書士も確認済）
・パスポート原本確認と写しの取得。
・住民票、印鑑証明書の原本確認と写しの取得。
・公証人による本人認証証書の原本確認と写しの取得。
・権利証の原本確認と写しの取得

※今後予定する確認方法
・知人　・消印付郵便物　・納税通知書　・健康保険証　・年金手帳　等

2．平成29年5月11日14時過ぎ、●●（筆者注・本文は所属会社名と本名）が来社。
イクタと連絡を取れるようにして欲しい旨の要望有。

（海老澤とイクタとの間の取引からはずされたとの主張。）

当社とは関係がないので、できない旨回答。
※●●（筆者注・同前）によると、阿部社長と東北で分譲地の取引を何回か行ったことがあるとのこと。

以上

阿部の主張が示されている準備書面によれば、三谷はこのメールを秘書部長に送信し、阿部には印刷したものが渡された。さらに、東京へ向かうために伊丹《いたみ》空港で搭乗待ちしていた際に、三谷から電話で説明を受けたという。それは、次のようなものだった。

「本件不動産に関し、様々な手紙やブローカー的な人物が来ているが、実質的な売主である海老澤氏についてはきちんと本人確認しているから大丈夫である」

この説明は、真の地主を名乗る人物が登場したうえに、今後も慎重に本人確認をすることを示したメールの内容とは毛色が異なっているが、どのように説明したかはともかく、少なくともメールの内容は、阿部へのリスク報告だ。

このとき、阿部は法務部長の中田と相談せよ、という指示を出している。さらに、直《じか》に中田へ電話して「顧問弁護士も交えて問題の無いように詰めていくように」と伝えている。その結果、行われた地主の本人確認は、すでに述べた通り、地面師に確約書をとるという無残なものだった。

阿部は地主からの通知書が、「内容証明郵便であること及びその内容の詳細を知ったのは、本件詐欺事件発覚後である」（阿部の準備書面）と主張している。しかし、三谷の報告メールの内容は、要点を絞って的確に地主の抗議の内容を示している。この報告を受けてもなお、「問題の無いように詰めていくように」と取引を進めさせたのは、他ならぬ阿部だった。

次に、三谷から阿部へのもう一つの説明を見ていこう。「決済の前倒し」の承諾を得るために、黒田が三谷に要請したものだ。その経緯は、黒田報告②に記載がある。

「5月25日（木）頃、三谷常務より移転登記が出来る状況にあるので決済を早め6月1日に決済するから資金送金を至急するよう依頼あり。（財務部に対しても同様の連絡有り）

1週間前の（筆者注・ブローカーの）牽制踏まえ、『事業推進に向け大きな妨害リスクが生じるかも知れない事を覚悟の上取引するのですか？』と続けて牽制しましたが、常務より移転登記準備に向けては、法務部の指導のもと本人確認（パスポート）や然《しか》るべき法律の専門家（弁護士、司法書士）も中に入っての取引だと聞かされ、もはや口を挟む余地が無い状況でありました」

それでも、黒田は抵抗した。

「自身不穏な情報や怪文書が気になっていて、三谷常務に今回の決済金の送金手配に関しては社長に事情報告のうえ社長の最終承認を取らないと、資金手配書に押印は出来ません」（黒田報告②）

黒田の抵抗を受け、三谷は社長の了解をとらざるを得なくなった。

準備書面によれば、三谷はこの日のうちに、海喜館に関わるカミンスカスや生田、ブローカーたちの人物・法人関係図を作成し、秘書部長にメールを送る。三谷が阿部に説明ができたのは、五月三〇日の朝のこと。羽田《はねだ》空港へ向かう車中だった。

「本件不動産を（中略）購入することについて快く思わない者からの妨害行為が続いているため、本社不動産部、法務部及び顧問弁護士とも相談して、当該妨害を排除するためには決済の前倒しが良いとなったから、決済を7月末日から6月1日に前倒しにすることとした」

阿部は羽田で三谷からの説明を受けた後、大阪本社に到着し、法務部長の中田に面会したとある。そこで「決済の前倒しについて報告を受けたが法務部としてはどう考えているのか」と質《ただ》したところ、中田は「決済の前倒しをした方が良いので問題ない」と答えたという。阿部は黒田には問い合わせをしなかった。

三谷の決済前倒しの報告を受けた阿部がどんな判断をしたのか。株主代表訴訟の準備書面には記載はないが、黒田報告①に次のように記されている。

「（筆者注・三谷から）社長了解は取った旨返事頂く……その後事実確認済み」

本決済の前倒しは、阿部の承認で実行に移されたわけだ。

ちなみに、三谷が阿部に示した人物・法人の関係図（次ページ参照）は、海喜館をめぐって魑魅《ちみ》魍魎《もうりよう》が蠢くさまが具体的に示されている。私にはリスク情報の塊にしか見えないが、おそらく黒田も同じ見解を持つだろう。だが、株主代表訴訟での阿部の主張を前提とすれば、三谷は魑魅魍魎が蠢いているから取引を急ぐ、と説明したことになる。関係図についての阿部の見解は、どの記録にも見当たらなかった。

なお、五月一二日の三谷からの電話での報告、そして五月三〇日の車中での報告に自身が下した判断について、阿部は代表訴訟の準備書面で次のように主張している。

5月12日の三谷マンション事業本部長による電話での口頭説明の際に、本件取引を特に制止しなかった点については、三谷マンション事業本部長の説明がそもそも簡易な内容に留まり、

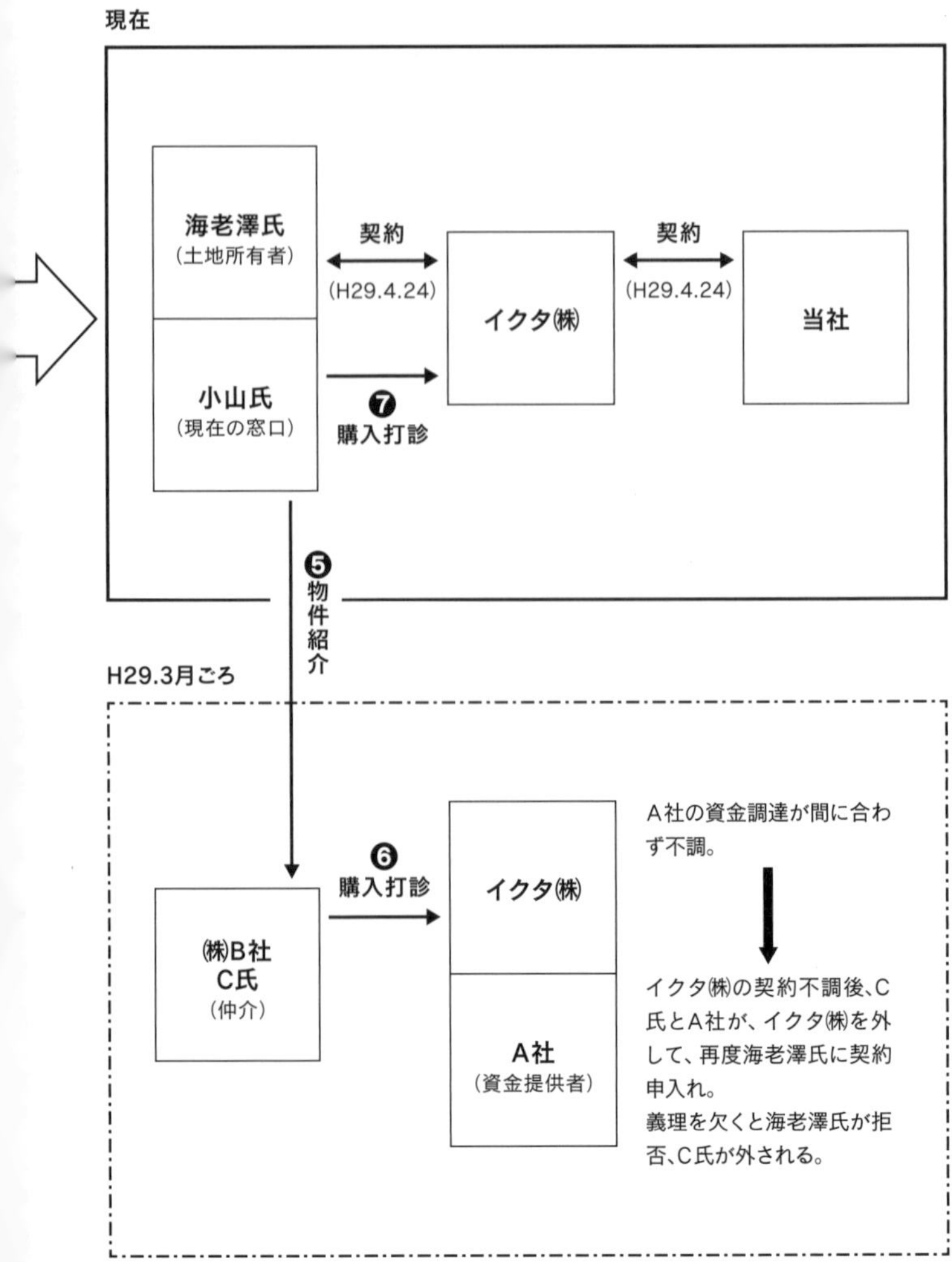
現在
海老澤氏
（土地所有者）
小山氏
（現在の窓口）
契約
（H29.4.24）
❼
購入打診
イクタ㈱
契約
（H29.4.24）
当社
❺
物件紹介
H29.3月ごろ
❻
購入打診
㈱B社
C氏
（仲介）
イクタ㈱
A社
（資金提供者）
A社の資金調達が間に合わず不調。
イクタ㈱の契約不調後、C氏とA社が、イクタ㈱を外して、再度海老澤氏に契約申入れ。
義理を欠くと海老澤氏が拒否、C氏が外される。

地面師事件 人物・法人関係図

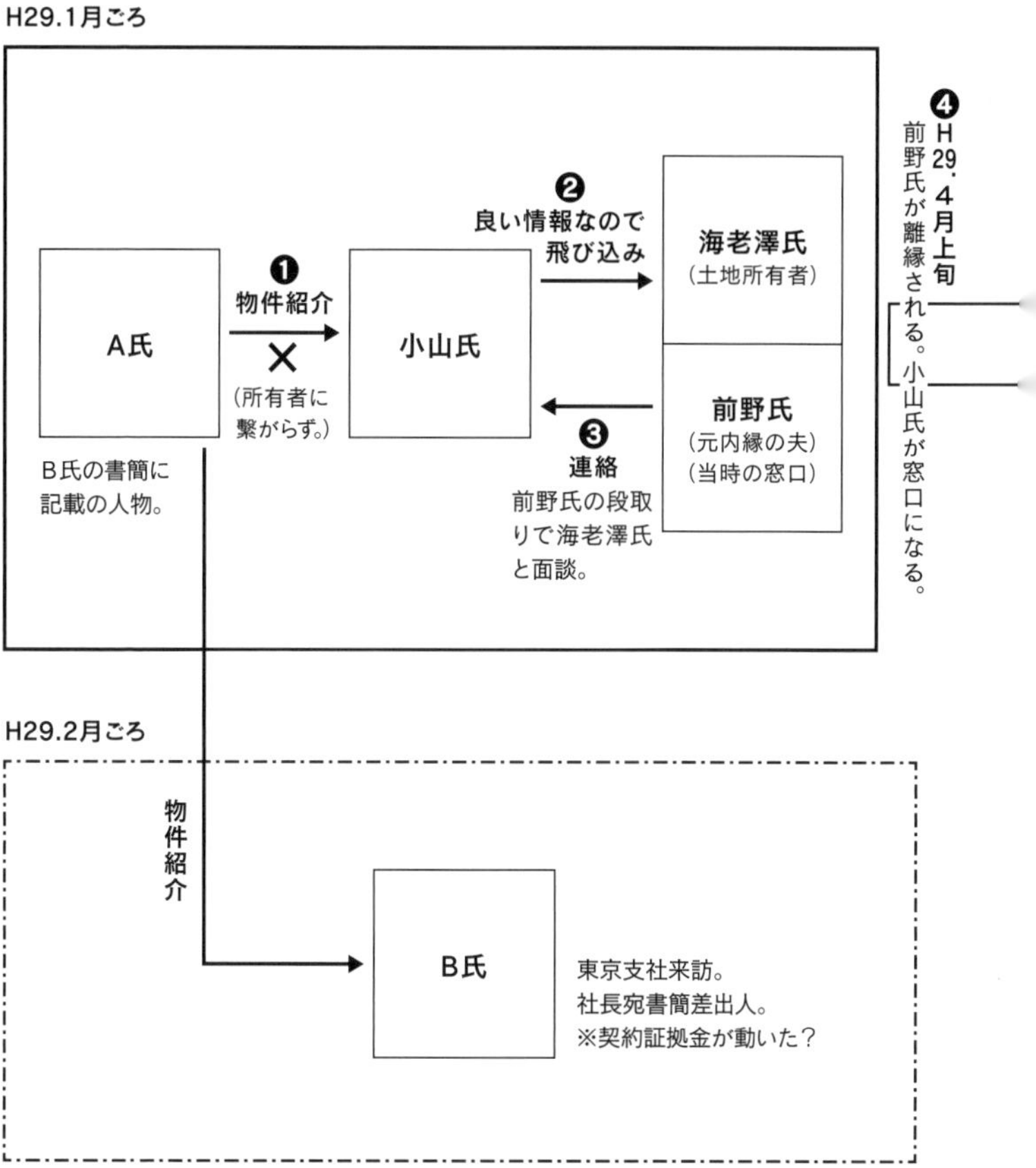

三谷和司マンション事業本部長が、2017年5月25日に阿部俊則社長宛に提出した人物・法人関係図。「A氏」、「B氏」、「B社」、「C氏」は実名で報告されている。「小山氏」はカミンスカス操のこと。「B氏」は5月12日に東京支社に来訪し、18日に抗議の書簡を同所にFAXした人物。「C氏」は5月11日東京マンション事業部に来訪した人物。株主代表訴訟の資料に基づき筆者が作成した。

また、三谷マンション事業本部長自身が、本件取引が本件不動産の所有者との取引であると確信していたことにも鑑《かんが》みれば、その説明に本件不動産の所有者が本人でないと疑いを差し挟むような事実は含まれておらず、被告がかかる事実を認識しえないのであるから、本件取引の実行を特に制止しなかったことにつき、その判断の推論過程及び内容に不合理な点はない。

5月30日の三谷マンション事業本部長による車中での口頭報告の際に、本件取引の実行を特に制止しなかったことについては、被告は、三谷マンション事業本部長に法務部・顧問弁護士の見解を問いただし、三谷マンション事業本部長からはいずれも了解した旨の回答がなされており、そのやり取りには、決済の前倒しをすべきでないという推論を働かせるような事実は一切含まれていないことから、決済の前倒しを特に制止しなかった被告の判断につき、その推論過程及び内容に不合理な点はない。

五月三〇日、黒田のもとには不動産部送金担当者と財務部担当者から、送金依頼書が届けられた。部下の不動産部員からは、こう告げられたという。

……事業所から急かされていたようで…、（不動産部は）「内容精査を行う立場でなく、事務的に財務部に急ぎ送金手配かけるよう求められている」（黒田報告②）

黒田はこうも記している。

「（不動産部には）意見は言えても申請に対し拒否権や否決権はありません」（同前）

黒田は外堀を埋められるようにして、送金依頼書に押印したのだ。

翌日には、東京マンション事業部の口座に約四九億円が入金され、預金小切手で支払う手続きが取られた。六月一日、海喜館を測量のために訪れていた積水ハウスのスタッフたちが警察に連行される喧噪《けんそう》の中で、預金小切手は詐欺師たちに渡された。

東京マンション事業部の部員が、東京法務局に呼び出されたのは、六月五日。黒田報告①によれば、黒田はこの日、別件で社長室に行き、阿部から海喜館の件について尋ねられている。「心配している」と伝えると、うろたえた様子だったという。すでに東京マンション事業部には法務局から、地主の確認資料に偽造書類があったことが伝えられていた。阿部は、黒田の前で三谷に電話をかけた。三谷は「登記手続きが止まっている」と報告していたという。黒田は静かに社長室を出ていった。

黒田は現在、九州で個人事業を営んでいるが、いまも一つの思いに駆られている。黒田と関係の深い建設会社の社長を介して、私はメッセージを受け取った。

「阿部社長案件は、『とにかく通す』ということが常態化していました。阿部社長案件が下りてきた時は、速やかに審査を通さなければならない。これは阿部社長時代の特徴でした。なぜなら、『阿部案件を速やかに処理せよ』ということは、直接、阿部社長から言づけられたことだったからです」

それなのに黒田は責任を取らされた。

「先兵となる社員を、しっかり守れる会社になってほしい」

会社を去るとき、社長の仲井にこう頼んだのだという。黒田の胸の内には今も、そんな思いが燻《くすぶ》っている。

預金小切手

代金の支払いに預金小切手が使われたのは、私には実に不可解なことに映った。総額七〇億円を支払う取引である。和田が言う。

「支払いに預金小切手を使うなんて、ワシは聞いたことがないで。ウチは口座振り込みでやるのが、慣例だったはずや」

前出の元常務執行役員、藤原も同じ見方だった。

「契約を結び、銀行に行って振り込む。双方が同時に入着金があったかを確認しあう。これが積水ハウスの決済の常識です。私は三〇年あまり積水ハウスに勤めましたが、預金小切手なんて使ったことがない」

和田や藤原をはじめ、戸建出身の営業マン全員がこう答えた。けれども、実は東京マンション事業部では、預金小切手を使うことが、かなりあったようだ。実際に、積水ハウスのメインバンクの三菱ＵＦＪ銀行の幹部は、「積水ハウスの東京マンション事業部は、預金小切手はよく利用していた」と私に語っている。マンション事業部の慣習は、他部署とはやや異なっていたことがうかがえる。

しかし、カミンスカスの刑事裁判では、預金小切手を使う異様さも浮かび上がっている。このとき、積水ハウスが支払った預金小切手は八通に分割されていたことが明らかとなっているが、そのうち最も大きいものは約三六億八〇〇〇万円に上った。マンション事業本部に所属したことのある営業マンに尋ねてみると、こんな答えが返ってきた。

「ウソですよね。三六億円の預手を渡されて取引の現場に行くなんて、考えるだけで足が震えます」

当然だろう。預金小切手は現金とほとんど変わらないのだから、奪われたり、紛失したりしたら大変だ。他社のデベロッパーの社員にも、取引で預金小切手を使ったことがあるかを尋ねると、「預手を使うことがないとは言わないが、私は使ったことはない」と言い、一枚三六億円の小切手だと伝えると、驚いた顔をされた。不動産業に関わる者は、一様にこんな反応を示すのだ。

そもそも預金小切手は管理が非常に難しい。国際的には、テロ資金への移転防止のために、預金小切手を使う取引は、マネーロンダリングを警戒するように注意喚起されている。ましてや、海喜館の購入にあたっては、ＩＫＵＴＡというペーパーカンパニーを介している。日本の「犯罪収益移転防止法」でも、ペーパーカンパニーや預金小切手を利用した取引には、注意喚起をしており、疑わしい取引に際しての「届出」も義務付けている。こんな時勢にあって、なぜわざわざ預金小切手で取引をしなければならなかったのか。

とは言え、機械的な口座振込よりも、銀行員が取引に関与し支払いまでに一定の時間を要する預金小切手は、振り込め詐欺の防止に役立つため奨励されることはある。しかし、四九億円もの高額取引において預金小切手を利用することとは、意味合いがまるで違う。また、小切手の種類によっては、買主が売主の口座を指定する口座振込よりも悪用される危険性は格段に高まるのである。

預金小切手は、銀行口座に入金してもらい受け取る線引き小切手が一般的だが、中でも小切手に受取人として記載された者だけが自分名義の口座で換金できる「記名式」と、小切手を所持してさえいれば誰でも換金できる「持参人払式」とがある。後者は、条件さえ満たせば誰でも換金できるため、当然前者よりリスクが高い。そして、カミンスカスの刑事裁判記録によれば、小切手により銀行が支払った口座は、契約相手のＩＫＵＴＡ名義でもなければ、代表者名義でもない、生田の男性の運転手名義の口座だった。

また、預金小切手が使われた背景について、私に情報を提供してくれた積水ハウスの幹部たちは、一様に次のように見解を示していた。

「こんな高額な預金小切手の決済を、現場が勝手に判断できたのが不思議だ。副社長でＣＦＯ（最高財務責任者）の稲垣士郎さんの許可なしに、進められることではない」

稲垣の現場への関与は、断片的ではあるが、私も積水ハウスの社員から証言を得ている。「地主からの内容証明について、稲垣さんが三谷さんと電話でやり取りをしていた」というものだ。

なお、稲垣も株主代表訴訟で善管注意義務違反に問われているが、その準備書面によれば、取引への関与は稟議書の押印に留《とど》まり、預金小切手の支払いは、東京マンション事業部の小田が決めたと主張している。預金小切手を使った理由は、積水ハウスからＩＫＵＴＡへの支払いと、ＩＫＵＴＡから地主への支払いを、決済の現場で同時に行うためだったとされている。

「東京マンション事業部は詐欺だと知っていた」

実は、小田は六月一日に、本決済で約四九億円を支払ったあと、内容証明を送ってきた本物の海老澤佐妃子の弟とその弁護士と面談している。内容証明を送った本人たちと面会できたわけだが、それでもなお、彼らを本物の地主とは認めなかった。

六月一日付で地主たちは、海老澤の名義で、五通目となる内容証明を送付している。

「大崎警察署で本日（筆者注・積水ハウスの顧問弁護士らと）面談したところ、売買残代金の決済が行われていること及び引渡がなされたことを聞き、驚いております」

それでも小田は、羽毛田が提示したパスポートなどの書類を見直すだけで、本物の海老澤の関係者から裏付けをとろうとはしなかった。結果、預金小切手の保全が図られることもなかったのである。

結局、警察に被害届を出したのは、法務局から登記却下が伝えられた後だった。

調査対策委員会が、地面師事件の一連の流れを把握した時、小田に強い疑念を抱いたのも無理はない。また東京マンション事業部長やマンション事業本部長の三谷にも、疑いの眼差《まなざ》しを注いだ。

調査報告書にはこうある。

> 初期情報の入手時点で（中略）、小田は、公正証書の入手のみをもって生田を信用してしまい、その結果、生田と偽海老澤との出会いや信頼の根拠となる関係性さえ、全く不明のまま、短絡的に所有者も契約も信用できると判断されていた。そのため、以後は、何らの疑いを差し挟まないまま当社は契約獲得を急いでいる。このことは、高額の土地取引を直接担当する者としては、明らかに慎重さを欠く判断であり、その過失は大きいと考えざるを得ない。
>
> また、マンション事業本部長三谷、東京マンション事業部長●（筆者注・原文は実名）、同技術次長●を含む幹部も、小田らの判断に寄り掛かり、取引先の信用力を確認する発想がほとんど見られないこと、も非常に大きな問題である。また、偽海老澤の本人性への疑問が余りにもあっさりと解消されている点については、全く理解に苦しむところである。
>
> 本報告書作成時において、当委員会の議論の中では、生田と小田の間には、何か個人的で不適切な関係が存在していたのではないかとの疑義さえでた。勿論、そのような証拠が何ら得られたわけではないが、生田への過度の信頼や偽海老澤と同人の関係性への関心の薄さなど、その経緯を振り返るとき、当然そのような疑いが生じる。

調査対策委員会は、単に騙された事件ではないと、強く警戒感を抱いたわけだ。

株主代表訴訟に証拠提出されている小田と司法書士のメールのやり取りを見てもらいたい。

契約が結ばれ、手付金一四億円が支払われたのは四月二四日だったが、その後、小田は司法書士から一通のメールを受け取っている。時刻は四月二九日二一時四七分である。メールにはこう書いてある。

積水ハウス株式会社
東京マンション事業部
小田部《ママ》長様
いつもお世話になっております。
先日のご相談ですが、まず初めに、先般申請した仮登記は謄本未入手ですが、手続が完了しておりましたことをご報告申し上げます。
よって提出した書類に不備はなかったと法務局が判断したことになります。
ただあくまで形式的審査の結果にすぎませんので、本人性を疑うのならご本人だけが保有する情報・書面を提示できるかより踏み込んだ調査をする必要がございます。

メールの趣旨は、契約後の仮登記が完了したことを伝えるものだが、「本人性を疑うのなら……」という記述は不可解だ。この段階では、まだ地主から内容証明も届いていない。つまり、小田は書類による本人確認をして契約したにもかかわらず、地主を疑っていたことになる。手付金の一四億円を支払った後にもかかわらず、取引相手の地主の真贋について未だ確証を持てずにいたのだ。普通の担当者なら、心穏やかではないだろう。

ところが、東京地裁に提出された小田の陳述書には、地主を疑っているような記述は見当たらない。しかもこんな軽口まで叩《たた》いている。

「契約締結と仮登記が終わり、私はひとまず安堵《あんど》しました。資産運用の一環として弊社のマンションを購入いただけないか営業をかけてみようと思っていました」

実際にマンション売却の交渉は行われ、「グランドメゾン江古田の杜」の数戸分を海老澤（偽者）に売却する契約が結ばれている。このマンションの売却は一一戸に及ぶという報道もある。その結果、マンション代金の約七億五〇〇〇万円分も小切手化され、本決済時に地面師たちへいったんは手渡されたが、その場でマンション購入代金として回収されている。積水ハウスが契約時に支払った一四億円と本決済時に支払った四九億円の合計は六三億円だが、被害額が五五億五九〇〇万円にとどまったのはこのためだ。

しかし、契約後すぐに本人性を疑っていた人間が、こんな取引を持ち掛けることなどあり得るのだろうか。

その解の一端は、第一章で紹介した東京マンション事業部の元社員たちからもたらされた。また、私は東京マンション事業部のことをよく知る積水ハウスの幹部とも接触できた。彼らはみな、完全匿名を条件に私の取材に応じている。素性が明らかとならないように、以降は、彼らの話を総合し、私との会話形式で再現したものである。

「当初からこの取引は怪しいと調査対策委員会も疑っていた。調査対策委員会の見解を、どう感じますか」

「妥当だと思います。というのは、実は東京マンション事業部は、取引相手が詐欺師だということを契約前から知っていましたから」

「え？　どういうことですか」

「そもそも、デベロッパーの用地取得の担当者で海喜館のことを知らない者は、少なくとも東京にはいません。そんな好物件を東京マンション事業部が、ほっとくと思いますか。ずいぶん前から地主の海老澤にアプローチしていました。つまり東京マンション事業部には、本物の海老澤に会ったことのある人間が複数人存在していたのです」

「なるほど。それは当然のことですね」

「はい。その海老澤に接触した複数人はすでに会社を離れていますが、東京マンション事業部はこの内の少なくとも二人に対して面通しをしている。小田が交渉している地主の写真を見せて、本物かどうかを確認したのです」

「結果はもちろん……」

「『偽者だ』と伝えられました」

にわかには信じられない情報で困惑したが、すぐに頭を整理した。つまり東京マンション事業部は契約前から、パスポートに写る顔写真が、地主の海老澤ではないと認識していた可能性がある。

私は他にも偽者だと認識し得る情報はないか、確認してみた。

「我々、不動産業界は競合他社ともリスク情報については共有します」

「はい、週刊誌記者も同じです。業界内での情報交換は当たり前のように行われているわけですね」

「その通りです。そして当然、小田にも海喜館の業界のリスク情報は届いている。この海喜館が『売りに出されそうだ』という情報は業界中に響き渡っていたし、しかも、ほぼすべてのデベロッパーに海喜館の取引は、持ち込まれていました。実際に入念にチェックをして、結果、取引をしなかったデベロッパーの一つに、野村不動産がありました。この情報もある程度、業界内で共有されていました。つまりあれは『詐欺だ』とね。そしてこの情報は、野村不動産の担当者から直接、小田に警告が行っています」

「だったらなぜ……。なぜ、取引してしまったのですか」

「東京マンション事業部の幹部はこう言っていた。『上が止まらないんだよ』と。つまり止めたけど、止まらなかったということです」

私は彼らに何度も違う角度から質問を続けたが、彼らの証言には不自然なところはなかった。

第一章でも述べたように、東京マンション事業部は阿部―三谷ラインを通じた、阿部の直轄地のようなところである。私は小田と三谷の東京の自宅を訪問し、事情を問いただそうとした。小田の自宅では奥さんが丁寧に応対してくれて、私の名刺を受け取ってくれた。「地面師事件の件だ」と伝えると怪訝《けげん》そうな顔つきになったが、「主人に伝えます」と応じてくれた。小田からの連絡はまだない。

三谷の自宅では、奥さんらしい声がインターフォン越しに応対に出てくれたが、来意を伝えるとすぐにインターフォンは切れた。


調査報告書を見るに、調査対策委員会が東京マンション事業部の実態まで調べを進めた様子はない。一方で、調査対策委員会の調査に関わった人物からは、次の証言が私に寄せられている。

「調査対策委員会の委員長・篠原祥哲《よしのり》さんは、当初から本社法務部の妨害を受けていると感じていた。事務局についたのは、阿部の腹心でもある法務部の吉本継蔵《よしもとけいぞう》（現常務執行役員）だったからだ。篠原さんはこう言っていた。『我々の行動が経営陣に筒抜けだ』と。そこで篠原さんは、調査対策委員会のメンバーにもう一人、補助員として外部の公認会計士を任命した。資料などを隠蔽《いんぺい》させないためだ。

一方で、篠原さんは、地面師事件で積水ハウスの誰かが汚職に手を染めたということまでは、調べる必要はないと考えていた。ヒアリングや稟議書などからうかがえる全体像から、社長の阿部に経営上の『重い責任がある』ことは、根拠がそろっていたからだ。

そこで、東京マンション事業部や海喜館に関するメールまで、調査対策委員会は厳密に精査をしていない。それを担当したのは、結局、法務部の吉本だった。よって東京マンション事業部の実態までは、解明するに至らなかった。篠原さんは、その後『まさか阿部がクーデターを起こすとは……』と、悔やんでいた」

事件の発覚後、不可解な人事が行われていたという、社員たちの証言もあった。二〇一七年一二月に、マンション事業本部長の三谷は責任をとって会社を去り、詐欺を見抜けなかった法務部長の中田と、不動産部長の黒田はその職責を解かれた。翌年、二人は執行役員も退任して会社を去る。警告を発し続けていた黒田にとっては不満が残る人事だっただろう。ところが、黒田に比べて三谷と中田、そして小田はなぜか、その後も厚遇されているという。社外役員の一人が言う。

「マンション事業本部の責任は最も重いが、三谷には退職金が支払われ、その後の仕事についても何らかの斡旋《あっせん》があったと聞いている」

また、複数の幹部が私にこう証言した。

「小田は東京マンション事業部から、本社監査部に異動になった。監査部の同僚が言うには、小田には全く仕事をさせられないので、部内からも不平が漏れていた。しかも、小田が関西で住んでいたマンションの住所は社内でも極秘扱い。マスコミに接触させないようにしているともっぱらの噂でした。法務部長だった中田は、やがて子会社のアルメタクスに再就職した。かたやリスクを警告した黒田さんは、田舎の福岡に帰り、その後、自分で事業を立ち上げて生きている。かおかしいと思いませんか。この取引の責任が重い者ほど、阿部さんはその後の面倒を見ているわけです」

なお、小田は二〇一九年の秋ごろ、積水ハウスを退職している。

調査報告書を公表しない経営陣

大阪地裁で公判中の株主代表訴訟において、善管注意義務違反に問われている阿部は、その主張で「信頼の権利」という判例を用いている。

取締役は、特段の事情のない限り、各部署において期待された水準の情報収集・分析、検討が誠実になされたとの前提に立って自ら意思決定をすることが許されるというべきであり、この「特段の事情」の有無は、（中略）当該状況に置かれた取締役がこれらに依拠して意思決定を行うことに、当然に躊躇《ちゅうちょ》を覚えるような不備・不足があったか否かにより判断すべきである。
（被告・阿部の準備書面）

その上で、阿部は三谷、中田らの報告と説明に鑑みて、取引を躊躇する不備・不足はなかったと主張している。取引や本人確認の不備をもたらしたのは三谷と中田とし、彼らに責任を負わせる主張をする一方で、現実には彼らを自身の統制下においているのだ。

二〇二〇年四月二四日に発表された有価証券報告書には、「関連当事者との取引」として、一九年二月一日から二〇年一月三一日までの一年間に、阿部とその近親者が三戸のマンションを購入したことが公表されている。調べてみたところ、その内、近親者が購入した二戸は、一九年に竣工《しゅんこう》したグランドメゾンブランドの都内のマンションだった。阿部はプライベートでも東京マンション事業部を手足のように使っていた。

以上が、地面師事件を取り巻く積水ハウスについて私が知る限りの事情になるが、最後に調査報告書に記された、外部からもたらされたリスク情報と、三谷や小田、そして阿部が犯したミスを列挙しておこう。

「取引から撤退するべきリスク情報」

① 地主が、自分の住所の番地以降の数字を間違えた。
② 権利証の一部がカラーコピーだった。
③ 中間会社がペーパーカンパニーに代わった。
④ 本物を名乗る地主が内容証明郵便を送ってきた。
⑤ 二人のブローカーが抗議に来た。
⑥「仲介業者が逃げている」との子会社社長の忠告があった。
⑦ 地主が内覧会に来なかった。
⑧ 地主が自分の誕生日と干支を間違えた。
⑨ 本決済とほぼ同時に、海喜館の測量を開始した積水ハウスのスタッフが警察に同行を求められた。

「積水ハウスが犯したミス」

① 公正証書に証拠力が無い事を知らなかった。
② 偽造パスポートは、容易に安価に入手できることを法務部が知らなかった。

③条件が整う前に、社長の阿部が現地を視察した。
④「至急案件」とされ、稟議書が事後回付となり、綿密な稟議が行われなかった。
⑤権利証の真贋確認を疎《おろそ》かにした。
⑥知人による確実な方法で、本人確認をしなかった。
⑦詐欺師に、詐欺ではないとする確約書を書かせた。
⑧あらゆるリスク情報が湧き出る中、本決済を前倒しした。
⑨警察に連行されたにもかかわらず、取引を強行した。

その上で、調査報告書はこう結論付けた。改めて記しておこう。

本件取引の全体像を把握して、誤った執行にならないよう防ぐ責任は業務執行責任の最高位者にあり、最後の砦である。

業務執行責任者として、取引の全体像を把握せず、重大なリスクを認識できなかったことは、経営上、重い責任がある。

度重なる外部からの要請にもかかわらず、この調査報告書を積水ハウスの経営陣は、長らく公表してこなかった。地面師事件と調査報告書が、阿部がクーデターを起こす強い動機となったことは、疑いようがなかった。

第三章

予兆

カリスマ君臨と腹心の野望が交錯する

亀裂

積水ハウスでは、全国から事業部本部長が集まり、毎月一度、本部長会議が開かれる。各部門の司令塔が、会長と社長に事業報告を行うのだが、地面師事件の起きた二〇一七年六月も、予定通り開かれた。

会議の開始が遅れることなどめったになかったが、この日は定刻の一三時を過ぎても、会長の和田勇も社長の阿部俊則も会議室に現れなかった。三〇分が過ぎ、誰もがおかしいと思い始めたころ、ようやく和田が会議室に入ってきた。その表情は見るからに険しかった。続いて入室した阿部は、うなだれた様子だったという。本部長たちは「何かあったな」と静まり返った。

和田は席に着くなり、こう話し始めた。

「待たせてすまんかった。ちょっと問題が起こってな。内容が分かり次第、きっちり報告させてもらうから」

この日以降、本部長会議はみるみる様相が変わっていったという。本部長の一人が言う。

「本来は全国の本部長が報告する会議ですので、議論も白熱し三時間を超えることも珍しくありませんでした。会議の冒頭に和田会長が訓示をし、阿部社長がそれに続く。また本部長の話を聞いて、指示を出すのは阿部さんの役回りでした。ところが地面師事件の発覚以降は、いつもの半分の時間で終わってしまう淡白なものになってしまった。阿部さんは下を向いているだけで、指示らしい指示をしなくなったのです」

地面師事件については、その後、全国営業会議でも報告されている。支店長やグループ会社の社長など、五〇〇人規模で開催される大会議の冒頭、阿部が謝罪したという。出席した社員が言う。
「阿部さんは、五五億円の詐欺被害に遭ったことをまず報告し、『皆さん、本当にご迷惑をおかけした』と頭を下げた。その後、和田会長が引き継いで、地面師事件について見解が述べられた。『社員が一所懸命にやってんのに、こんなアホなことはない。不動産屋が詐欺に遭うなんて、銀行がオレオレ詐欺に騙《だま》されるようなもんや。いま徹底的に調査をしとるところで、その内容は追って報告させてもらいます。現場の皆さんも、いろんなバッシングを受けていると聞いています。大変だと思いますが、頑張ってほしい』と」

実際に地面師事件は、営業現場に大きなひずみをもたらしていた。取引先から「なんで詐欺なんかに騙されたんや」、「お宅、本当に大丈夫なんですか」と聞かれる営業社員たちは、事情が分からず、ただ謝ることしかできなかった。営業しても「詐欺に遭う会社の家を買おうとは思わない」と、露骨に嫌味を言われることもあったそうで、戸建受注数は、前年比割れが続いた。地面師事件は、積水ハウスの信用とブランドを傷つけてしまったのだ。社員たちへの謝罪は当然だろう。しかし、地面師事件についての公表に後ろ向きだった阿部の胸中は複雑だったに違いない。阿部の変化を感じ取った幹部も少なくはなかった。

「地面師事件以降、本部長会議の後に必ずと言っていいほど開かれていた、阿部さん主催の飲み会が開かれなくなってしまった。当初は詐欺に遭ったことで、自粛をしているのかと思っていましたが、その後、飲み会が開かれることはありませんでした」

全国営業会議が開かれた時には、和田は調査対策委員会の立ち上げを社外役員に申し入れており、委員会は調査に向けて準備を進めていた。

阿部は、調査対策委員会の結論が自身の進退に大きく影響することを警戒していただろう。そう考える理由もあった。酒好きの和田は、酔うと本音を話してしまう。もう何年も前のことだが、酒の席で二人のこんな会話を聞いた幹部がいる。

「お前、長いこと社長をやったから、もうええやろ」

「いや、もう少しやらせてもらえれば……」

「なんや、まだやりたいんかい」

阿部は、自身の人事権を事実上、掌握する和田を過度に恐れていたようだ。

二人の関係に、以前から軋《きし》みが生まれていたとしたら、地面師事件は対立の引き金となった可能性がある。また、関西を拠点とする住宅メーカーには気になる特徴があった。積水ハウスも、そのライバル会社の大和ハウスも、長期政権に支えられていたことだ。

和田は、社長・会長で二〇年、積水ハウスに君臨した。阿部もまた、二〇一七年当時、社長就任から一〇年目を迎えていた。大和ハウスの元会長（現最高顧問）の樋口《ひぐち》武男《たけお》は、〇一年の社長就任以来、二〇年にわたり大和ハウスに君臨した。現在の芳井《よしい》敬一《けいいち》社長は、樋口が一九年に代表権を返上し、最高顧問に就いてからようやくＣＥＯとなった。長期政権批判が渦巻く中、世代交代に時間がかかったのは、樋口が大和ハウスの社長に就任して以来、売上高を一兆円から四兆円に押し上げたからだ。圧倒的な実力が、長期政権を支えていた。

和田もまた樋口に及ばないまでも、積水ハウスの売上を一・三兆円から二兆円に拡大した。権力の集中で事業拡大を図ったのが、今世紀の関西住宅メーカーの特徴だったと言えるだろう。

樋口は実力会長として大和ハウスを牽引《けんいん》する間に、二人の社長を選んでは、ＣＥＯに就けることなく退任させている。和田の下で社長をしていた阿部には、このことがどのように映っていただろうか。

樋口は関西学院大学法学部の出身で、和田の同窓の先輩でもあった。ライバル社の樋口の行動を、和田が意識しないはずはない。

和田と阿部の間には、次世代構想に決定的な相違があったはずだ。阿部の中で燻《くすぶ》っていた思いに、地面師事件の失態はどのように作用しただろうか。

それを知るためには、まず二人の人物像を探らなければならないだろう。

住宅メーカーの隆盛史

和歌山県橋本《はしもと》市出身の和田が、関西学院大学を経て積水ハウスに入社したのは、初めて東京でオリンピックが開催された翌年の一九六五年のこと。名古屋《なごや》の営業所に配属された和田は、以降、中部地方を拠点とした。当時の名古屋は、競合となる目立ったデベロッパーが少ない一方で、トヨタなど自動車産業の集積地でもある。本社から離れた名古屋に拠点を得たことは営業マン人生に一定のアドバンテージを与えたかもしれない。しかし、名古屋に赴任したばかりのころは、名刺を差し出すと「積み木ハウス」と読み間違えられるほど、積水ハウスの知名度は低かった。

積水ハウスの源流は、日本窒素肥料株式会社（現チッソ）だ。創業者で「電気化学工業の父」と言われた野口遵《のぐちしたがう》（一八七三年〜一九四四年）は、日窒を中核企業に鉱山、電力、化学に進出し、やがて「日窒コンツェルン」と呼ばれる財閥を築き上げた。日本統治下の朝鮮半島で事業を拡大したが、敗戦と財閥解体でコンツェルンは消滅。以降、チッソ、積水化学工業、旭化成などに分派していった。

積水ハウスの前身となる積水化学工業は、一九四七年に積水産業株式会社として誕生する。戦後、焼け野原となった国土は、住宅不足にあえいでいた。また、朝鮮戦争が日本にもたらした特需は、やがて経済成長を見据えた都市化政策の足掛かりとなり、住宅需要の爆発を期待させた。一九五〇年に建設省の主導で建築基準法が制定され、住宅金融公庫（現住宅金融支援機構）が創設されると、積水化学は、組み立て式のプレハブ住宅の研究を加速させる。戦後すぐから取り組んでいた耐火性に優れた素材の研究が下地となった。高度経済成長の土台が整った一九六〇年三月には、ハウス事業部が設立され、八月に積水ハウス産業株式会社が誕生した。六四年には東京オリンピックの開催も決まっており、あふれる住宅需要を背景に、積水ハウスは創業と共に急拡大していく。和田が入社したのは、そんな時代だった。

『積水ハウス50年史』によれば、一九六五年の積水ハウスの概況は、資本金四億円、売上高は二八億円。創業五年目にして、従業員はすでに四〇〇人に迫っていた。

戸建住宅の激しい受注獲得競争が、全国で繰り広げられていた。電話帳を手繰って、手当たり次第に営業をかけていく。そんな手探りからスタートした和田だったが、入社三年目には販売成績で全国トップに立った。四ヵ月で四〇棟の成約に成功したという。和田のことをよく知る営業職の役員ＯＢが、四ヵ月で四〇棟を売るとはどういうことかを解説してくれた。

「いまはひと月に一件、成約できれば御の字という感じですから、当時の売れ方は異次元ですね。ただし、四〇棟を一気に売るというのは、大変な苦労を背負い込むことでもあります。住宅はただ販売すれば、終わりというわけじゃない。契約から施工、引き渡しまで、一度に四〇家族と同時進行で付き合うことになる。人生を左右する買い物でもあるから、お客さんも真剣勝負。しかも、引き渡してからも何かとクレームが来るものです。当時は、後方支援も脆弱《ぜいじゃく》だから、営業マンの誠実さが頼り。和田さんは、かなりのクレームを処理したでしょうね。凄《すさ》まじい勢いで仕事をしていたということです」

「和田さんの仕事には、どんな特徴があったのですか」

「一戸、一戸、すべてに特徴がありました。マメな仕事をしていた証拠です。普通は面倒くさいから、同じ図面で建てたくなるけど、和田さんはお客さんの土地に合わせて、図面からきっちり打ち合わせしていました。無味乾燥な建売の販売を嫌い、土地に家を建てる請負の仕事を好む。お客さんとの真剣勝負が好きやったんやろう。全国から和田さんのところに、勉強しに来る若手がいっぱいいいました。私もよう勉強に行って、焼き肉をごちそうになりました」

入社五年目には名古屋東営業所の所長になった。

難しい気風で有名な名古屋の地で、高台の団地開発から、トヨタの社宅開発の受注など、新規事業を次々に打ち出した。試行錯誤を繰り返しながら経験を積み、自信をつけた和田は、ついに本社に黙って新規事業を始めてしまう。日本経済新聞の『私の履歴書』をまとめた著書『住まいから社会を変える』には、こんなエピソードが残されている。

消費ブームで戸建住宅も次から次に売れたが、地価の高騰で先行きにも懸念が生じていた。そこで和田はアパート建築に目を付ける。〝もくちん〟（木造建築の賃貸アパート）のアパートが主流の当時、プレハブ住宅の技術を応用した、二階建ての鉄骨アパートを販売しようと考えたのだ。名古屋の利便性の高い地域の地主に販売すれば「必ず売れる」と踏んだ和田は、本社に内緒でプロジェクトを進めてしまう。相談しても採用の見込みがなかったからだというが、結果は大当たり。利益率も高く、全国の営業所の注目を集めた。もちろん本社の役員が「何を勝手なことをしてるんだ」と飛んできたが、すでに実績を作ってしまっていたので、鉄骨賃貸事業は事後報告で採用された。いまは「シャーメゾン」の名称で全国展開され、売上高の約二割を占める中核事業となっている。

会長として和田が提案した晩年の事業にも、国交省、世界最大のホテルチェーン、マリオット・インターナショナルと組んだ「道の駅プロジェクト」がある。国交省が所管する全国の複合商業施設の「道の駅」をハブにしたホテル開発で、マリオットのホテルブランド「フェアフィールド・バイ・マリオット」を展開するもの。和田が退任した現在も、栃木、岐阜、三重、京都、和歌山、奈良の一府五県で一五施設一〇〇〇室の開発が進められている。後述するが、社長職を阿部に譲り、会長に就任してから進めてきた国際事業は、この一〇年で売上高が五七倍となり、二〇二〇年一月期の決算で、戸建事業に迫る売上（三八九八億円）を上げた。

「いつも、自分の勘を手がかりに、営業の第一線で走りながら考えていた」（『住まいから社会を変える』）と語るように、営業は和田の天職と言えた。

黎明《れいめい》期に入社した積水ハウスOBや和田は、共通のビジネス観をもっていた。それは積水ハウスの始祖でもある田鍋健《たなべまさる》の影響が大きい。二代目の社長である。

東京帝国大学経済学部を卒業し、一九三六年に日本窒素肥料に入社した田鍋は、戦後、財閥解体で日窒コンツェルンが解体された際、社員たちの職場を確保するために積水化学の設立に奔走したという。積水化学の専務取締役だった六〇年に積水ハウスの設立に参加し、六三年に社長に就任した。

疲弊した国土で経済復興を目指した当時の経営者の多くは、仕事を作ることと、共同体意識を掲げることで求心力を保ってきた。田鍋もその一人で、社員への影響力は絶大だった。積水ハウスは「田鍋商店」と呼ばれるワンマン経営で、住宅メーカーのトップ企業に躍進したのだ。

和田は入社試験の面接で社長の田鍋と会い、「このときの面接官が田鍋さんでなければ、今の私はなかったかもしれない」(『住まいから社会を変える』)と語っている。

社長室には全国の営業所の所長が出入りして、直接稟議《りんぎ》を切りに来た。所長の話を聞きながら、田鍋は一つ一つの稟議書を決裁した。「これはええ土地や」「あかん、この土地はダメやで」と、抜群の目利きを披露していたという。社長直結の風通しのよさを和田もふんだんに利用した。名古屋東営業所長時代の団地開発は、直談判《じかだんぱん》して次々に実現した。和田が言う。

「積水ハウスは、もともと建材を販売することが目的の会社やから、当初、販売は代理店に任せとった。それを田鍋さんが直販方式に変えたんや。ワシが入社する一年前のことやった。これがあったからワシが入社した後、営業で活躍することができたんや。また、これが慧眼《けいがん》やったんは、販売データはもちろん、お客様のクレームも全部、積水ハウスの営業マンが把握できるということ。これらの情報から新しいアイデアが生まれていったんです。だから、場数をこなした営業マンほど、ビジネスのキモを知っとるんです」

戸建やシャーメゾンを受注できたとしても、工事店の協力がなければ、成り立たない。工期を急いでもらうなど、顧客の細かい注文を実現してくれるのは工事店なので、営業マンは彼らとの関係も大切にした。田鍋は全国各地区ごとに工事店との連絡会「積水ハウス会」を作り、「協力工事店は運命共同体」と語ったという。

田鍋の共同体意識も時に暴走することがあったが、そうした時にも試行錯誤の末に形にしてきたのが、積水ハウスの優秀な営業マンだった。営業出身の元取締役、本岡恒夫（仮名）は、こんな苦労話をしてくれた。

「まだ八〇年代のころですわ。破綻《はたん》しかかった建設会社があって、田鍋社長が『助けたれ』と言うて、分譲地用の土地をその建設会社から買ったんです。ところがその土地は不便やし、杜撰《ずさん》な開発でボロボロやった。支店長は『こんなところに家建てて、誰が買うねん』と、しばらくほったらかしになってました。そこで私が田鍋社長のところに『何してくれてんねん』と文句を言いに行ったんです。

『社長、悪いけどな。あの土地は「宅地」で買ったかもしれんけど、一から造成しなおさんと、あきませんで。二億円ほど稟議切ってもらいますか。そしたら何とかしますから』

社長も負い目があるから、『しゃあないな』と稟議切ってもらいましたわ。

宅地の周囲には地元のヤクザが嫌がらせのように斜面の土地や三角地など、いわゆる〝へたち〟を持っとったんです。使い物にならん土地でも、こっちとしては買い取らんことには造成ができない。ほっとくと後で嫌がらせしてきそうやから、私が話をつけに行ったんですよ。

『この土地はせいぜい二〇〇〇円くらいのもんや。これを一万円で買うたるからな。おたくらも御の字やろ』と説得して折り合った。

するとと造成が終わるころに土地バブルが来た。一坪一〇万円で売るつもりの土地が、一五万、二〇万とどんどん上がっていって、大儲《おおもう》けしましたわ。言い方は悪いけど、一面的にヤクザに儲けさせてもろうた形になったから、礼を言いに行ったんです。ヤクザはムショに入っていて留守だったが、奥さんがこう言うんです。

『刑務所に下着を持っていったら、「あんたに安く売り過ぎた」言うて怒っとったで』

『よう言うわ。どうにもならん土地やったやないか。あんた、旦那が留守で寂しい思いしてるんやろ。そやのに、ムショに差し入れに行って、そんな色気のない話をしとんのかい』

こう言うたら、奥さんも呆《あき》れて笑ってました」

元取締役で積和不動産関西の社長の松吉三郎も、田鍋の薫陶を受けた一人だ。地面師事件で中間業者の不穏な情報を、不動産部長の黒田章に報告した人物である。

「田鍋さんはな、交際費を出し惜しみしなかった。僕らに『お前ら、飲みに行っても、工務店とか取引先の建設会社に絶対に金を払わせたらあかんで。全部、会社がもったるさかい、絶対にお前らが払うんやで』と口を酸っぱくして言うてましたわ。この意味が分かりますか？」

「建設会社は皆、積水ハウスから仕事をもらうわけでしょ。逆に接待される側じゃないんですか？」

「そうや。ウチを中心に、ビジネスが回っとるわけや。だから飲み代でもゴルフ代でも、交際費は全部、ウチが払うねん。そうやなかったら、必ず工務店にたかるやつが出る。そういうやつは、がっちりとその会社と癒着すんねん。不祥事の始まりや。それが年月過ぎると必ず、汚職に発展するもんや。

取引相手とは対等に関係を築かな、組織がガタガタになる。組織を壊さんことが、長く商売をやる秘訣《ひけつ》や。田鍋さんはこう考えとったんです」

経済成長が問題を吸収してビジネスを大きくした時代。就職氷河期に社会人になった私にとってはうらやましくもあったし、どこかで「何をやっても儲かった時代」という思いもないではない。ただし、田鍋時代を経験した和田たちには、経験から培われたポリシーがあるように感じた。

本岡に「不動産は、どういう仕事なのか」と、質問してみた。

「実業そのものです。土地は、ある人にとっては縄張りのようなもんやし、ある人にとっては先祖から受け継いだアイデンティティそのもの。こういう人たちと交渉して土地を買い、そこに家を建ててお客さんに買ってもらうわけです。転がすように、右から左の商売しとったら、必ず後から因縁めいたトラブルが起こるもんですわ。後腐れのないようにするには、正面から話を聞いて、難題に直面しても、説得して納得してもらうことが何より大切なのです」

和田は初のプロパー社長だった

和田は、名古屋を拠点として実績を上げ、一九八七年に中部第一営業部長に就任。九〇年には取締役となった。

一九九三年八月、積水ハウスは転機を迎える。会長となっていた田鍋が亡くなったのだ。六三年に社長に就任した田鍋は、三〇年もの間、積水ハウスを指揮し、売上高一兆円の業界最大手企業を作り上げた。会長となっても人事権を掌握し、みな田鍋の顔を見て仕事をしていた。この盤石な権力基盤が失われたことは、いかにも大きかった。当時の社長だった奥井功は、大きな後ろ盾を失って途方に暮れたに違いない。奥井は積水化学出身で、七〇年に経理部長として積水ハウスに移籍。以来、田鍋を財務面から支えてきたが、全国に展開する営業マンを統率する力はなかった。奥井体制は、すぐに動揺した。

仕掛けたのは、田鍋の死去で副会長から会長に就任した大橋弘《おおはしひろむ》だった。大橋は一九四八年に旧制静岡高校を卒業し、六一年に積水ハウスに入社している。黎明期の積水ハウスを支えた生え抜きの営業マンだ。田鍋門下生として奥井が財務を支える中、大橋は、全国一五〇か所（当時）を数える営業部隊を押さえていた。七二年には取締役に就任し、長らく首都圏の市場を開拓。社運をかけた総工費二五〇〇億円の「六甲《ろっこう》アイランドシティ」の開発本部長としても、辣腕《らつわん》を振るった実力者である。田鍋は社長時代によく「積水ハウスの社長は営業が強くないと務まらない」と語っており、大橋はその後継社長候補の筆頭格と目されていた。

ところが、田鍋が社長に選んだのは奥井だった。当時、数々の都市開発プロジェクトが進行しており、六甲アイランドはその一つに過ぎなかった。全国の都市開発プロジェクトの資金は総額二兆円に迫り、資金集めに長《た》けた財務のプロが選ばれたのだ。

田鍋が会長になると、大橋は副会長に就く。さらに田鍋が亡くなると、二ヵ月後には大橋が代表権を持つ会長となった。このころから奥井と大橋は会議の席で激しく口論になることもあり、二人の関係は目に見えて悪化していったという。そして、早々に内紛へ発展した。当時のことを知る元幹部のOBがそっと教えてくれた。

「これはどこにも出てへん話ですがね。実は大橋さんは、会長に就任した翌年にクーデターを仕掛けたんです。加担したのは営業部門出身の役員と、建設省出身の役員やった」

本社管理部門出身の奥井に対する、営業部門の反乱という構図だった。だが、クーデターは奥井に露見し、大橋は多数派工作に失敗する。それもそうだろう。田鍋が亡くなって日の浅い時期に、いきなりクーデターを起こしても、さすがに支持が得られるとは思えない。OBが続ける。

「僕もこの話を聞いて、驚きましたわ。当時、技術畑の専務だった福井佑吉さんが『アホなことすんなや』と一蹴《いっしゅう》した。奥井さんも人事権を持ってますから、取締役会を押さえて、結局クーデターは未遂で終わった」

しかし、大橋のクーデター未遂は、奥井に営業部門のコントロールの難しさを痛感させただろう。大橋が、「親分肌」と社内でも人気のあった常務取締役の近久敦彦を取り込んでいたからだ。近久は当時、奥井が社長になった後の財務部門を受け継ぎ、統括していた人物でもある。次期社長候補の一人とも目されていたので、信頼を寄せる近久の反旗は、奥井にとってショックが大きかった。

この秘話を教えてくれたOBも、長らく直属の部下として近久に仕えていた。クーデターが失敗した夜のことは、今でも忘れられないという。

「実は大橋派のクーデターが露見した取締役会のあった日に、奥井さんと麻雀《マージャン》する約束やったんです。僕は奥井さんから天満《てんま》（大阪市）にある芸者の店を『改装してくれ』と頼まれていた。もう七〇歳を超えとる芸者で、古くから世話になっとったんでしょうな。奥井さんに『改装が終わったから』と報告すると、『ほな麻雀でもするか』となった。雀卓を囲むメンバーに近久さんも入っとったんです」

「では、奥井さんと近久さんの仲は、悪くなかったんですね」

「そうや。奥井さんも近久さんに期待しとったやろうし、近久さんもよう分かっとったと思うで。次期社長の芽もあったわけです。僕らにしても、近久さんは親分やから、彼がもっと出世するのを期待しとるわけや。それが何を早まったのか、大橋さんに丸め込まれてしもうたんです。クーデターの話を聞いて、僕も天を仰ぎましたわ」

「大橋さんの営業部門への影響力は大きかったのですね」

「近久さんも、大橋さんはボスみたいなもんやから。頼まれれば、肩を持つしかなかったんでしょう」

「それで麻雀は中止に？」

「僕もそう思ってたんや。社長のクビを取ろうとしたことがバレて、しかも負けたんやから普通はクビや。打ち首獄門もんやで。ところがな、奥井さんも約束通り現れて、近久さんもちゃんとやってきました。

クーデターを仕掛けられた側と仕掛けた側が、その晩に麻雀を打っとるんは、なんとも不思議な光景でしたなぁ。奥井さんは『近久くん、あんなことしたらアカンやないか』と怒っとった。近久さんも『いやぁ、すんませんなぁ』と頭をかいとった。結局、近久さんはすぐには、クビにならんかったね。大橋さんも会長に残ったし、結局、奥井さんは営業部門に求心力がないから、二人を打ち首にはできんかったんでしょう」

以降も、大橋派の役員の抵抗は続く。社長就任後、初の新規事業を模索していた奥井は、子会社の積水ハウス木造を吸収合併して木造住宅に進出しようと考えた。これに大橋に与《くみ》する役員が、相次いで反対を表明したのだ。ここでも奥井はなんとか薄氷の信任をとりつけ、合併にこぎつける。取締役会で承認されたのは一九九五年一月一七日。阪神淡路《はんしんあわじ》大震災のあった当日だった。OBはこう続けた。

「上層部の混乱の中で頭角を現したんが、和田さんやったんです」

和田は九四年二月の人事で、新設された中部・関西地区を束ねる西部営業統括本部長に抜擢《ばってき》される。役員の中でもまだ若い平取が、専務クラスと同等の役職を任されたのだ。同年、四月には常務に昇格し、阪神淡路大震災が起こったその日に、地震対策本部長に任命される。

二五万棟が全半壊の被害を受けていた。和田は、積水ハウス会などの協力を得て、全国から職人一万人を集め陣頭指揮を執る。復旧はその後の震災特需に繋《つな》がり、誰の目にも明らかな実績を残すこととなった。

翌年、近久をはじめ、大橋派の専務や常務が一掃される人事が断行される中、和田は末席常務から専務に引き上げられる。実は、和田が入社してすぐに名古屋に赴任した際の営業所長は大橋だった。しかし、営業のドンの恩師に踊らされることはなかった。奥井が和田を引き上げた最大の理由だろう。

一九九七年一月、大橋が世を去った。スクープが読売新聞の紙面に躍ったのは、それから一〇ヵ月後のことだ。副社長と専務の中で最年少の和田が、次期社長に内定したという記事だった。

社内では「既成事実を作るためのリーク」とささやかれ、一説には、和田の本拠の名古屋営業本部からも、反発の声が奥井に届けられたというが、考慮されることはなかった。

一九九八年四月、和田は社長に就任した。積水ハウス史上初めての生え抜き社長は、自他共に認める営業のエースだった。

東北の阿部の評判

豊富に記録が残っている和田に比べ、阿部が積水ハウスでどのような人生を送ってきたのかは、あまり情報がない。阿部が長らく、市場規模の小さな東北営業本部でキャリアを積み重ねてきたからだろう。

阿部は、一九七五年に東北学院大学文学部を卒業し、積水ハウスへ入社した。古くから親交のある幹部が詳しく教えてくれた。

「積水ハウスには、阿部さんのお兄さんがいましたから、積水ハウスに入ったのは、そのツテを頼ったからだと思います。宇都宮《うつのみや》営業所に配属されて、入社して一〇ヵ月で結婚した。すぐに子どもが生まれたのですが、仙台《せんだい》に戻ってから離婚。地元の建設会社のお嬢さんと再婚して、それがいまの奥さんです」

元常務執行役員の藤原は、阿部との思い出を鮮明に覚えていた。

「昔から部下の面倒見がいいことで有名でした。私は阿部さんが山形営業所長を務めていた時からの付き合いで、よくゴルフや飲みに連れて行ってもらいました。何かとかわいがってくれましたね。和田さんに劣らず、親分肌の一面がありました」

ただし、取材をしても、阿部が何か、目を見張る実績を残したという話は出てこない。二〇〇八年一月の社長就任時の記者会見では、「賃貸住宅の受注を十数棟分まとめて取り付けた」と語っていたが、それも二〇年も前の話。阿部は、和田に実績面を買われたわけではなさそうだ。複数の現職、OB幹部の話から浮かび上がってくるのは、二人の違いである。

和田は実績で出世した人である。政府や国交省の要人にも食い込んで、対外人脈が豊富。それに比べて、阿部は、営業の仕事がそれほどできたわけではない。けれども、上司の言うことは、忠実にこなしていく。また本社の各部門の部長を引き連れてよく飲みに行くことから、社内人脈がかなり豊富である。現職の幹部も阿部をこう評している。

「上司からしてみれば、安心して仕事を任せられる人材だったということになるでしょう」

阿部は、山形営業所長や福島県の郡山《こおりやま》支店長を経て二〇〇三年に東北営業本部長となると、出世のスピードが速くなる。翌年には執行役員に昇格。さらに〇五年には常務執行役員となり、東京営業本部長に抜擢される。この時期から「次期社長」と社内から目されるようになるが、事実、社長の和田による抜擢が背景にあった。

ここで一つの疑問が持ち上がる。営業職の現場部隊が成長を牽引した積水ハウスでは、本社が営業部門のコントロールに苦心するのが常だった。だから、田鍋時代のように営業部門に絶大な影響力を誇る和田が、後継社長に指名されたのだ。当然、後継社長の評価基準には営業実績があったはずだ。しかし、過去の報道を調べても、どの関係者に聞いても、阿部の実績についてはまとまった評価はない。選ばれた理由は、何だったのだろうか。

和田に尋ねてみたが、「当時はええと思ったんですがね……」と、あまり多くは語らない。クーデターに歯ぎしりしている人に、それを尋ねるのは酷かもしれなかった。

二人の関係を知るには、当時の時代背景から探っていく必要もあるだろう。前出の本岡（仮名）は、営業部門で長らくキャリアを積み、取締役専務執行役員まで務めた人物である。耳の痛いことも直言する、いわば諫言《かんげん》の士を自負していた彼は、和田が社長に就任したころから、本社と現場の関係が少しずつ変わり始めたと感じていた。

「私たちの時代の営業マンは、現場から外されることは屈辱やったんです。本社に呼ばれることは、たとえ取締役に昇格しても、『左遷』と言われた。実は私もそうで、本社の管理部門に左遷されたわけや。最初は忸怩《じくじ》たる思いもあったけど、結局は営業部門から外れたおかげで、専務まで上がった。つまり和田社長の時代は、本社機能が拡充された時代やったんです。一言で言えば、リストラと構造改革が行われ、管理部門の力が強くなったわけです」

社長に直談判するボトムアップの時代から、全体を管理するトップダウンの傾向が強まっていく。背景には、バブルのツケがあった。

和田が社長に就任した一九九八年は、日本の金融危機が顕著になった時期。前年には山一證券や北海道拓殖銀行が破綻していた。日本にバブル崩壊の影が広がり、積水ハウスも負の遺産に苛《さいな》まれていた。和田は財務体質の改善に着手する。地価下落による販売用土地の評価損は二一六五億円に上った。これらの膿《うみ》を放出し、二〇〇〇年、積水ハウスは上場以来初めての赤字決算を計上した。

財務体質の改善を経て行われたのが、グループ再編などの構造改革だった。株主の抵抗にあう中、積和不動産など、上場グループ会社を完全子会社化するなど剛腕を振るった和田は、本社機能も拡大させていく。二〇〇二年にはCS（顧客満足度）推進本部が、〇四年には経営企画部が新設された。

二〇〇四年には奥井が会長を退任。相談役に就き、さらに翌年、会社を去った。この時期、和田は営業社員約五〇〇〇人を対象に、インセンティブ制度を導入する。支店など営業拠点単位で受注が拡大すれば、青天井の報奨金を出すというものだ。

金融危機による不況の中で、日本全体が構造改革にいそしんだ時代。積水ハウスでも本社による管理統率が強まり、現場には成果主義が広がっていった。

トップダウンのひずみは、社長就任のころから出始めていたと本岡は言う。

「和田さんが社長になったころやったと思います。社長室（のちの経営企画部）が企画したものに契約キャンペーンがありました。一定の期間中に戸建販売を強化して、全国の事業本部で競わせるというものでしたが、住宅市場の需要は変わらんのやから、その時数字が上がるだけで意味はない。私はこういう本社の企画が嫌いでしたね。

案の定、これが不正の温床になったのです。特にひどかったのが東北営業本部でした」

「ひどかったというのは、どういうことでしょう」

「毎回トップクラスの成績を上げるのが東北でした。私の担当の地域は、キャンペーンの契約は振るわない。本部長会議で『東北はすごいな。ようやった！』となるけど、私は『お前は、何をしとんのや！』といびられる。ところが最終的に決算してみると、売上の成績は私の事業部の方が東北よりも上なんです。当然です。東北は契約を水増ししとったんです」

「契約が水増しされていたというのは、明らかなんですか」

「はい。私が本社の管理部門に上がった時に調べたんです。東北の工場からは、クレームがたくさんあって直に調べに行きました。受注件数に応じて、東北のプレハブ工場から資材が出荷された形になる。でも実際には架空の契約やから、その資材は行くところがありません。夏までに出荷したはずの資材が、冬になっても工場に放置されて、雪をかぶっていた。最初は、架空の発注書や伝票を作るだけでしたが、やがて工場ぐるみで架空発注して、水増しするようになっていた」

「大規模な水増しだったのですか」

「当時、調べたところ、東北営業本部のほぼすべての支店で契約の水増しがありました。水増しをしとったのは東北だけやない。でも東北のやり方はえげつなかった」

「そんなことしたら、いつかバレるでしょう。なんでそんなことするんですか」

「私にはバレましたね。でも積水ハウスくらいの規模の会社になると、これを報告しても、上にはなかなか信じてもらえないもんなんですよ。『足の引っ張り合い』と思われますからね。和田さんにも『あんなことさせとってええんですか』と注進したけど、『揚げ足とるんやない』と言われた。まあ社長がそういうトラブルを一件一件、相手にしとったら仕事にならんわな」

「でも、野放しにしていたら、粉飾にもつながりかねませんね」

「さすがに決算まではいじれないとは思いますが、後任の本部長は大変でしょう。急に数字を落とすと心証が悪くなるから、キャンペーンの報告の数字に、またイロをつけないとならなくなったかもしれません」

「その後任が……」

「阿部ですね。阿部はその上司の一番の子分やったから」

現場に過度な数字を求めるようになると、いつかゆがみは大きくなる。本岡は、阿部が東北営業本部長だった当時、東北の社員たちの悲鳴を聞いたことがあった。

「福島県のローカル雑誌に、告発記事が掲載されたことがあった。これが東北の社員を通じて、私のところに届いたんです。内容は、積水ハウスの郡山支店で自殺があったというもの。また自殺は一件だけではないというものでした」

記事は福島の郡山市に拠点を置く「月刊タクティクス」の二〇〇四年三月号に掲載されている。年初に積水ハウスが主催した「福島新春住まいの博覧会」の郡山市安積《あさか》展示場で、店長が首をつっており、床には遺書が残されていたという。

「発見したのは女性社員でした。私が確認したところ、東北の幹部は皆、周知の話でしたね。記事の内容を否定する者もおらんかった。当時の東北の社員たちは、阿部を『数字に熱く、人にはクール』と評していた。阿部は数字のマジックを使った虚業にはまり込んでいたんやないかな」

契約の水増しは、他の複数の幹部も証言した。枚挙にいとまのないほどで、今では阿部の性格を表すエピソードとして、社内で定着している。現職の支店長は、私にこんな話をしてくれた。

「あれは、阿部さんが社長に就任したばかりのことでした。東北営業本部で、阿部さんの直属の部下だった営業本部長が、私の上司になった。するとさっそく、私に契約の水増しを求めてきました。銀行審査の途中だった三億円規模の老人ホームを、確定済みとして受注件数に入れろと言うのです。まだ契約が完全に成立してないので、『それはダメでしょう、何を言ってるんですか』と返したら、『東北では、それは、当たり前なんだ』というのです。そして『今日、阿部さんに報告がある。数字を作らないといけない。これじゃ、格好がつかないだろ』と。とんでもない話なので、断って、電話をガチャンと切ってやったんです。その後、私はその上司から、干されちゃいましたね」

本岡は、こう言った。

「私も部下には厳しい上司だったが、虚業だけは嫌だった。一度手を染めたら引き返せなくなるからです。本社が旗を振る無謀なノルマを本部長や支店長が抵抗なく受け入れて、数字に手を加えて報告することが蔓延《まんえん》すると、また一段上のノルマが降ってくる。現場は実態と大きく乖離《かいり》したノルマを押し付けられて苦しむことになる。そこで架空契約が行われ、虚構の見積書や契約書、図面の作成が現場に命じられる。こんなんしたら、現場は頭がおかしくなりますわ。やがて現場の誰かが傷つくことになる」

「その責任の一端は、社長だった和田さんにもあるのでは」

「そうかもしれませんね……」

「失われた一〇年」という言葉がメディアに躍っていた二〇〇〇年代。低成長にあえぐ日本を盛り返そうと、指揮官は旗を振ったが、参謀も部隊長たちも理想を見失い始めていた。

私は改めて本岡にこう尋ねてみた。

「和田さんが阿部さんを後任に選んだのは、東北時代の業績が影響していますか」

「はっきりとは分かりませんが、東北本部長の阿部が出してくる数字が、良かったのは事実です。判断の材料になったのは、間違いないでしょう」

住宅メーカーが、実業から虚業に向かいかねない危うい時代だった。

後継候補の死

私は和田に質問を変えて、後継社長を選ぶ際に、意識していたことを尋ねてみた。

「和田さんは、理想の後継者はいなかったのですか」

すぐに反応があった。

「もちろん、おったで。でもみんな死んでもうたんや」

「なるほど……」

大手企業の後継者選びは、実に難しい。優秀な経営者など、そうやすやすと育てられるものではないことは、過去の企業の栄枯盛衰を見れば明らかだが、意中の優秀な人材がいたとしても、必ずしも後継者にできるとは限らないのだ。

「どんな方だったのでしょうか」

「本当に頼りになる男だったんだわ。名前は、山崎一二《やまさきかずじ》というてな。中部営業部でずっと一緒に仕事してきた」

山崎は、一九九七年に東京営業本部長に就き、和田が社長に昇格した九八年四月に取締役に昇格した。その後、二〇〇二年には常務取締役に昇進したが、異変が現れたのはその矢先だった。

「大腸がんが見つかったんです。ワシは山崎の体調のことが気になってたから、早いうちから『検査をせい』と散々言うてたんですよ。山崎は忙しいからと一向に、検査に行かんかったのです。医者にも『私が病気になることはありません』と言うようなやつでしたから、体力に自信があったんやろうな。ようやく検査したら、案の定ですわ。もう肺にも転移していた。ワシはアメリカにIR（投資家への懇談会）に行く前に、山崎を見舞いに行った。そん時はまだ『大丈夫です！』なんて言うてたけど、二週間ほどでアメリカから戻ると、もう顔の形が変わるほど痩《や》せていた。きっと、ワシのことを待っとってくれたんやろうな。それから数日で亡くなりました」

「辛《つら》かったですね」

「強烈なショックを覚えましたわ。いまでも忘れられません。

実はもう一人、社長候補がおったんやが、彼も山崎と同じころに骨髄性白血病で亡くなりました。中国営業本部長やった伴藤功《ばんどういさお》という男や。伴藤は山崎よりも四つ上で、山崎の前にワンポイントにと思うとった。ワシが西日本営業統括本部長になった時に直属の部下になったんやが、おもろい男でな。社長の奥井さんに真正面からたてつく男やった。奥井さんには嫌われていたが、ワシは真っ直ぐな性格が気に入っとったんです」

山崎は二〇〇二年の七月二日、五五歳という早世だった。伴藤はその一週間ほど前の六月二六日、五九歳で亡くなった。

「二人は優秀な営業マンでしたか」

「もちろんや。山崎も伴藤も全国に名を轟《とどろ》かしたトップ営業マンです。とにかく、人に好かれとった。人に好かれんやつは、人の上には立てんから」

「和田さんもトップ営業マンでした。和田さんの理想の後継者は、やはりトップ営業マンだったということですか」

「その通りです」

しかし、二人の死から六年後に和田が選んだのは、営業マンとしては特に実績を持たない阿部だった。

和田が構造改革に力を入れ始めるのは、山崎と伴藤を失う直前の時期からだ。おそらく改革の節目に、山崎や伴藤に後を引き継がせようと考えていたのではないか。和田は、こうも語っていた。

「みんな社長の仕事をどう思ってるんか知らんけど、けっこうキツイんですよ。ワシは社長を一〇年やりました。本当はもっと早く辞めたかった。そやけど、山崎が亡くなったもんやから、仕方なく社長を続けたんです」

当初、二〇年も積水ハウスに君臨した和田のことを権力欲が旺盛《おうせい》な人物だと考えていたため、早く社長を辞めたかったという話には眉《まゆ》に唾《つば》をつけて聞いていた。だが、これは本音だったかもしれない。

社長終盤には、改革疲れが見えていた。不首尾に終わる改革も多々あったという。

例えば支店長の五七歳定年制を導入しようとしたことだ。どの会社でも起きていたことだが、かつてほど規模が拡大していかない積水ハウスでも一定の世代が地位を独占し、若手へのポスト配分に支障が出るようになっていた。人事部長がメガバンクの役職定年制を参考にして、提案したものだったという。

ところが実際に導入してみると、支店長たちは五五歳になるころからレームダックとなり、緩慢な仕事が相次いだ。さらに他部署の役職には定年制はなく、その格差に不平不満が渦巻いたという。本岡が言う。

「そんなん、営業を真剣にやってきたら、当たり前の感覚ですわ。あと二年で役職から離されるのに、誰が真剣に仕事しますか。成績の良い支店長は残す。悪いやつには引導を渡すというのが筋です。私に言わせれば、人事部がダメな支店長に引導を渡せないから、横並びの定年制に逃げ込んだんや」

「反対は出なかったのですか」

「反対したのは私だけでした。本社は制度を作ることが仕事やから、とにかく何でも提案してくるでしょ。和田さんも翻弄《ほんろう》されとったんとちゃいますか」

本岡はけっこう、強硬に反対したという。

「こんなん、絶対あきませんで」

「うるさいな。反対しとんのは、お前だけや！」

和田はそっぽを向いて定年制を導入したが、その一年後、本岡を呼んでこう告げたという。

「お前の言うた通りやったなぁ」

「ほれ見たことか」

支店長定年制の廃止をマスコミに発表したのは、社長に就任したばかりの阿部だった。

CEO、COO体制

二〇〇七年、阿部は取締役専務に昇格し、本社の経営企画部長となる。すでに和田の中で、腹は決まっていたということだろう。この時期、本社内でも阿部の露骨な猟官活動を指摘する声が広がっていたという。中元・歳暮の時期になると、三越から高額の商品券が購入され、役員同士でやり取りされていたという。和田は側近たちから「阿部で本当に大丈夫なのか」と諫《いさ》められたが、判断の材料にはしなかった。

二〇〇八年、阿部は正式に社長に就任する。取締役の中で最年少。若返りを図る目的もあっただろうが、何よりも、和田にとって使い勝手のいいイエスマンだったからではないか。

社長交代会見で、和田は抜擢の理由を次のように語っている。

「事業全体を見渡せるバランス感覚がある」

「社内に敵がいない」

当時の新聞記事からは、報道するのにめぼしい実績が、阿部に無いことへの戸惑いが伝わってくる。

同時に和田はCEO（最高経営責任者）とCOO（最高執行責任者）の制度を導入する。会長に退いても、CEO職を握っていればトップは明確に和田になる。社長兼COOに就けるのは、安定した国内事業をそつなく回せる人材。それは、灰汁《あく》の強い営業のエースよりも、数字に強く、本社の人間関係が良好で、自分の方針に逆らわない人物が適任だったのだろう。

私が和田の取材をするときに、いつも感じる特徴がある。積水ハウスで上げた営業実績や自分のやった事業開拓の話を始めると、興奮して話が止まらなくなる。この時、私は和田が「社長の仕事はキツイ」と言った意味が分かったような気がした。

機構改革や数字に追われ、本社に缶詰めになる社長職に辟易《へきえき》としていたのではないか。きっと、営業の現場に戻りたかったのだ。CEOとして全権を握り、執行を阿部に任せれば、好き勝手に営業の仕事ができるではないか。国際事業の成功の秘訣はトップ営業である。交渉の場で即決できるからだ。全権を握ったまま、大好きな営業ができる環境は、和田にとってまさにユートピアだろう。

社長を譲った本心は、案外、こんな動機ではなかったか。

社長職を阿部に譲って二年目の二〇一〇年に刊行された『積水ハウス50年史』には、当時の和田の思いが綴《つづ》られているので紹介しよう。表題は、「未来に夢を発信する」である。

運命協同体として50年、私たちは「家ができること」を追い求めてきました。そして今、「家」にはコミュニティーの再生、環境の再生、教育の再生という大きな可能性とチャンスが課せられていると感じています。私たちは、次の世代につながるもの、50年、100年、200年と広がっていくものをつくり出さなくてはなりません。全社を挙げて勇気を持って、未来へ、夢を発信してまいります。企業は生き続け、社会を良い方向に変えていかなければならないのです。

これからの50年は世界が一つになっていくでしょう。私たちは日本の優れた住宅技術と考え方を世界に示していきます。その原動力となるのは「感謝の気持ち」です。私たちを支えてくれる人を大切にし、お客様への感謝を心の奥に染み込ませ、未来をつくっていく企業で在り続けなくてはならないのです。

和田の目が世界に向けられていることが分かるだろう。

二〇〇八年五月、国際事業部が新設された。この後、和田は全権を掌握するCEOとしてオーストラリア、中国、ロシア、シンガポール、アメリカでトップ営業を展開し、世界を飛び回ることになる。

和田から見れば、阿部は留守役だったのだろう。社史に綴られる阿部の言葉は、既存の規律を部下たちに問うものだった。表題は「感謝を力に次世代へ」である。

50周年を迎え、今一度、原点に返り、守るべきものと、変えなくてはならないものを問いたいと思っています。守るべきものは、「感謝の気持ち」。純粋な気持ちで率直にお客様と向き合い、累積建築戸数200万戸という掛け替えのない「きずな」を再確認し、そこに大きな未来につながる私たちの拠り所を見いだしたいと思っています。変えなくてはならないものは、「人の力」。グループ連携の強化とともに、人材育成を最重要課題とした構造改革を行い、一人ひとりが持てる資質と能力を最大限に発揮できる、強く、しなやかな組織をつくり上げていきたいと思います。

当社企業理念の根本哲学である「人間愛」に基づいて、お客様にどのようなサービスとコミュニケーションを提供できるか、いつも先につながることを考え、次世代に良い形で受け継いでいく努力をしていきます。

大風呂敷を広げるビジョナリーの和田と、小さくまとまる阿部の違いは鮮明だ。

和田は海外で新規事業の開拓に向かい、阿部は成熟した国内事業を執行する役回りに徹していった。

多数派工作に幹部は気づいていた

会長となった和田が、海外や渉外活動に勤《いそ》しむ中で、阿部は国内の業務執行をそつなくこなしていく。本社で会議があれば、部長たちを引き連れて飲みに行くことも多くなっていた。特に法務部長の中田孝治や、経理部長の内田隆（現副社長）、またマンション事業本部長の三谷和司など、阿部の側近とされる人脈が固まっていったようだ。

しかし、こうした飲み会に、和田の側近の幹部は疑念を深めていた。幹部はこのころの取締役会の構成が気になって仕方がなかったという。

「和田さんは海外や財界活動ばっかりで本社を留守にすることが多いでしょ。社内政治に疎くなってましたね。取締役の人数構成を見ていくと、阿部につく者が少しずつ増えていた。阿部が役員を引き連れて、飲み会を開いているのも、『何かを企んでいるのでは』と、気になっていました。

私は和田さんに、何度か警告したんです。『このままやったら、危ない』『いつか、やられますよ』とね。それでも和田さんは、本社の動きに鈍感やった」

幹部は、二〇一五年のある日、専務取締役の平林文明《ひらばやしふみあき》から「もう辞める」と相談を受けたという。

「これには驚いてね。平林に『ちょっと待ってくれ。お前が辞めると人数（役員構成）が狂ってしまう』と、止めたんですがね。しかも同時に、副社長の和田（純夫）も退任となったんです。いよいよ危ないと思いました」

入れ替わりで取締役になったのが、仲井嘉浩と堀内容介だった。二〇一六年四月の株主総会で、この取締役人事は承認される。この段階で、二年後のクーデターの陣容は整ったことになる。

幹部の懸念は、和田の証言からも裏付けられる。二〇一六年四月の株主総会の取締役候補に、和田を師と仰いでいた常務執行役員で神奈川営業本部長の藤原元彦を入れていたが、阿部の反対にあったという。

「和田さんはクーデターの予兆を感じなかったのでしょうか。つまり取締役の構成について、危機感はなかったのか」

「まあ、人数は少しずつ変わってきとったけどなぁ」

「人事権は和田さんが握っていたはずですが」

「いや、役員人事は、ワシと阿部の二人で話し合って決めとったんです。そうやなぁ。確かに藤原を入れようとしたけど、阿部が反対しよったわ。まぁ藤原も若いし、次でええかと思うたんです」

「藤原さんが入っていたら、状況は違っていましたね」

「そうやな……」

時を同じくして和田は、旭日大綬章《きよくじつだいじゆ》を受章している。役員人事を和田が真剣に検討していたとは思えない。社内政治に関心がなかったからなのか。それとも、ＣＥＯという権限を握り、海外事業を牽引していた和田の慢心か。おそらくは後者だろう。

第四章

暗闘

副社長、策動す

財務戦略の衝突

クーデターが勃発《ぼっぱつ》した当初から、私が取材した積水ハウスの幹部たちの間で、公然の秘密としてささやかれていたことがあった。クーデターの絵を描いた黒幕は誰か、である。

序章でも紹介した通り、クーデターは取締役会の規則変更など、数々の手続きが取られながら進行した。社長の阿部俊則が、会長の和田勇から副社長の稲垣士郎への議長交代動議を出したことに始まり、会長解職動議を出したにもかかわらず、和田に辞任を迫ることで実際には解任の採決を取らずに済ませている。「解任ではなかった」と言い訳できるよう、綿密に練られた計画だったのだ。

巧妙な計画を誰が立てたのか。「少なくとも阿部ではないだろう」というのが関係者の一致した見方であり、それができそうな人物は限られていた。和田をはじめ、多くの幹部たちが黒幕として稲垣の名を挙げた。彼には大胆にクーデターを実行し、成し遂げられる力があったからだ。

積水ハウスの現経営体制の特徴は、財務部門の発言力が和田CEO時代と比べて、かなり強くなっていることだ。財務部門を支えるのは副会長で、和田体制下ではCFOを務めていた稲垣である。副社長についている内田隆は、経理部長や人事部長を歴任するなど、管理部門を渡り歩いてきた。二人は家族ぐるみの付き合いで、稲垣が「ウッちゃん」と呼べば、内田は「イナちゃん」と返す、そんな間柄だという。

社長の仲井嘉浩は、京都大学工学部卒のエリートで本社企画畑を歩んできた。阿部の社長就任後に引き上げられ、二〇一八年一月の社長就任時にはまだ五二歳だった。若い仲井を支えるのが会長の阿部俊則と稲垣、内田になるが、実力の上で全体を管理コントロールしているのは稲垣だ、というのが同社幹部や金融機関の見方である。実力に乏しい阿部よりも、現体制は財務部門の稲垣が引っ張っている色彩が濃いのだ。

一九七三年に積水ハウスへ入社した稲垣は、和田が社長に就任した九八年に財務部長へ昇進する。財務部門出身の奥井功体制で実力を蓄え、真偽は不明だが「和田と奥井の間を、稲垣が取り持った」と評価する幹部もいる。実際に稲垣を引き上げてきたのも、社長時代の和田だった。

阿部が東北で過ごしてきたのに対して、一貫して本社管理部門でキャリアを積んだ稲垣は、古老の役員や幹部ＯＢたちとの関係も深い。二〇〇二年には執行役員に就任し、二年後には取締役となる。法人営業や財務経理部門のシステム化などに手腕を発揮し、税理士ネットワークのＴＫＣ全国会を利用した営業担当もこなした。営業部門の幹部でも、稲垣を「一廉《ひとかど》の人物」と見る向きは少なくない。

二〇一一年には副社長に就任し、グループの保険事業を担う積水ハウスファイナンシャルサービス株式会社も設立した。翌年、和田は稲垣をＣＦＯ（最高財務責任者）に就けた。積水ハウスの資金繰りから財務政策、福利厚生ばかりでなく、営業部門の性格も知り尽くす能吏として重宝されたのだ。

クーデター後の記者会見でも、しどろもどろとなる阿部をしり目に、会見をリードしたのは稲垣である。取材を通して見えてきたのは、積水ハウスの財務から営業、海外事業まで、その状況と事業部ごとの性格を把握し、また会社法や取締役会の規則、運営にまで精通している、その存在感だ。営業に鋭い感性を持つ和田に対して、稲垣は総合力で実力者に見えた。

和田が失脚した後、経営のスタイルは大きく変わった。特に経営陣の体制が二年目を迎えた二〇一九年三月以降の経営計画説明会の資料には、和田体制下では見られなかった特徴が表れている。和田体制では、事業実績のアピールの方に力点が置かれていたが、新体制では財務戦略が手厚く説明されるようになったのだ。同社の財務戦略の基本は、「成長投資・株主還元・格付けそれぞれを重視」することで「バランスの取れた資本政策を図る」こととされている。特に一株当たりの利益を重視し、効率的に利益を出していく「投資効率」と、リーマンショックや昨今のコロナショックなど、経済リスクに備える「投資と財務健全性のバランス」について、具体的な指標が示されるようになった。

財務戦略が経営計画の資料に登場するのは、和田CEO体制下の二〇一七年三月からだ。ちょうどこのころから、積水ハウスは株主へ向けて財務と投資の健全性を、より積極的に謳《うた》うようになったわけだ。

これは何を意味するのか。実は、財務戦略で和田と稲垣には方針に大きな溝があり、二人の対立が激化した原因だったとの見方がある。当時、この対立を目の当たりにした幹部が言う。

「国際事業の新規開拓で、ここぞという不動産にバンバン投資をしていく和田さんに、稲垣さんは頭を悩ませていました。特に稲垣さんが強調していたのが、借金を一〇〇〇億円規模で減らしたいというものだった。理由は社債を発行する際の『格付』が下げられかねないから、というものでした」

社債の格付は、企業が債券を発行して資金調達する際に、その社債の安全性を示すもの。格付会社のアナリストの調査によって与えられる。世界的には、米国系のムーディーズ社やS&Pグローバル・レーティング社、そしてフィッチ・レーティングス社の三社が有名だ。日本では格付投資情報センター（R&I）や、日本格付研究所（JCR）が知られている。

企業が社債を発行し、購入者を公募する際、投資家は格付（レイティング）を参考に社債の安全性を判断する。格付は社債を発行する企業に付与するものと、社債に付与するものとがあり、R&Iが発行体に付与する格付には最高の「AAA」から最低の「D」まで九つのランクがある。格付が高いと信用があるとされ、公募に応じる投資家も多くなるが、低いと信用がない分、利回りを高くして投資家を募らなければならない。格付が低いと、満期となって社債を償還するまでのコスト負担が重くなるわけだ。

格付会社のアナリストが、格付を判断する際の基準で最も重視するのが財務健全性だ。他の条件を一定とすると、借金が少なく貯金が多ければ、その会社の格付は高くなり、逆なら低くなる。

ちなみに積水ハウスの格付は過去一〇年間、R&Iで「AAマイナス」、JCRで「AA」で変化はない。財務健全性に長《た》けた企業と言えるだろう。しかし、和田と稲垣との対立が激しくなった二〇一六年～一七年ごろは、格付会社の財務健全性に対する懸念が高まっていたとみられている。理由は、前出の幹部が証言するように有利子負債が増えてきたからだ。

幹部の証言に基づけば、稲垣は豪快に投資していく和田の国際事業戦略に懐疑的だったことになる。ある営業部門の幹部は、和田が稲垣に面と向かって怒りを露《あら》わにしている姿を目撃している。

「ちょうどクーデターの一年ほど前、お酒の席のことでした。稲垣さんが国際事業の投資をめぐって、和田会長に向かって『おかしいです』と怒っていたんです。口論の末に稲垣さんは和田さんに向かって『あんたに言われたくない』と発言して、和田さんは『無礼もの！』と怒っていました。会長の和田さんに『あんた』なんて言える社員はいませんから、僕らは凍り付きましたね。でもCFOの稲垣さんは、それほど和田さんの独断専行に不満を募らせていたのです」

二人の財務戦略の意見の相違は、クーデターの引き金の一つとなった可能性がある。

急伸した国際営業

二〇〇八年、会長になった和田は、国際事業を一から切り拓《ひら》こうとしていた。和田の著書、『住まいから社会を変える』には、トップ営業が奏功した様子が、誇らしげに書かれている。

「海外進出で最初に選んだのは豪州。不動産事業も手がけるバブコック・ブラウンという投資ファンド会社との提携を決め、契約締結のため、私が自ら現地に乗り込んだ」（『住まいから社会を変える』）

当日、取引相手のCEOから告げられたのは、「銀行管理下に入ってしまった」というものだった。しかし、和田は交渉を打ち切らずに、その場で優良不動産を買い取る方針を決めた。

「担当者レベルの交渉では、ご破算になっていただろう。海外事業自体も頓挫するか大幅に延

期していたに違いない。海外事業では最高責任者の即断即決が重要で、それを実感する場面が何度もあった」（前掲書）

リーマンショックもあったが、和田はシンガポールのファーイーストオーガナイゼーション社のCEOや、米サンディエゴにあるニューランド・リアル・エステート・グループCEOロバート・マクロードの信頼を獲得した。ニューランドと提携したことにより、大規模開発の話が続々と舞い込んでくるようになる。リーマンショックで傷ついたカリフォルニア州職員退職年金基金（カルパース）から、全米一一州の住宅用地を取得するなど、アメリカ事業はその後、急拡大していく。国際事業はわずか二年で黒字化を果たした。

「日本では有名になった積水ハウスも、海外に出ると全くの無名や。積水ハウスのセの字も知らん。相手の懐に飛び込んで、飯食うて、語り合って、信頼してもろうたんです。なんぼ言うたかて、営業は取引先に気に入ってもらわんと、あかんねん。本社におるだけで、評論家みたいに現場の尻《しり》を叩《たた》くなんてことは、ワシは嫌いやったからな」

「海外のビジネスでも、トップ同士の関係はかなり人間臭いものだと聞いたことがあります。和田さんはどう思いますか」

「その通りやで。不動産は、街の開発事業をとっても何千人と人が関わってくるでしょ。札束で顔叩くような仕事じゃないんですよ。サラリーマンは会社の看板で仕事しとるけど、経営者はそうやない。トップ同士の人間関係で仕事するんです。営業の基本は、相手にどんだけ尽くすかや。会社を動かせる求心力も必要やろう。みんな〝決められるやつ〟と話がしたいもんやから」

和田は財界活動や渉外活動に明け暮れる。住宅生産団体連合会をはじめ、数々の公益法人の要職に就いた。豊富な人脈を築くことが、和田の営業スタイルなのだろう。

和田が手掛けた国際事業は、スピードも勢いもケタ違いだった。経営上の指標が示される「Ｆａｃｔ　Ｂｏｏｋ」にも、その凄《すさ》まじさが表れている。

国際事業が始まった一年目の二〇〇九年、販売用土地の資産はすでに二二五億円に達していたが、六年後の一五年には三一〇六億円まで上昇する。国内の都市再開発やマンション、戸建用地を上回り、全体の五二％に達した。さらに分譲建物の資産は、一〇年の約七六億円から五年間で約二四〇六億円に達している。こちらも全体の八〇％に迫る勢いで急拡大した。一九年には国際事業の資産規模は一兆円に迫っており、全セグメント資産の約三八％を占めている。

また、この約一〇年間の海外Ｍ＆Ａなどによって創設されたグループの海外子会社は、二二一社に上った。二〇二〇年一月期の売上高は、国内事業の主力、戸建や賃貸、不動産フィー事業に次ぎ、約四〇〇〇億円規模となっており、経営陣は国際事業でも国内同様に「請負型」「開発型」「ストック型」の主要セグメントを開発していく方針を示している。投資規模でも、海外事業は国内事業を上回り、一七年〜一九年の三年間でも約八八〇〇億円に上っている。国際事業は、わずか一〇年間で日本と同規模の事業性を持つに至ったわけだ。

一方で、国際事業は光と影がくっきりと出た。現在はアメリカの事業規模が拡大しているが、当初から投資をしていたオーストラリアや中国の伸びは大きくはない。またロシアも初期から投資をしていたが、撤退状態になっている。その間に有利子負債は増え続けた。国際事業の黎明期《れいめい》である二〇一〇年には二一二〇億円だったが、ピーク時の二〇一八年には六三九五億円と三倍となっている。

現在の経営陣は、有利子負債の整理と投資物件の精査を行っており、和田失脚後の二年間は、海外事業にはリストラの嵐が吹き荒れる。その結果、二〇二〇年一月期には、有利子負債は減少に転じた。和田体制ではできなかった財務戦略の見直しを、稲垣が急速に進めていることがうかがえる。

積水ハウスの元取締役専務執行役員の勝呂《すぐろ》文康《ふみやす》は、和田失脚後の国際事業を引き継いだ人物だ。和田が社長時代の〇四年に秘書部長となり、側近として国際事業の展開をつぶさに見てきた勝呂は、対立の真相について話をしてくれた。

「和田さんと稲垣さんの対立は、けっこう激しかったのですか」

「事業を拡大し、将来の収益源を作ろうという和田さんに対して、財務面でのバランスをとろうというのが稲垣さんです。互いに自分の仕事をしていたということで、どちらが悪いということでもありませんが、海外への事業投資は、最初から大きくやらないとなりませんから、徐々に両者の溝が広がったということだと思います」

「和田さんは、国際事業をわずか二年ほどで黒字化してしまった。しかも抜群の収益事業で、二〇二〇年一月期の決算では、売上が約三九〇〇億円まで伸張しました。和田さんの事業スタイルは、どういうものだったのでしょうか」

「大きくビジョンを描き、戦略を示す。実行可能な戦術を選び出し、どんどん実行していく。一言で言えば、これが和田さんのスタイルです。当時、海外事業の開拓は、日本のどの不動産業界も始めていたことです。人口増加が続き、インフレが好調に進んでいる国では地価もどんどん上がっている。海外に出ていくのは当然のことでした。会長に就くと同時にＣＥＯに就いたのもそのためです。海外では無名の積水ハウスがいきなり商売を始めるには、強い権限を持つトップが自ら営業する必要がありました。実際に、和田さんの動きは素早かった。目的を同じくする相手の懐に飛び込み、信頼関係を作り上げていった」

「当初はオーストラリアやシンガポール、中国が主で、ロシアもありました。やがてアメリカの事業が拡大していく。その中で投資規模がどんどん大きくなり、有利子負債が急激に増えていきます。これが稲垣さんとの対立の原因とみられていますね」

「稲垣さんの言うことも一理あるでしょう。株主へのＩＲ対策のために、財務面による要請が年を追うごとに強くなっていった。ただし、事業面からみると、国際事業のために有利子負債が増えるのは理にかなっていたと思います。

日本では長らく低金利政策が続いていますから、日本では安く資金調達ができるわけです。それを不動産投資の利回りが高い海外に振り向けていくわけですから、利ザヤが大きくなる。結果、海外の高い経済成長のなかで収益力が拡大していきました。これが、現地のデベロッパーなどパートナー企業との思惑が一致した点です。住宅街を開発し分譲住宅を販売したり、マンションを建設したりと、街づくりの面で日本マネーが果たした役割は大きかったし、和田さんがストレートで打算のない友好関係を築いていったから、実際にパートナーとの強い協力関係ができた。こうして国際ビジネスは成長していったのです」

「稲垣さんは、機関投資家や格付会社を説得できなかったのですか」

「それは分かりません。ただ、和田さんや私には、海外事業の投資額を増やせば増やすほど将来の収益性が上がるという確信があっても、財務部門には実態の数字以上に説明する術《すべ》がなかったでしょう。不動産は、投資してから収益が確定していくまでに、五年から一〇年のスパンが必要です。実績がすぐに出ない中で、有利子負債が増えていくことになるので、バランスシートが崩れていく。クレジット・アナリストや格付会社のアナリストから、財務健全性を指摘する声が上がったのは事実です」

しかし、国際事業の現場は、和田の積極投資を『市況に見合ったもの』と支持していた。アメリカ現地法人のノースアメリカ積水ハウスCEOを務めていた山田《やまだ》浩司《こうじ》は、三井物産でキャリアをスタートし、モルガン・スタンレー証券やドイツ証券、BNPパリバ銀行を経て、同社に入社した人物だ。金融知識に精通する彼は、和田をこう評価していた。

「私は一二年に入社したのですが、当時はリーマンショック後で不動産価格が安かった。まさに仕込み時期でした。あの時、仕込まないといつ仕込むんだという状況で、私も死ぬほど忙しかったのを覚えています。もちろん市況が良くても、積極投資をしているとダメになる案件もあります。ただ、全体的なアセット（資産）の伸びは申し分なく、しかも年間業績で損が出たこともありません。和田さんの積極姿勢に違和感を覚えることは、一度もありませんでした」

実際にその成果は、いま経営陣が享受している。

私は、和田にも稲垣との対立について尋ねてみた。和田は、稲垣が急激にリストラを進めたことをかなり怒っていた。

「稲垣は金を使わない事ばっかり考えとった。財務の人間やからしゃぁないが、ワシが国際事業にバンバン投資していったから、面白うはなかったたやろう」

「稲垣さんは、いったん資産を見直して、有利子負債を減らしたかったのではないですか」

「財務部門のやつら、株や社債の投資家ばかり相手にするから、海外事業でも『投資が多い』『投資をやりすぎ』と言うんです。でもワシは稲垣たちが『投資』と言うのが、気に入らんかったんです。投資と考えればリターンばかりを考える。でもワシらがやっとんのは、それ以上に街づくりとか、都市づくりとか、環境問題も含んだサスティナブル（持続可能性）を見据えた実業なんです」

「では、和田さんは、海外事業のパートナーと、どんなことを語り合っていたのですか」

「社会問題ですよ。エコとか教育とか、貧困とかな。トップ同士というのは、ほとんどがそういう話をするもんや。将来ビジョンの話ができんと、お互いに信用できんでしょうが。特に開発の仕事はそうや。宅地や都市開発にはゼネコンや工務店、住宅販売会社や行政など、たくさんの人が関わります。『儲《もう》かりまっせ』『リターンはいくらですよ』と言うばかりのやつが、何千人、何万人と関わってくるビジネスを進めるのに、信用されると思いますか。無理やわ。ちょっとでも逆風が吹いたらすぐ撤退するんじゃないかと疑われるだけ。やると決めたら、バシッと投資する。逆風が吹いても利益を出せるように歯を食いしばって踏ん張らなあかんのです」

「なるほど、全権を持つトップが営業することには、意味がありますね」

「例えばワシは『道の駅』もやったやろ。官邸や国交省の要人と話をしているときにアイデアが出たんです。インバウンドの話が出て、海外からの観光客が、都心だけでなく地方に流れていく道筋を、かなり話し込んだ。AIを搭載した自動運転車を走らせようというアイデアも出て、これを観光庁の長官に会って話したら面白がってくれてな。それからワシは一五人～一六人の知事に会いに行って、道の駅を使った観光事業をかなり議論しましたよ。ここまで話が進んだら、新規事業が成功する可能性はかなり高くなるでしょ。みんなが協力してくれるんやから。その時に一気にカネをバンと投資せんと、結局、何もでけへんやん」

「では、財務部門の稲垣さんにはそういう世界は、見えないのですか」

「どうやろうなぁ。見えんのやないかなぁ。『不動産業は投資じゃなくて、事業やで』と、こう言うてたんやけどなぁ。本社におって機関投資家とか銀行としか付き合いがないから、地べたのビジネスを見たことがないやろうし。しょうがないんやけど……」

二人は経営の考え方がまるで違う。世界の見え方も大きく違っていたということだろう。ただし、和田は稲垣に一つ、重要な相談をしたことがあった。それは、クーデターが起こる数ヵ月前のことだ。

重鎮の心配と篠原祥哲の見方

和田は、積水ハウス幹部ＯＢの武井佳政（仮名）から、二〇一七年の初頭にこんな進言を受けている。武井の記憶では、地面師事件が起こる前のことだったという。

「和田さんも来年には、会長兼CEOで一〇年、阿部も社長で一〇年や。阿部や稲垣とは年齢も一〇歳違う。そろそろ次世代のことも考えなあかんでしょう。どうやろう。稲垣を社長にしなはれや。稲垣はええ男でっせ」

武井は、和田と年齢も近い営業部門のたたき上げ。縦横に幅広い人脈を持っている。和田も信頼を寄せる人物だった。

武井は稲垣とも気の知れた間柄だ。財務部門を一筋に生き、積水ハウスの資金繰りを引き受けてきた稲垣を買っていた。また、当時の状況は武井にとっては既視感のあるものだったと言う。

「ワシらは絶対的なカリスマの田鍋健《たなべまさる》さんが、財務部門の奥井功さんに、社長を引き継いだ時を思い出すんですわ。あの時は営業部門が何かと反旗を翻して、奥井さんも苦労したが、和田さんが社長に就くまでに六年間、財務部門政権で切り盛りしたんです。当時は神戸《こうべ》の六甲アイランドをはじめ、大規模な宅地開発をやっていて、その資金繰りを支えたのは奥井さんら、財務部門やった。稲垣は、国際事業の投資で資産や財務の見直しが、必要な段階と考えとった。ワシも確かにそうやと思うてな。ワンポイントでもええから、稲垣を社長に据えるのがええと思うたんです」

「和田さんには、すでにマスコミからも高齢批判が出ていました。和田さんを会長に残し、社長を変えるということですか」

「国際事業は和田さんの功績や。事業の土台ががっちり固まるまでは、和田さんがやったほうがええ。ただし、ワシらが気にしていたのは、取締役会の構成です」

「やはり、クーデターの予兆を感じていたと」

「人がどんどん入れ替わりよるからな。それは内紛の火種になりかねんやろ。和田さんが国際事業を引っ張る中で、稲垣と財務面で対立が深まることは、ええことではない。だから稲垣にワシは言うたんです。

『お前が社長やれ』、『ワシが社長やると、和田さんに言うたれや』と。稲垣はまんざらでもない顔をしとった。ワシはこれはいけると思うて、和田さんに『稲垣を社長にしなはれ』と言うたんです。でも和田さんは動かんかった」

和田が、武井の進言を受け入れなかったのは、稲垣との対立が深かったからだと見られている。このことが、後に和田にとって致命傷になったと武井は考えている。

和田と稲垣はどんな関係だったのか。一人腑《ふ》に落ちた説明をした幹部がいたので紹介しよう。彼は、現役の役員にもかかわらず、和田と阿部のどちらにも与《くみ》せず、俯瞰《ふかん》的に積水ハウスの経営を観察しており、発言は実に客観的だった。丁寧に二人の関係を教えてくれた。

「稲垣さんはその実、和田さんの参謀だったのです。本社機能のことをよく理解しているし、和田さんにも耳の痛いことを言える。しかし、和田さんは、誰が本当の参謀か、あまり分かってなかったのでしょうね」

「それは、どういうことですか」

「和田さんは営業のプロにして、取引相手とすごい信頼関係を築ける天性の才能を持っている。しかも、抜群のカリスマ性を持っていて、和田さんが『こうやで！』と言うと、みんな『かしこまりました！』と付き従う。絶対的なトップ営業。これが海外不動産ビジネスの成功の秘訣《ひけつ》です。ただ、それだけでビジネスができるかと言えば、そうではない。和田さんを支えてきたのは、なんだかんだ言って資金繰りを実現するＣＦＯの稲垣さんだったのです。この二人の歯車がかみ合わないと、どっちもうまくいかないんですよ。

和田さんが活躍できたのも、稲垣さんあってのこと。財務だけでなく、本社機能を知り尽くす稲垣さんなくしては、結局、国際事業も成り立たなかったでしょう」

私が取材で得た情報から、和田と稲垣の関係の推移を示せば、次のようになる。

積水ハウスは二兆円企業。この規模を維持していくためには、特に良質な土地と良質な開発を続けていくことが必要不可欠。いい土地を買うには、トップの早い決断と実行がないと、すぐに競合に取られてしまう。目利きとビジネス開発の才に長けた和田がいたからこそ、海外ビジネスは急拡大した。

ただし、キャッシュがないといい土地も買えない。海外事業を始めた二〇〇八年、世界はリーマンショックに見舞われた。不動産価格が世界で値下がりし、これを投資チャンスと見た和田は、一気に投資を拡大させる。このときすかさず借金をして、和田の海外投資を支援したのは、当然だが稲垣ら財務部門だ。両者の方針は一〇年代の前半は合致していたことだろう。

一方で、不動産価格が全体的に上昇してきた二〇一五年ごろから関係は悪化していく。手持ち資産と有利子負債が膨らんできたからだ。つまり手持ちの不動産を売却して利益を確定し、次の投資に備えて有利子負債を減らすことが、有効な財務戦略との考えが稲垣にはあったのではないか。そこで稲垣は、和田に財務戦略の見直しを献策したが、和田は積極投資をやめようとしなかった。豊富な経験を持ち、百戦錬磨の和田は、好不況の状況判断とビジネス展開には自信があったからだろう。けれども、稲垣の財務戦略は銀行や格付会社の意向も考慮する必要がある。二人の対立は、顕著となり始めた。

それがピークに達したのが、まさに有利子負債が六〇〇〇億円を突破する二〇一七年。地面師事件が起きた年だったのだ。

実は地面師事件が起きた後、もう一人、和田と稲垣を仲介した人物がいる。社外監査役の篠原祥哲《しのはらよしのり》だ。

地面師事件の調査対策委員会の立ち上げを和田に進言し、委員長として、調査報告書で社長の阿部に「重い責任がある」と指摘した人物である。篠原は大阪で自身の会計事務所を運営する公認会計士だが、かつては現在の三大監査法人の一つ、あずさ監査法人につながる朝日監査法人の副理事長を務めていた。公認会計士開業登録は一九六三年。監査法人が合併を重ねて次第に大きくなっていった高度成長期から、会計監査とビジネスの現場に身を置き続け、金融や不動産の豊富な知識を持っている。和田の誘いを受けて二〇一二年から、社外監査役を務めていた。

篠原は、杜撰《ずさん》な取引だった地面師事件で、積水ハウスの病巣を改めるように和田に進言する一方で、稲垣の財務戦略を高く評価していた。前出の現役役員によれば、篠原もまた稲垣を後継社長に据えるように言っていたという。

「あれは二〇一七年一二月だったと思います。調査対策委員会の調べで、阿部さんの責任は揺るぎようのない状態で、篠原さんは地面師事件の杜撰な取引に、阿部さんの社長退任を、止む無しと考えていた。そこで彼は和田さんに『稲垣と会ったらどうですか』と声をかけた。社外監査役の篠原さんの言うことだからむげにできず、和田さんは会いました。そこで稲垣さんに次期社長を打診したのです」

篠原が稲垣を社長に就けようと提案したことを、武井も知っていた。しかし、その結末を彼は残念そうに語るのだった。

「和田さんの申し出を稲垣は断ったんです。ワシが献策した時に、和田さんから稲垣に打診しとけば、結果は違ったんやろうけど……」

この時、稲垣は阿部と組むことを決めていたのだろう。

阿部の責任は中間報告に書かれていた

営業のプロの武井と会計のプロの篠原によって、地面師事件の落としどころは明確に示されていたと言える。つまり、阿部の社長解任と、稲垣の社長就任である。

もちろん、武井は役員ではなく和田に対応を提案したに過ぎないが、篠原は独立役員の監査役であり、人事・報酬諮問委員会のメンバーでもある。その提案は重要な意味があった。

篠原は、特に地面師事件で阿部の責任を重視していた。その引き金となったのが、二〇一七年一一月に作成された調査報告書の「原案」だったと見られている。

原案には、実際に取締役会に提出された調査報告書よりも、さらに具体的に阿部の責任の根拠が、五項目にわたり示されていた。原案を作成した調査対策委員会のメンバーが、地面師事件をどのように見ていたかがよく分かる一次資料と言える。

ところが、クーデターの起こる二〇一八年一月、調査対策委員会は原案を精査し、結局、調査報告書に示された阿部の責任は次のように簡略化されてしまう。前掲したが、今一度、示しておこう。

業務執行責任者の責任

本件取引の全体像を把握して、誤った執行にならないよう防ぐ責任は業務執行責任の最高位者にあり、最後の砦である。

業務執行責任者として、取引の全体像を把握せず、重大なリスクを認識できなかったことは、経営上、重い責任がある。

では、原案には何が書かれていたのか。該当箇所の全文を次に示そう。

本件取引の全体像を把握して、誤った執行にならないよう防ぐ責任は業務執行責任の最高位者にあり、最後の砦である。

社長の本件との接点は、以下のとおりであるが、各タイミングでの適切な判断と対応が行われたのか。

・社長決裁直前の現場視察時に、物件は、荒廃したまま長期間放置された状態であった。
・同じく、現場視察において、社長は、（株）ＩＫＵＴＡの信用性に関する質問をしているが、三谷は、初期情報の十分な検証がないのに、同時決済すれば同社の信用度はそれ程問題ないと回答し、そのままとなっている。
・稟議決裁の際、中間業者が（株）ＩＫＵＴＡからＩＫＵＴＡ（株）に変更されているが、変更について、明確な質問をしていない。
・稟議決裁は、「事後回付」とされており、通常決裁より責任は重い。
・残代金決済時に、黒田は三谷に対し、社長の了解を得ることを要求している。この時、4通の内容証明郵便の事実は社長に報告していないとされている。ただし、ネガティブ情報は得ており、社長は、三谷から説明を受け、中田に確認した上で、リスク情報は問題ないと判断して、決済の前倒しを了解している。

業務執行責任者として、取引の全体像を把握せず、重大なリスクを認識できなかったことは、経営上、重い責任がある。

取締役会議長の和田は、二〇一七年一一月の取締役会で「中間報告」（筆者注・のちに公表された「総括検証報告書」には「概略報告」とされている）として原案を受領した。この時、和田は阿部の責任を痛感し、社長を退任させる意向を固める。それはすぐに、阿部に伝えられた。

和田が当時を振り返る。

「中間報告を読んだ後、会長室に阿部を呼び出して言うたんです。『調査対策委員会も、あかんと言うとる。ケジメや。もう辞めえ』と」

「阿部さんの様子はどうだったのですか」

「その時は、しんなりと聞いてました。一度、会長室を出ていったが、しばらくして戻ってきた」

会長室に入るや否や、阿部はこう言ったという。

「どうしても、辞めないとなりませんか」

「辞めなあかん」

和田だけでなく、監査役の篠原はじめ調査対策委員会のメンバーから見ても、地面師事件は紛れもない阿部の責任だった。国際事業に専念し、自分が本社を留守にする間に、組織の膿《うみ》が噴出した。和田にとっても、自ら社長に選んだ阿部に引導を渡すのは、自分自身のケジメのつもりだっただろう。しかし歯車はすでに狂い始めていた。阿部もまた、このころに和田の会長解任を決意し、稲垣と共に動き出していたのだ。

阿部の決断

地面師事件が起きた後、協力企業との会合や、販促のイベントや顧客の住宅オーナーたちとの会合など、全国のどこに行っても地面師事件は話題にあがっていたという。取引先が関心を示すのだ。前代未聞のことで、マスコミでも盛んに報道されたので無理はなかったが、常務執行役員で神奈川営業本部長を務めていた藤原元彦も、何度も顧客に地面師事件について尋ねられたという。その都度、「御心配をおかけして申しわけありません。調査をしているので、その結果を待ちたいと思います」と説明していた。だが、身内同士での会話では、ついつい本音が出てしまった。これが阿部の耳に入ったことで、藤原は本社に呼び出されてしまう。この時、藤原は阿部にただならぬ雰囲気を感じたという。

「私が同僚と飲んだ時に、ついつい口走ってしまったのが悪かったのですが、これが阿部さんの逆鱗《げきりん》に触れてしまった。そもそも私は、取引に不動産部長として関わった黒田章さんから話を聞いていたので、地面師事件は何かがおかしいと思っていました。調査対策委員会も立ち上がっていたし、和田さんもはっきりと『大問題だ』と話をしていた。だから阿部さんは立場が危うくなったと感じていたのです」

「具体的にどんなことを言ったのですか」

「地面師事件の責任を、阿部さんは取らされるのだろうか、この先、彼はどうなるんだろうか、という話題が出たので、『危ないでしょう』『和田さんがカンカンに怒っている』ということを言ったのです。するとこれが阿部さんの耳に入ってしまい、呼び出されてしまった」

藤原は、梅田スカイビルの本社で、ある日の夕刻、阿部と対峙《たいじ》した。夕日を背にした阿部は、怒りを露わにして迫ってきた。

「お前、俺のこと心配してくれてるらしいな」

「何のことですか」

『阿部は終わりだ』と言いまわってるらしいじゃねえか」

「いや、それは……」

「お前、余計なお世話だから。和田さんにそんな力があると思っているのか。人事は和田さん一人で決められるのか」

「いや、取締役会の合議が必要だと思いますので、会長の一存では決まらないと思います」

「そうだよな。だったらお前は、何を知ってるんだよ。何を言ってるんだよ。ほっといてくれよ」

すごい剣幕だった。阿部はこの時、すでにクーデターを決意していたとみられる。

その後、監査役の篠原からも社長退任を直《じか》に求められているが、阿部はこう言い放ったという。

「死んでも辞めません」

稲垣を取り込んだ阿部と、失った和田。多数派工作を図るうえで、この差はあまりにも大きかった。

しかし、阿部と稲垣には、稟議書に承認あるいは賛成した責任がある。この状況で二人がクーデターを起こして和田を排除する大義とは何だろう。彼らはそれをまともに説明したことがない。

確かに、和田はCEOとして絶対的な権限と影響力を持っていた。また、すでに当時七六歳の高齢で、後継者の育成や世代交代のことを考えれば、弊害の一つと言えた。さらに、海外事業で「専横」と言われるほどに投資を拡大し、回収できなくなった投資も確かにあったという。だが結果として、実績を残している。地面師事件で調査対策委員会に責任を問われる立場の二人が、クーデターを起こすにはあまりに大義に乏しい。

ところが、和田は阿部が露骨に敵愾《てきがい》心を露わにしている中でも、クーデターを察知できなかった。藤原は、阿部に呼び出され、その怒りを目の当たりにしたときにこう思ったという。

「阿部さんは何か、仕掛けてくるのではないか」

藤原は、和田に恩義を感じている営業部門のエースであるから、この時、和田と共通の知人に電話をかけて「不穏な動きがある」と警告した。だが彼の真意は、うまく伝わらなかった。和田は、数々の進言にもかかわらず、阿部が反旗を翻すことに事前に気を配った様子はない。

「和田さんは、クーデターを察知しなかったのですか」

「だってこんなアホなことが起こるなんて、考えんもの」

和田はこの時、社内政治にまったく通じていなかった。腹心たちからの数々の警告を見落とした和田は、自分の社内における求心力の低下に全く気が付いていなかった。

クーデター前夜

和田は当時、代表取締役の会長兼CEOであり、取締役会の議長と招集権を握っていた。さらに人事・報酬諮問委員会でも議長を務めており、制度的にも絶対的な権限を握っていたのだ。しかし、和田はこうした権限を乱用した様子はない。

一方で、着々と取締役に息のかかった人物を取り込んできた阿部の票読みは、戦略的なものだった。この力学は、人事権の所在からもうかがうことができる。和田は私に、取締役は「阿部との話し合いで決めていた」と語ったが、実質的には阿部が握っていたとみることができる。先述した通り、二〇一六年の人事で取締役に仲井（現社長）と堀内容介を加えたが、この時、和田が提案した藤原は、阿部の反対で見送られている。少なくとも、出世に目ざとい取締役から見れば、人事権を握っているのは阿部であり、自分をさらに引き上げてくれるのは和田ではなかった。

二〇一八年一月二四日の取締役会の構成を掲げておこう。

和田に与したのは、伊久哲夫《いくてつお》（副社長）、勝呂文康（専務）、三枝輝行《さえぐさてるゆき》（社外）、涌井史郎《わくいしろう》（社外）の四人である。一方、阿部には稲垣士郎（副社長）が参謀に就き、内田隆（専務）、西田勲平（常務）、堀内容介（常務）、仲井嘉浩（常務）の五人が与した。結果、和田が提出した阿部の社長解職動議は否決され、返す刀で提出された会長解職動議の前に、事実上、解任の憂き目を見たのである。

和田は、まさか自分が解任されようとは考えていなかった。かたや、自分が解任されるのは秒読み段階に入っている阿部には人生がかかっていた。さらに、カリスマの和田が会長職のポストを維持するか否かで、阿部と稲垣のその後の人生は大きく変わる。二人のモチベーションは相当に高かっただろう。

裏でこのような謀議が行われているのを知ってか知らずか、和田は表立って、『阿部解任』を役員たちに求めている。例えば、堀内にはストレートにこう伝えたという。

「阿部はあかん。でもあいつ、辞めん言うとるから、取締役会で解任せなならん。お前賛成してくれるやろ」

ところが堀内は、こう話したという。

「会長、すみません。私は阿部さんを解任するのに賛成することはできません。阿部さんは私の命の恩人ですので」

堀内は、阿部が東京営業本部長時代に引き上げられた腹心である。当時、阿部は部下たちに人間ドックに行くように熱心に進め、そのおかげで堀内はがんを早期発見することができたそうだ。以来、阿部を「命の恩人」と呼んでいるという。

もう一人、和田は西田勲平に声をかけている。西田は、和田にこう憤って見せたという。

「分かりました。地面師事件はどう考えてもおかしいです。会長、私は解任に賛成します」

これで、和田は阿部解任の票が集まったと安心してしまった。取締役会の前日には、和田は伊久と勝呂、西田に加え、なぜか堀内まで交えて酒席を設けている。そこで「明日は頼むで」と言って、役員たちに挙手の練習までさせている。

「阿部くんの解任動議に賛成の方は、挙手をお願いします」

和田がこう言うと、解任に反対を表明している堀内までもが手を挙げた。打ち合わせや団結式というよりは余興だろう。緊張感がまるでなかったことがうかがえる。おそらく堀内も西田も、阿部にこの様子を報告したことだろう。阿部は、クーデターの成功を確信したに違いない。


こうして迎えた二〇一八年一月二四日。突然、取締役会で突き付けられた会長解職動議に、和田は頭の整理がつかなかった。そこで致命的なミスを犯してしまう。議長の稲垣に迫られるままに、辞任を選んでしまったのだ。和田が採決を促して解任されていれば、阿部と稲垣はこの事実を公表せざるを得なかった。その後に続く、地面師事件の調査報告書の公表も強く求められ、積水ハウスのガバナンス問題を広くアピールすることができたはずだ。しかし、和田が自ら辞任したことで、調査報告書は隠蔽《いんぺい》され、社内に不協和音をもたらす原因となってしまう。

この責任を和田に問うと、下を向いてこう話した。

「過失のある阿部が無罪放免となり、何も責めのないワシを解任する。こんなことが起こるとは、夢にも思わんかった。でもあの時、弁護士さんたちに言われましたわ。『なんで解任されんかったんや』と。そこまで頭が回らなかったんや……」

和田は解任された後、篠原にこう言われたという。

「なんや、あんた裸の王様やったんかい」

「先生にそう言われたら、返す言葉もないわ」

和田の慢心は、「ガバナンス改革」というウソを助長し、保身に全力をかたむける新会長を生み出した。和田の責任は、確かに重い。

裏切られた西田に和田は「ありがとうな」と伝えたが、社を出ると直ぐに親しい弁護士に電話をかけた。和田は、静かに会社を去ろうとは考えていなかった。

第五章

隠蔽

絶対権力の道へ

新社長が記者会見で発したウソ

クーデターが成立したあと、新会長となった阿部俊則は、新社長に就任する仲井嘉浩、新副会長となる稲垣士郎の三人で間髪容《い》れずに記者会見を開いた。マスコミは一〇年ぶりの社長交代を好意的に捉《とら》え、まだ五二歳という年齢に加え、企画部門のエリートコースを歩んだ仲井の社長就任を歓迎した。

日本経済新聞（二〇一八年一月二五日・電子版）によれば、社長が仲井に決まった経緯を記者に問われ、阿部はこう答えている。

「2、3年前から退く気持ちはあり、社長就任を打診したのは半年ほど前だ。仲井氏はバランス感覚に優れ、仕事に対する情熱と謙虚さを持っている。若い力で会社を発展させてほしい」

これに対して、仲井はこう応じている。

「（打診は）非常にびっくりしたが、阿部社長が経営企画部長だったときから二人三脚でやってきたので、とうとう来たかという感じだ」

まるで、半年前に仲井の社長就任が内定したかのような口ぶりだが、当時、仲井を社長に内定させる権限は阿部にはなかった。記者たちはまだクーデターの経緯を知らないので、その矛盾に気が付いていない。しかし、地面師事件の影響を危惧《きぐ》する質問は飛んだ。

「（分譲マンション用地の購入に絡む）特別損失の計上や詐欺被害を受けた可能性があることは、今回の社長交代と関係ありますか」

ここで仲井は、社長の船出として致命的な発言をしてしまう。

「特損や詐欺は全く関係ない」(同・日経電子版)

仲井のウソは、積水ハウスの人事・報酬諮問委員会や調査対策委員会に不信感を生んだ。社外監査役の篠原祥哲《しのはらよしのり》は、阿部や稲垣に対して「新社長にウソを言わせるとは、言語道断だ」と怒りを露《あら》わにしたという。日経の北西厚一記者による、失脚した和田勇へのスクープインタビューが公開されたのは、会見から二六日後のこと。仲井のウソは公となった。

クーデターによって、積水ハウスでは一つの問題が持ち上がる。取締役会に提出された調査報告書の取り扱いである。同社は二〇一七年八月二日に地面師詐欺被害を公表し、九月七日には「分譲マンション用地の取引事故に関する調査対策委員会の設置について」と題して、調査対策委員会が調査を始めたことをプレス・リリースしている。取締役会議長として調査を要請した和田自身も「公開が前提の調査」として、社内でも「いずれ報告する」と宣言していた。ところが和田が失脚したことで、阿部や稲垣は、自分たちに都合の悪い調査報告書をあくまで社内文書と位置付けて、公開を拒んだのだ。

唯一、報告らしいものは、日経のスクープで批判が相次いだ三月六日に「分譲マンション用地の取引事故に関する経緯概要等のご報告」と題したリリースのみ。詳細な経緯が記された調査報告書に対して、「ご報告」は、事件の経緯が全く示されず、阿部の責任については触れているものの、マンション事業本部や本社管理部に責任を転嫁する内容で、阿部が現地を視察に訪れたことや、決裁権者だったことは一切伏せられた。

そのうえで、次のように責任の所在を分かりにくくしている。

本件の責任に関する調査対策委員会の意見及び対策提言

マンション事業本部は、取引の全貌を把握し、正しい判断をすべき立場にありましたが、その責務を果たしていません。法務部は、重要なリスク情報を関連部署及び社長に報告せず、本来持つべき牽制機能を果たしていません。不動産部は、取引金額等を勘案し、より慎重な判断が必要であったにもかかわらず、管轄部署としてのリスク管理が不十分でした。

本件不動産の取引に関する稟議回付を受けた取締役を含む取締役会及び監査役会においては、上述の各部の業務運営に不完全な部分があったことについて、職務執行の監督機関並びに監査機関としての結果責任があると考えます。また、社長には業務執行責任者として、取引の全体像を把握せず、重大なリスクを認識できなかったことは、経営上、重い責任があります。会長も、このような事態が発生したことに責任があります。人事及び制度の責任者として、速やかにリーダーシップを持って、再発を防止するために、人事及び制度の運用について、不完全な部分を是正する責務があります。

本件は、制度の隙間をついて発生しており、病巣が隠れて育っている可能性もありますので、トップのリーダーシップのもと、プロジェクトチームを設置し、人事及び制度の根本的な見直しを進める必要があります。

地面師事件を分析し、調査報告書を何度も読んでいる私にとって、「ご報告」の内容は看過できないものだ。巧妙に、文意が変わっているからである。明確にしておきたいが、最後に「本件は、制度の隙間をついて発生しており、病巣が隠れて育っている可能性もありますので、トップのリーダーシップのもと、プロジェクトチームを設置し、人事及び制度の根本的な見直しを進める必要がありあます」とあるが、このトップとは、調査報告書では「最高経営責任者」、つまりCEOの和田を指している。該当箇所は「第5章　組織改善に関するプロジェクトチーム設置の提言」と題して、CEOの和田が組織改善に取り組むよう指摘している。調査報告書の「第5章」の全文を引用しておこう。

今回の事件で明らかになった病巣を取り除けるよう、人事及び制度の改善を行うことが重要である。最高経営責任者のリーダーシップのもとに、プロジェクトチームを設置し、対応することを提言する。
当社は、事業に成長性も収益性もあり、営業の突破力もあるが、本件は、制度の隙間を突いて発生しており、病巣が隠れて育っている可能性がある。従って、改善すべき点は、多岐にわたっており、個々の改善点の指摘では不十分であり、トップのリーダーシップでプロジェクトチームを設置し、根本的に人事及び制度を見直す必要がある。

調査委員の一致した意見である。

阿部ら経営陣は、調査報告書を公開しない理由を「地面師事件の模倣犯を生じさせかねないことへの懸念や捜査上の機密保持及び個人のプライバシーへの配慮のため」と説明している。なるほど、そういう一面もあるかもしれないが、あれだけ報道が相次いだ後では、説得力がない。一方で、調査報告書は阿部の関与と責任を指摘し、痛烈に批判しているから、公表してしまえば和田を排除した矛盾が一気に露わになってしまう。これを隠したかったというのが阿部の本心だろう。

調査報告書を隠蔽《いんぺい》する頑《かたく》なな姿勢は、社内に重大な影響を及ぼした。

地面師事件の全容を報告すると宣言していた実力会長が突然失脚し、クーデターを起こした側は調査報告書を公開しないという。事件をめぐって経営陣で権力闘争が展開されていることは、社員の目からも疑いようがなかった。うかつに話をすれば、執行部批判となりかねない。これを機に、積水ハウス内で地面師事件の話はご法度となった。しかし、マスコミで大きく取りあげられた事件だから、取引先や顧客からも説明を求められる。矢面に立つ営業マンたちは、難しい対応を迫られたという。ましてや事件の経緯を知っている東京マンション事業部の部員たちは、極度の緊張を強いられたことだろう。

ところが、阿部は社員の不信感など、どこ吹く風だった。会長に就くと、事件やクーデターについて隠蔽を続けながら、社員に高い倫理を要求し始める。クーデター後の二〇一八年に発表された「サステナビリティレポート」にはインタビューが掲載された。

タイトルは「徹底した『ガバナンス改革』を　自らが先頭に立ち断行する」とあり、副題にはこう付け加えられている。「上に立つものから襟を正す。原点に立ち返り、生まれ変わった姿を示す時」。

阿部は地面師事件もクーデターもなかったことにして、勝手に生まれ変わろうとしていた。本文は、さらに軽薄さを増していく。

「『道徳なき経済は罪悪であり、経済なき道徳は寝言である』。私は常日頃から社員に向けて、この二宮尊徳の教えを引用した話をしています。企業である以上、利益を追求することは当然です。しかし、大前提として道徳が伴わなければ、その会社に存在価値はありません。今、私たちに厳しく求められている『ガバナンス改革』の原点といえる考え方です。

『ガバナンス改革』を進める上で、より強く意識している言葉があります。誠実で高邁《こうまい》な倫理観として当社が用いている『Ｉｎｔｅｇｒｉｔｙ（インテグリティ）』。『道徳的・倫理的な意味での完全な姿』と解釈できます。法令遵守（コンプライアンス）、企業統治（コーポレートガバナンス）、さらにその奥底にある考え方。これからの企業活動のすべてにおいて『Ｉｎｔｅｇｒｉｔｙ（インテグリティ）』を最優先させる所存です」

インテグリティは、社会生態学者のピーター・Ｆ・ドラッカーが好んで使った言葉だ。企業の社会的責任が叫ばれ、ドラッカーの『マネジメント』が経営書として読み返された二〇一〇年ごろから、メディアにもよく登場した。だが、積水ハウスの社内では、阿部が発するインテグリティに強い拒絶反応が起こった。幹部の一人が言う。

「阿部さんは会長になってからインテグリティという言葉を、あらゆる会議で多用するようになった。和田さんの解任が報道で明らかになり、クーデターの背景に地面師事件があったこともみんな知っていました。意識に強弱こそあれ、疑念を持たない社員なんていません。まあ、それはもう終わったことだからと前を向こうとしても、阿部さんがインテグリティと言うたびに、『じゃあ、あんたはどうなんだ』と怒りが沸き起こる。なぜあんなことを平気で言えるのでしょうか」

ちなみに、ものつくり大学名誉教授の上田《うえだ》惇生《あつお》（故人）が編訳した『マネジメント【エッセンシャル版】』には、原文の「integrity of character」を「真摯《しんし》さ」と訳して、その資質をこう書いている。

「人を管理する能力、議長役や面接の能力を学ぶことはできる。管理体制、昇進制度、報奨制度を通じて人材開発に有効な方策を講ずることもできる。だがそれだけでは十分ではない」

「学ぶことのできない資質、後天的に獲得することのできない資質、始めから身につけていなければならない資質が、一つだけある。才能ではない。真摯さである」

責任なき権限の集中

和田は会長職を失ったが、その年の四月の株主総会までは取締役だった。失脚後、その動きを経営陣に監視されるようになったという。和田が弁護士事務所に相談に行ったところ、なぜかそのことが経営陣にはバレていた。会社用の携帯電話のＧＰＳが原因ではないかと、怖くなって携帯を変えた。クーデターを告発する日経のインタビューが掲載されると、和田は露骨に付け回されるようになった。所用で名古屋に行った際も、法務部長の吉本継蔵が追いかけてきて、居丈高にこう言ったという。

「あんなことすると、相談役にもなれないですよ」

「何を言うとんねん、このバカたれが！」

この出来事を、和田は未《いま》だに腹に据えかねている。

「尾行したり、携帯で居場所をつかんだり。そんなことまでするとは思わんかった。もともとウチは善意の会社やったんやから。ワシが何をしてくるか、怖くて仕方なかったんやろうな」

実際、阿部にとって和田の存在は恐怖そのものだった。その行動を誰よりも身近で観察してきた阿部は、これから何を仕掛けてくるのかと落ち着かなかった。それをうかがわせるものが、クーデターのあった取締役会議事録に記録されている。

和田が提出した阿部の社長解職動議が否決されると、阿部の逆襲が始まる。まず提出したのは、取締役会議長の交代の動議だった。和田から稲垣への議長交代が六名の役員の賛成で可決されると、次に提出されたのは二件の「取締役会規則改定」だった。

取締役会議事録によれば、第三号動議で「取締役会議長を稲垣取締役とする」規則改定が可決され、次いで第四号動議では「取締役招集権者を阿部取締役とする」規則改定が可決された。稲垣と阿部が名指しされて、議長と招集権者を握ったわけだ。

社内法務に詳しい弁護士によれば、一般的には、取締役会議長は会長、招集権者は社長などと、役職名が記されるものだという。積水ハウスでも改定前の議長と招集権者は「取締役会長」と役職名が記されていた。これをわざわざ、「議長は稲垣士郎取締役がこれにあたる」とし、「取締役会は阿部俊則取締役がこれを招集する」と、名指しにしたのだ。日本取引所グループの取締役で、コーポレート・ガバナンスに精通する弁護士・久保利《くぼり》英明《ひであき》も「名指しは聞いたことがない」と絶句するほど異例のことだった。

二人は、改定前の規則では、取締役会議長と招集権者を兼ねている「会長」たる和田が、会長解任に同意せず、異議を申し立てることを想定していたのだろう。あるいは、数日のうちに臨時取締役会を招集しかねないことを警戒していたのだ。

和田が会長解任に異議を申し立て、自らの会長職の存続を主張すれば、取締役会の招集をかけることも、またその臨時取締役会で議長を取ることも不可能ではなかった。これを完全に防ぐには、取締役会規則で議長と招集権者を役職とせず、名指しとしておくことが必要だったのだ。そうすることで、和田が臨時取締役会を招集するには、少なくとも阿部に招集を申し立てる必要が出てくるし、稲垣が取締役会の運営に裁量のある議長権限を使って、和田の逆襲を封じることも可能となる。実に用意周到にクーデターは練られていた。

結局、和田は辞任して、心配事は杞憂《きゆう》に終わる。しかし、阿部も稲垣もその後、名指しの規則を改定させることなく存続させた。私が確認した限り、クーデターから二年後の二〇二〇年四月時点で、規則は名指しのままだった。二人は、個人の手に強い権限を握り続けていたのだ。

一方で、阿部は会長に就任すると、取締役会などの透明化を掲げて、ガバナンス改革を実行する。もちろん、前の和田ＣＥＯ体制を「旧態依然としたもの」として印象付け、古き体制からの脱却をアピールするためだ。その一つに「代表取締役の七〇歳定年制」を導入する。

和田は七六歳まで代表取締役として君臨したが、阿部と稲垣はこの長期政権を批判し、人心を一新するために、権力を握れるのは七〇歳となる年までとした。稲垣はすでに七〇歳（一九五〇年六月二五日生まれ）を迎えているが、二〇二〇年四月の総会前はまだ六九歳だったため、代表取締役は二一年一月期までということになる。阿部も六九歳（一九五一年一〇月二七日生まれ）を迎えたため、代表取締役を務められるのは、二二年一月期までということになる。

だが、名指しの規則を考慮に入れれば、七〇歳定年制は欺瞞《ぎまん》だろう。二人は七〇歳で代表取締役の定年を迎えても、なおも権限を握ることが可能だからだ。

阿部が代表権を七〇歳で返上しても取締役である限り、彼は招集権者として取締役会に影響力を持つことができる。稲垣もまた、二一年一月期限りで代表取締役を退いても取締役である限り、議長権限を握り続けることが可能な建て付けとなっていた。彼ら二人は、その実、長期政権化が可能な権限を握り、その権勢を誇示していることになる。

前出の弁護士・久保利英明は、名指しの規則について、こう感想を持った。

「規約の議長と招集権者について、実力者二人が名指しで記載されていることは、その人物による恣《し》意的な運用を許してしまいかねない」

権勢を誇った和田を排除して起きたのは、疑心暗鬼に苛《さいな》まれる阿部と稲垣への権力集中だったのだ。

私は、この問題を毎日新聞出版の「週刊エコノミスト・オンライン」編集部と追及した。代表権を失っても、取締役会に影響力を及ぼす院政に繋《つな》がりかねないとして、積水ハウスに取締役会規則の現状について質《ただ》したところ、同社広報部はこう回答している。

「現取締役会規則は、新しいガバナンス体制の構築に向けて、改定されたものです。取締役会規則は、ガバナンス改革の進捗にあわせて、改定されるものであり、現規則をもって、院政につながるとの評価にはあたらないと考えます」（週刊エコノミスト・オンライン『変えられていた積水ハウス取締役会規則』二〇二〇年四月六日）

代表取締役の七〇歳定年制は、積水ハウスでは既視感のあるものだ。この制度を最初に導入したのは奥井功だった。

二九年近くも社長を務めた先代の田鍋健《たなべまさる》の後を継いだ奥井は、カリスマ亡き後、営業部門との内紛に悩まされたことは、先述した。求心力をいかに保つかが課題だった奥井は、田鍋時代に社長に集中していた決裁権限を統括本部などに委譲する。また、経営陣による「合議制」をもって事業方針を固める体制を築いた。合議制を印象付けるために、ワンマンの長期政権を見直す施策も取られる。それが「役員定年制」だった。奥井が社長に就任した二年目の一九九四年、日経産業新聞の記事に次の記述がある。

「決裁権限の分散は、役員定年制という形でも現れた。会長と社長が七十歳、専務や常務などの役付き役員が六十五歳などという内容だ。田鍋氏は八十歳まで代表権のある会長を務めたが、今後は特定の役員に権限を集中させず、サラリーマン経営者が合議して経営に当たることを宣言したわけだ」（一九九四年二月四日）

阿部と稲垣が敷いた代表取締役の七〇歳定年制は、一九九四年の奥井体制に倣ったものだろう。つまり、カリスマ亡き後、経営者が求心力を保つために必要な手法だったのだ。しかし、この体制は奥井体制よりも、権力集中を進めている。

阿部らは、和田が失脚した後、ＣＥＯ、ＣＯＯの制度を廃止し、合議制の名のもとに四名の代表取締役体制に移行させた。しかし、四人の合議体制でも隠然と支配しているのは、阿部と稲垣の二人に他ならなかった。実態は、人事権を掌握している阿部と、財務と本社機能を熟知する稲垣の二人による二頭体制である。それが、名指しの規則が示す本質だろう。

また、四人による合議制の矛盾を示すものが役員報酬である。代表取締役四人による合議制を謳《うた》いながら、執行責任を負っているはずの社長、仲井の報酬は阿部と稲垣よりも少ない。そして代表取締役四人の中で、圧倒的に役員報酬が高いのは、阿部である。

ここに一つの疑問が浮かぶ。ＣＥＯやＣＯＯ制度を廃止し、代表取締役四人の合議制による経営体制を築いたのであれば、ＣＥＯやＣＯＯに伴っていた責任は、四人に分散されているはずだ。しかも現状、少なくとも執行責任を負っているのは、その役職の性格から社長の仲井でなければならない。

決算や経営計画を策定し、マスコミやアナリストに説明を行い、執行を約束するのは仲井だからだ。阿部は会長だが、取締役会議長は稲垣である。少なくとも権限と責任の比重からして、阿部だけが三人よりも突出して高い報酬をもらっているのは、理屈に合わない。実際に有価証券報告書から四人の報酬を見てみよう。

二〇二〇年一月期の阿部の報酬は、基本報酬七二〇〇万円、ストックオプション二〇〇万円、譲渡制限付株式報酬一一〇〇万円、賞与一億二〇〇〇万円の計二億五〇〇〇万円である。稲垣は計一億五八〇〇万円であり、仲井は計一億五七〇〇万円。副社長の内田隆は計一億一四〇〇万円だった。

和田が退任した際の役員報酬は二億五〇〇〇万円だった。和田はCEOとして経営責任を負っていたが、その責任を負わない会長の阿部が、同じ報酬を得ていることになる。

私が知る限り、人事・報酬諮問委員会の委員から、このことを問題視する意見が出たはずだが、うやむやにされたようだ。

阿部は地面師事件のときはCOOであり、その責任を調査報告書で明確に指摘されたにもかかわらず、責任を負わなかった。クーデターを起こすと、今度はCEO・COO制度を廃止して、責任の所在を曖昧《あいまい》にした。報酬は権限と責任、そして成果などに比例するはずだが、阿部の報酬は、責任を軽減されているのに上がり続けていた。これを、責任なき権限集中と断じておきたい。

関西ヤメ検たちは隠蔽に加担した

調査対策委員会は、和田が失脚したことで、問題に直面する。公表が前提だった「調査報告書」は、新執行体制の下で「社内報告」とされ、阿部ら四人が「公表しない」と言い出したからだ。

しかし、これはガバナンス上、極めて問題だった。と言うのは、調査対策委員会の発足は、取締役会の承認を受けた二〇一七年九月七日にプレス・リリースされ、積水ハウスは「本件（筆者注・地面師事件）の発生に影響した内部要因等の原因を究明し、再発防止策等の協議・検証を行うこと」を内外に約束しているからだ。そのリリースには、委員となった社外監査役の篠原祥哲、小林《こばやし》敬《たかし》、社外取締役の三枝輝行《さえぐさてるゆき》、涌井《わくい》史郎《しろう》のメンバーも公表されている。社外役員である彼らは、経営を監視する責務を負っている。しかも、調査報告書には阿部が取引に関与した在り様を問題視して、「重い責任」が指摘された。阿部が「公表しない」と言うのは、恣意的な判断と捉えられる。これを見過ごしては、ガバナンスを担う社外役員のレピュテーション（評判）リスクに直結する。

和田が言う。

「特に調査対策委員会の委員長の篠原さんは、阿部の行いに『筋が通らん』と怒っていた。当たり前や。そこで調査対策委員会は、独自に調査報告書を公表することを検討していました」

だが、委員会による調査報告書の公表は実現しなかった。監査役の小林敬が「取締役会が公表しないというのに、その決定を飛び越して、公表するというのはいかがなものか」と反対したからだ。取締役会の判断で急遽《きゅうきょ》発足させた調査対策委員会の独立性については、社内で規定があるわけではない。一人でも足並みがそろわなければ、委員会として、公表を求めることは難しかったのだ。

私はなぜ小林一人だけが反対したかに興味を持った。調べてみれば、小林は検事正を最後に検察官を退任したヤメ検弁護士だった。

関西には、隠然としたヤメ検弁護士たちのサークルが存在している。彼らは検事を退官すると、企業の監査役などに就くことが多いが、その職の斡旋《あっせん》は、大物ヤメ検によって差配されてきた。企業不祥事は、彼らの手によって社内で密《ひそ》やかに処理されることもある。その一端が露わになったのが、関西電力のトップ経営陣にまで及んだ「金品受領問題」だった。

関西電力高浜《たかはま》原子力発電所が立地する福井県高浜町の元助役、森山栄治《もりやまえいじ》（故人・二〇一九年三月死亡）から、会長の八木誠《やぎまこと》や社長の岩根茂樹《いわねしげき》ら七五名に対して、総額三億六〇〇〇万円の金品が渡された。森山は原発マネーを背景として関西電力からも仕事の発注を受け、それを差配していたことから、金品受領は、会社法の特別背任罪、収賄罪も視野に入る汚職事件だった。公益性を強く帯びた電力会社には、あるまじき事件だが、会見に立った八木や岩根らは「返すつもりだった」「返還を申し出ると怒られるので怖かった」「だから預かっていた」と、子どもじみた言い訳を繰り返した。

批判を受けて八木と岩根は辞任したが、マスコミがかぎつけるまで、関西電力はこの事実を一切、公表してこなかった。それは、社内で立ち上げられた調査委員会が、違法性に言及しなかったからだ。

問題発覚の発端は、二〇一八年一月から始まった金沢《かなざわ》国税局の税務調査だ。高浜町の建設会社の調査に着手した国税局は、関西電力への資金の流れを把握する。これに慌てた関西電力は、金品を返還し、社内で調査委員会を発足させる。委員は三人の弁護士と、副社長、そして二人の常務執行役員で構成された。この委員長に指名されたのが、小林敬だった。
調査委員会は、同年九月一一日に調査報告書を提出するが、中身は責任の所在が曖昧なものだった。内容を一部引用してみよう。

「外形上、森山氏等から、対応者に対して、多額の現金・商品券、高額の金貨・スーツ仕立券付生地等を渡されており、その内容（金額・回数等）は、明らかに良識ないし社会的儀礼の範囲を超えている」

「一方で、対応者は、基本的には、森山氏から渡された金品は預ったものであり返却する、という認識であったが、前述のとおり、森山氏に返却の申し出を行うと激怒されるのが常であり、森山氏との関係を悪化させると原子力事業運営に悪影響を与えるという懸念がある中で直ちに返却を押し通すことは困難であった」

そして、金品を受け取った者の責任の追及を脇に置いて、こう結論付ける。

「会社あるいは組織として対応をするという決断を、会社がなし得なかったと言わざるを得ず、その点は非難されなければならない」

特別背任にも問われかねず、公益事業への信頼を著しく損ないかねない問題は、調査委員会によって矮小化《わいしょう》された。しかも、委員長の小林は、「所感」までつけて、経営陣を擁護している。「不本意な形ではあっても誠実な対応を続けた挙げ句、税務当局との関係でも多額の出捐《しゅつえん》を余儀なくされた担当者らの境遇には、むしろ同情さえ禁じ得ない」と、個人の金品受領への対応を正当化したうえで、「結局、本件の本質は、個人の問題ではなく事なかれ主義というべき会社の体質の問題にほかならず、この改善と対策が焦眉であることが銘記されるべきである」と結んだ。

調査報告書が公開されると、小林に対して非難の声が上がった。朝日新聞の報道によれば、関西電力のある監査役は「元検事が違法性なしと判断した点を考慮して、監査役会として行動はしなかった」（二〇一九年一〇月六日朝刊）と証言している。

また、報告書は取締役会に報告されることはなく、経営をチェックする社外取締役の目にも触れることはなかった。後の関西電力の調査では、八木や岩根は、報告書の内容を見て、取締役会への報告や対外公表をしないと判断したことが分かっている。小林の「所感」も判断に大きな影響を与えたことだろう。

報告書が公開されたのは、報道で問題が発覚した後のことだ。それまでは、会長の八木も社長の岩根も、問題の大きさを認識することなく、関西電力は多大な損失を被ることになった。

小林を関西電力の調査委員長に就けたのは、当時、同社で監査役を務めていた土肥《どひ》孝治《たかはる》とみられている。土肥は一九九六年に検事総長を務めた大物である。退官後は、コマツや阪急電鉄（現阪急阪神ホールディングス）、関西電力の監査役を務めてきた。積水ハウスでも二〇〇二年四月から一七年四月まで、監査役を務めている。関西電力も積水ハウスも、土肥が任期を終えると、後任監査役にはヤメ検弁護士が就いた。前者は元大阪高検検事長の佐々木茂夫《ささきしげお》であり、後者は小林敬だった。積水ハウスのある役員は「小林さんは、土肥さんの紹介で監査役に就いた」と証言している。

土肥の監査役ぶりは、積水ハウスでも評判が実に悪かった。役員ＯＢの一人は、私にこう証言した。

「私は社内の不正を土肥さんに訴えたことがあります。土肥さんが『分かった』と言うから、調査をするんやろうと思っていたら、告発した私のことを和田会長に報告しただけだった。『うるさいのがおるから、気を付けろ』とね。彼は結局、不祥事を見抜いたり、不祥事の芽を摘むための監査をしているのではなく、不祥事を訴える人物を抑え込んで、問題を表に出さないようにしているだけだった。元検事総長の看板を使って、告発する者や、不祥事を訴えるマスコミ、対外的な不祥事追及から、経営者を守る。まるで、番犬のようでした」

小林が関西電力の調査委員長として作成した調査報告書は、監査役会に報告されたが、その後取締役会には報告されなかった。その理由が、問題が公になった後に関西電力が設置した第三者委員会の「調査報告書」に示されている。

監査役たちはこう証言した。

法曹資格を有する社外監査役である土肥孝治氏にも監査役としては取締役会へ報告しなくてよい旨を確認した又は確認したと常任監査役の八嶋氏（筆者注・八嶋康博元副社長。後に善管注意義務違反で関西電力から一億七〇〇〇万円の損害賠償を請求された）を通じて聞いた……（以下

略）

また、土肥は「八嶋氏からコンプライアンス上問題であるけれども違法ではない以上取締役会へ報告しなくてよいかと提案の形で聞かれたことに対し、それはまずは会長、社長といった執行部が検討し判断すべきことという趣旨で賛同した」と主張している。土肥に金品受領の問題の悪質さを重視し、コンプライアンスを正そうという意識があったとは言い難い。

小林が調査委員長に選ばれたのも、不祥事の事実関係を明らかにして襟を正すことよりも、経営者の立場に影響を与えずに、落としどころを探してくれるからではないか。彼にはそう見られても仕方のない過去があった。

小林が大阪地検検事正となった二〇一〇年、大阪地検は「証拠改ざん事件」に揺れた。厚生労働省局長だった村木厚子《むらきあつこ》が無罪を勝ち取った、あの事件だ。大阪地検特捜部により、証拠のフロッピーディスクが捜査のストーリーに見合うように改ざんされるという、捜査の信用を根底から覆す前代未聞の不祥事だった。証拠改ざんに加わった主任検事や、大阪地検特捜部長だった大坪弘道《おおつぼひろみち》、同副部長の佐賀元明《さがもとあき》が逮捕される中、二人の上司として改ざんの報告を受けていたのが小林だった。これにより、小林は懲戒処分を受け、辞職に追い込まれる。

冤罪《えんざい》を生みかねない極めて悪質な改ざんにもかかわらず、小林は意図的ではなく、過失による「データ改変」としか報告されなかったからと、上級庁に報告しなかったという。しかし、意図的であろうがなかろうが、証拠が改変されてしまうことは、罪に問われた人の一生を左右する極めて重大な問題だ。

二〇一三年九月二五日に大阪高裁で言い渡された、大坪、佐賀の両被告の控訴審判決は、小林の行動にも言及している。両被告の代理人を務めた弁護士の郷原信郎《ごうはらのぶお》が言う。

「判決は、『重大事件における最重要の証拠であるデータに手を加えたという重大な不祥事との認識を持って、被告人両名に対し、真相の解明を急ぐなど迅速な対応を指示するとともに、上級庁にも直ちに報告すべきであった』と、大阪地検の最高幹部としての小林氏の責任を厳しく指摘しています」

ところが、誰の目にも明らかな重要報告に、小林が無反応を貫き、上級庁にも報告しなかったことは、検察組織に幸いした。事件の主だった責任追及は、大阪地検内部に留《とど》められたからだ。小林の無反応は、大阪高検、最高検へと責任が波及することを防ぐ役割を果たし、これが検察組織の中では小林の功績となったと見る向きもある。

大坪や佐賀が懲戒免職となる中、免職を免れた小林は、辞職して弁護士登録する。彼を迎え入れたのが、大物検察ＯＢの土肥だった。小林のその後の経歴には、土肥の存在がはっきりと見て取れる。

二〇一三年には、阪急阪神ホテルズの「食材偽装問題」を受けて同社の第三者委員会の委員長を務めた。また一七年には積水ハウスの監査役に就任。さらに、関西電力でもコンプライアンス委員会のメンバーに就いた。いずれも土肥が監査役を務めた企業だ。関西電力から見れば、土肥と通じる小林が、経営陣に忖度《そんたく》する報告書をあげてくることは、十分に期待できることだっただろう。

だが、世論は甘くはなかった。問題が公となり、痛烈なバッシングを浴びた関西電力は、第三者委員会を発足させ、新たに調査報告書が作成された。八木や岩根らは、責任を明確に指摘される。さらに、経営陣の善管注意義務違反を主張する株主からの提訴請求を受けて、利害関係のない弁護士による取締役責任調査委員会が立ち上がった。彼らは八木や岩根らに「善管注意義務違反があ る」と判断し、著しく失墜した信用を回復させるために生じた広告等の費用や、調査費用などの損害を与えたとする調査報告書を提出した。関西電力は、八木ら旧経営陣に対して、一九億三六〇〇万円の損害賠償訴訟の提訴に踏み切る。

手ぬるい調査報告書を主導し、ましてや経営陣を擁護する「所感」までつけた小林は、法曹人としていま何を思うのか。

積水ハウスに話を戻そう。実は、小林が地面師事件の調査報告書を一部、骨抜きにしたことも分かっている。第四章で指摘したように、調査報告書には「原案」があり、そこには阿部の「重い責任」について、具体的に五つの根拠が示されていた。しかし、小林は「ここまで踏み込むべきではない」と、ここでも調査対策委員会のメンバーの中でただ一人反対した。最後まで折り合わず、結果、原案に示されていた五つの根拠は削除された。

私は調査対策委員会のメンバーも含む、複数の関係者からこの事実を確認し、小林に見解を求めた。小林は所属する法律事務所の職員を通じて、「守秘義務があるので回答できません」と伝えてきた。

関西電力といい、積水ハウスといい、隠蔽体質が極めて深刻なのは、経営者と彼らに迎合するヤメ検たちの共存関係が背景にあるからではないか。小林は、今も積水ハウスの社外監査役を務めている。

未熟な株主代表訴訟制度

関西電力の株主が、善管注意義務違反があったとして、旧経営陣への提訴を求めたように、積水ハウスでも一人の株主から提訴請求があった。

和田が失脚して間もない二〇一八年三月五日に提訴請求を受け取った同社は、翌日、適時開示でこう報告している。

分譲マンション用地取引での巨額詐欺事件が発生したことの結果として、当社が被った55億5，900万円の損害について、代表取締役 阿部俊則に業務執行上の判断の誤り及び他の取締役・使用人に対する監督監視を怠ったという、任務懈怠《けたい》があり、善管注意義務・忠実義務違反があるとして、同額の損害賠償並びに遅延損害金の支払いを求める責任追及等の訴えを提起することが請求されております。

この株主からの請求を、監査役会で検討し、積水ハウスは提訴しないと決定する。株主は六月二六日、善管注意義務違反による損害賠償を求めて、株主代表訴訟に踏み切った。この提訴請求は稲垣、仲井、内田にも及んだ。結果、地面師事件の稟議《りんぎ》書に承認の判を突いた四人全員が提訴された。

裁判はいまも係争中だが、原告の株主は、二〇一九年七月、一つの成果を勝ち得ている。それは調査報告書を裁判所に提出させ、株主や一般人による閲覧を可能としたことだ。

一方で、被告の阿部や積水ハウスは、頑なに提出を拒否する姿勢を貫き、抵抗した。

株主代表訴訟の代理人を務める松岡直樹《まつおかなおき》は、コーポレート・ガバナンスに造詣《ぞうけい》の深い弁護士だ。彼もまた、調査報告書を積水ハウスが公表しないことに強い疑問を持っていた。

「調査報告書は、株主をはじめ一般には公開されるべきものです。なぜなら、積水ハウスの取締役会は、調査対策委員会を発足させて調査をさせたうえで、調査報告書の提出を求めていたのです。その目的は、調査によって事実を明らかとし、事実認定に基づいて、阿部氏ら取引に関与した取締役たちの責任の有無を検証し、責任を追及するためです。その内容は株主に公表されないとおかしい」

「私の取材に和田さんも公表が前提だったと言っていました。株主代表訴訟でも、大阪地裁は彼が公表を前提としていたことを認定しています」

「はい。取締役は、株主の選任によって、会社の運営を委託されている。調査対策委員会は、取締役会によって承認され、調査を委託されています。取締役会に提出された調査報告書が、内部文書であるはずがありません。最近の会社不祥事では、第三者委員会によって調査された結果は、広く公表されています。調査報告書は、少なくとも株主には公表されるべきものだと思います」

前出・日本取引所グループ取締役で弁護士の久保利はこう指摘している。

「積水ハウスは、地面師事件発覚後の二〇一七年九月七日付で『分譲マンション用地の取引事故に関する調査対策委員会の設置について』というプレス・リリースを出して、『本件の発生に影響した内部要因等の原因を究明し、再発防止策等の協議・検証を行うこと』を約束しています。刑事事件として社会の注目を集めた事案でもあり、何があったのかを検証し、公にするのは上場会社の義務。それもせずに『社内の調査だから』『内部文書だから』と言って公にしないような姿勢では、信用や企業価値を失う結果となりかねません」

原告の株主は、二〇一八年一二月に「文書提出命令申立書」を大阪地裁に提出した。訴訟の争点である善管注意義務の有無を判断するために、調査報告書は必要な書類であり、民事訴訟法の二二〇条の規定により、少なくとも裁判所に対しては、提出義務があるとの主張だ。ところが、積水ハウスは、民事訴訟法二二〇条四項の除外規定を持ち出して抵抗する。同社は「プライバシーが侵害される恐れ」を主張し、報告書を「自己利用文書」と訴えた。

結局、大阪地裁は原告の申し立てを認め、翌年の四月に文書提出命令を下す。なおも抵抗する積水ハウスは即時抗告し、判断は大阪高裁に委《ゆだ》ねられたが、抗告は一一月に棄却された。大阪高裁は「本件調査報告書が、外部の者に開示することがおよそ予定されていなかった文書であると断定することは困難である」「これが開示されれば個人のプライバシーが侵害されるとか、関係者個人の自由な意思形成や抗告人（筆者注・積水ハウス）の団体としての自由な意思形成が阻害されるといった不利益が生ずる恐れがあるとは認められない」と、積水ハウスの主張を全面的に退けたのだ。ようやく調査報告書は、大阪地裁に提出された。

この判例は、画期的なものとして、企業法務の判例集『金融・商事判例』に「重要判例」として紹介され、法曹界でも話題となった。

企業法務やコンプライアンスに詳しい弁護士の山口利昭《やまぐちとしあき》も、自身のブログでこの判例に触れ、企業法務やコンプライアンス関係者に次のように呼びかけている。


「社内調査報告書といっても、まったくステイクホルダーへの説明のためには使わない、といった状況は考えにくいように思います」


文書提出命令をめぐる被告・阿部の対応は、真相究明を求める株主の権利をないがしろにしてまで、保身を図る行いに見えてしまう。

一方で、株主代表訴訟を代理人として取り組んでいる松岡は、日本の代表訴訟制度は、未熟だと感じていた。

今回のように、被告の経営陣と会社側が一体である場合は、書証も人証もすべて会社側の手元にあり、原告の株主が入手するには、その証拠が存在することを確認したうえで、裁判所に文書提出命令を申し立てる必要がある。現に存在することが概《おお》ね判明している証拠についても、積水ハウスのように開示を拒んでいれば、裁判が異様に長引いてしまうことになるからだ。松岡が言う。

「アメリカの代表訴訟では、ディスカバリという制度があります。原告側の代理人は、相手が手元に持っている訴訟に関連するメールや書類の証拠、また、人証をするために相手方の関係証人に尋問することもできる。もちろん証拠を隠したりした場合は、強烈なペナルティが設けられています。株主代表訴訟の訴訟類型を設けている以上、日本もアメリカのディスカバリのような制度を検討するべきだと思います」

絶対権力者の誕生

阿部・稲垣体制が、財務部門から社長となった奥井体制に倣って改革を進めていることは、すでに書いた。奥井は、会長と社長の七〇歳定年制を導入し、統括本部などに決裁の権限を委譲したが、阿部・稲垣体制も代表取締役の七〇歳定年制を導入した。ただし、奥井体制と異なるのは、権限をむしろ本社に集中させたことだ。阿部は、四人の代表取締役の合議体制を謳うが、結果、「四人組」という言葉が社内に浸透した。もちろん、「四人には逆らえない」という意味が含まれている。

「和田体制と阿部体制の大きな違いは、現場の裁量が無くなったことです」

国内営業部門と国際部門をそれぞれ担った幹部は、こう口をそろえる。

この二つの部門には、特に和田を慕う幹部が多いだけに、反発が大きかった。

現職支店長は、私にこんな証言をしてくれた。

「クーデター後、組織改編が行われました。支店には支店長、次長、総務長のトップ三役があり、彼ら以下、部下たちの評価は支店長が担っていた。ところがこのうち、総務長は支店長の直属の部下ではなくなった。任務は何かというと、支店の監視です。

彼らは支店であったことを、本社や営業本部に報告し、支店長を減点方式で審査している。本社の意向に沿わないことがあれば、それはすぐに報告される。これで総務長は、『よくやった』と評価が上がり、支店長は減点されるわけです。総務長の机は支店長席の目の前にあり、いつも私の電話の会話に、耳をそばだてている」

「なぜ、そのようなことをするんですか」

「おそらく、地面師事件のようなことを絶対に繰り返させないということなのでしょう。阿部さんは、インテグリティを現場に求めているが、その浸透を図るために、監視役を置いたということ。しかし、これでは支店長は、本社の意向を違《たが》えただけで、減点される。もう何もしないほうがいいという雰囲気になっています。一度、総務長が反対した取引が、取りやめになったことがあります。八割方決まっていた案件だったのですが、支店長の判断ではなく、総務長の反対で、ダメになったのです」

阿部ら経営陣は、ガバナンス改革の目玉の一つとして「支店長のインテグリティの向上」を掲げているが、その方法は支店長を監視することだった。確かに不正は防げるかもしれない。けれども、疑心暗鬼を広げることで、経営陣に服従を強いているように見える。

「まるでナチス・ドイツのゲシュタポ（秘密警察）です。社用の携帯電話も監視されていると誰もが思っているので、支店長たちは、みんな私用の携帯電話でやり取りしています。かつては、私と次長、総務長は、頻繁に食事をして、情報交換する仲だった。しかし、いまでは私は次長としか食事をしません。次長から『あの件は気を付けてください。総務長が見ていますよ』と忠告を受ける。

今や次長との話のほとんどは、総務長が何を考えているか、ということになりました」

営業部門で実績を残し続けた元常務執行役員の藤原元彦によれば、不動産の購入について本部長に任せられていた裁量が著しく減ったという。

「和田さんの時代には、数千万円から数億円程度の分譲用地の購入は、本部長にかなりの裁量がありました。ところが、阿部体制になってからは、これがかなり制限された。優良な物件を買おうにも、本社の不動産部が以前よりも厳しく審査する。その了解が出るまでは、取引相手に購入を打診できなくなった。競合の多い取引においては、劣勢を強いられることになるわけです。こうなると、やがて営業マンたちには、優良な取引情報が入ってこなくなります」

「それは地面師事件が影響しているのですか」

「おそらくそうでしょう。また事業部内の人事権は本部長が持っていますが、ここにも本社が口を挟むようになった。現場から見れば、各個人の能力や、家庭などの個別事情が配慮されず、不本意な異動が常態化してしまった。支店長クラスでも、私が優秀だと思う人から退職しているのはそのためです」

「戸建事業の売上は、二〇一三年に約五一七七億円をあげたのがピーク。それから下降傾向で、一九年は三九〇九億円にとどまっています。社長時代から国内事業を担当してきた阿部さんは、これをどう考えているのでしょう」

「阿部さんはこれまで『粗利をあげろ』と言い続けた。確かに粗利をあげることで利益は保たれます。しかし、その反面、受注量が減り、工務店など協力企業の『積水ハウス会』の皆さんの仕事や収入が減ってしまいました。かつて田鍋社長時代に『運命共同体』として固い結束を誇ったハウス会でしたが、関係が年を追うごとに悪化している」

「全体的に家を買える人が少なくなって、戸建の需要が減っていることもあるのではないですか」

「確かにそういう一面はあるでしょう。ただし、一条工務店はシェアを伸ばし、オープンハウスや飯田産業、地方の住宅メーカーが力をつけ、彼らの売上は上がっています。全体のパイが減る中、シェアを奪われているのですから、ハウス会には経営トップが『ビジョン』や『戦略』を説明する必要がある。ところが阿部会長も仲井社長も、それがうまくできないのです。ハウス会の皆さんは、我々に新機軸を求めていたのですが、そのアイデアがないことに失望していました」

「そのひずみは、どのように表れたのですか」

「優秀な職人を持つ工務店から先に、他社の仕事に流れていきました。職人さんは一度離れたら、もう戻ってきません。こうなると営業マンは、発注できる工務店が減り、仕事の回転が悪化します。それでも踏ん張って調整しているのですが、現場レベルでもハウス会との関係を保つことが難しくなっている。さらに、営業の窓口だったＴＫＣ全国会との関係も薄れています。大和ハウスが、これ幸いとＴＫＣへの営業を強化している。戸建に限らず、国内営業は、足腰が弱っているのです」

阿部が負うべき地面師事件の責任を放棄したうえ、そのツケが本部長の裁量の減少という形で押し付けられたと現場は解釈していた。不動産部長や法務部長、マンション事業本部長だけが責任を負って会社を去ったこともまた、現場の心証を悪くした。いつか自分もトカゲのしっぽのように切り捨てられてしまうのではないか。こんな印象を持つと、何もしないほうが無難だということになる。

「多くの社員のチャレンジ精神は、封印されてしまった」と藤原は言う。

「株主代表訴訟の資料を読むと、阿部さんは三人の部下に責任を全面的に押し付けて、自分に善管注意義務の違反はないと堂々と主張している。どんな事情や法的な根拠があるのかは、分かりませんが、公の場でこんな主張をしている人が会社のトップにいる。冗談にもほどがあると思いませんか。ここに阿部・稲垣体制の重大な欠陥があると思います」

第四章で説明した通り、稲垣は財務体質の改善という課題に重きを置いていた。投資資産の組み換えを実行する稲垣の方針を批判する向きはないが、現場の事情を理解せずに強引に方針転換したことで、疲弊した幹部や社員がいた。その一人が、和田の失脚後に国際部門を任された、元取締役専務執行役員の勝呂《すぐろ》文康《ふみやす》だ。

「稲垣さんは、資本投下した海外資産が多すぎるので、これを売却して利益を出し、海外資産を相対的に減らしていこうと考えていました。この方針には反対ではありませんが、問題は投資が完全にストップしてしまったことです。本来は資産を売却し益出しをしながらも、先行投資をしていかないと、数年後の利益を出せなくなってしまう。ところが現体制が発足してから二年間、まともな投資がほとんどありませんでした。三年から五年後がどうなるのかと心配です。

投資のブランクを開けてしまうと、やはりいい物件の情報が集まりにくくなってしまう。アメリカでも、今後、優良物件に投資できるようになるまで、時間がかかるのではないか……」

大きな方針転換のため、国際事業でも現地社長の裁量が大きく減らされたという。ノースアメリカ積水ハウスでCEOを務めた山田浩司が言う。

「体制が変わって、急激にマイクロマネジメントになりました。つまり、細かい報告を求められて、意思決定は本社でやるという形です。『誰にどう話して、こう進めろ』という指令が下りてくるわけですが、現場としてはアメリカの現地事情もあるので、齟齬《そご》がたくさん生まれてやりにくい。こちらの裁量でやらせてほしいと頼んでも、認められませんでした」

代表権を持つ四人は、国際事業に収益性を求めるだけで、現地のパートナーや子会社の人間関係など、営業の力学に理解を示すことはなかったという。四人は国際事業の経験が乏しいだけに、現場にストレスだけを募らせる結果となった。裁量が与えられないまま、数字を求められる苦しみを味わってきた勝呂と山田は、現体制の一年目に、四人から痛烈な批判を浴びることになる。物件が予定通りに売却できなかったのだ。背景には、二〇一八年の夏に本格化した米中貿易戦争があった。

七月に、アメリカが中国から輸入されている八一八品目に二五％の追加関税を課すと発表すると、中国も対抗措置に踏み切った。中国からのアメリカ投資が減少するという予想から、好調に推移してきたアメリカの不動産マーケットは、変調した。

ノースアメリカ積水ハウスは、賃貸アパートを開発・売却するビジネスを展開し、二〇一八年には取引で四〇〇億円規模の売却益が出る見通しだった。ところが、米中貿易戦争の影響で中国マネーがストップし、キャンセルが出てしまう。急遽、別の売却先を探ったが、アメリカの投資家もリスク許容度が下がっており、交渉は軒並み不調に終わった。

このため、国際事業は四〇〇億円の穴が開いた。説明のために帰国した山田は、本社で四人に激しく詰め寄られた。阿部や稲垣のあまりの剣幕に、驚いたという。

「マーケットの事情で、たまたま二〇一八年が貿易戦争の影響を受けただけ。落ち着けば、必ず売却できるし、利益を出せる物件でした。アメリカのパートナーとも来期に持ち越そうということで折り合っていた。市況は我々にはどうにもできませんので、代表の四人にも分かってもらえると思っていました。でも、私の考えは甘かったようです」

こう言うと、山田は下を向いた。この時、山田は四人に人間性を否定されるような言葉を浴びせられたという。二〇一九年一月、本社で四人に対して行った説明は、実に一時間半も費やされた。その間、山田は、阿部や稲垣に執拗《しつよう》に「なぜ売却先を用意できないのだ」「市況の悪化を予想できないとは、怠慢だ」と責められたという。勝呂が言う。

「悪化した市況の中で無理に売れば、買いたたかれる。だから期ずれ（売却を来期に持ち越すこと）させるという山田くんの判断は、間違いではないし、仕方がない。しかし、阿部さんたちはそれを許さなかった」

理由は、新体制の初年度の決算だったからだ。クーデターを起こしてまで発足した阿部体制が一年目から大幅な減収減益となることは、体裁が極めて悪い。その焦りが怒りとなって、山田に向けられた。

当てにしていた利益が上がらず、阿部と稲垣は、辻褄《つじつま》合わせの悪手に踏み切る。

二〇一九年一月期の決算は、国際事業の営業利益が四五％減。期ずれの影響がのしかかった形だが、実は国際事業だけでなく、戸建、賃貸、分譲、マンションの主要四事業が軒並み二桁《けた》の営業減益に見舞われていた。にもかかわらず、全体の売上高は前期比から微増。同じく営業利益は、三・二%減に留まっている。

業績を押し上げたのは、営業利益が前期比一三七%の伸びを示した都市開発事業だ。これは、優良不動産の売却益だった。

二〇一八年一二月二一日、積水ハウスは、総理官邸に隣接する「国際赤坂ビル」の持ち分の半分を、日本生命に売却した。購入した日本生命によれば、「価格は四〇〇億円超」だったという。

二〇一九年一月三一日には、高級ホテル、リッツカールトン京都の信託受託権の四〇%を、積水ハウス・リート投資法人に一七八億円で売却した。一九年一月期の期初の予定では、都市開発事業の利益予想は一八〇億円だったことから見ても、二件の売却は、決算の数字合わせの性格があった。

勝呂が言う。

「阿部さんも稲垣さんも、株主還元のための自社株買いを熱心に進めるが、現場の先行投資への思いや、将来の事業性を考えた投資に理解を示さなかった。結果、社内に血が通わなくなったと思います」

現在、国際赤坂ビルは建て替えが行われている。優良物件を慌てて売ったことで、「足元を見られたのでは」「将来の収益を先食いした」という認識が、社内でも広がった。

山田は「体裁を整えたい気持ちは分からないでもない」と、経営陣をおもんぱかった。ただ、遠くを見ながら独り言《ど》ちた。

「現場の意見をもう少し、聞いてほしかった」

二〇一九年九月、山田はノースアメリカ積水ハウスＣＥＯの職を辞した。

「一言くらいあってもええと思わんか」

二〇一九年一月期の決算の売上は微増だったが、九期ぶりの減益となった。積水ハウスでは、三月に決算賞与が支給される。特に、主要事業の大幅減益を受けたことが影響し、決算賞与は一律二割減だったという。経営陣は減益への厳しい姿勢を社員に示した形だが、後日、有価証券報告書が発表されると、社内の不信感は一層、高まった。理由は、阿部の賞与が上がっていたからだ。

有価証券報告書によれば、阿部の賞与は、二〇一八年一月期は一億五〇〇〇万円だったが、この年、一億一〇〇〇万円にアップしている。これにより、阿部は一億八六〇〇万円の役員報酬を得た。

稲垣、仲井、内田については、前年に役員報酬が一億円を超えていないため、非公表であり、増減を計ることはできないが、二〇一九年一月期に全員が報酬額一億円を超えている。

藤原は、役員賞与が株主総会で可決された数日後に積水ハウスを去った。退社後、私の取材に応じた藤原は、悔しさをにじませていた。

「私は四三歳で営業本部長にさせてもらいました。和田さんの営業スタイルが好きで、人にたくさん会って、生身の付き合いをしてね。だから家もたくさん売れて、実績を上げることができた。でも和田さんが失脚すると、神奈川営業本部長から、積和ハウジング事業部長に異動になって、本社の勤務になった。本社に呼ばれたのは、私が和田さんの子飼いだったからでしょう。地面師事件以降、私は阿部さんの監視対象になっていた。話したことが、阿部さんに伝わっていたことは一度や二度ではありませんからね。こんな本社の空気にどうしてもなじめませんでした」

「藤原さんが会社を辞めたのは、地面師事件とクーデターが大きかったのですか」

「現実的な理由もありました。神奈川を離れて大阪で勤務することになったので、親の介護に支障が出た。でも、大阪に呼ばれたのが私を監視するためだったら、地面師事件やクーデターの影響があったと言えるでしょうね。実際、クーデターで地面師事件のことは誰も口にできなくなりました。現場で、私の部下たちは家を一棟売るのに必死の思いでやっています。被害額の五五億円の利益を上げるには、四〇〇棟は売らないとならない。積水ハウスは二兆円企業ですから、本社で電卓を叩《たた》いている稲垣さんから見れば、五五億円は大した金額ではないでしょう。でも営業マンから見れば、シビアに感じる数字なんですよ。

地面師事件で、現場は辛《つら》い思いもたくさんしたんです。追加工事が出たお客さんに見積もりを出すと『ちょっと高いわね、地面師で損をしたから、ウチで穴埋めしようとしてるんじゃないの』と言われたこともあった。実際、風評被害で戸建の売上はかなり落ち込んだ。地面師事件の損失は詐取された五五億円だけじゃないんです。それでも阿部さんは『騙《だま》されました』で、説明は終わり。社内には何のアナウンスもありません。やがてクーデターを起こしたが、その説明もなし。あげくに『インテグリティ』です。どこに正義があるのでしょうか」

不動産業界は狭い世界だ。転職しても、かつての古巣が顧客になることはよくある。だから、OBでも取材は簡単ではないのだが、それでも藤原は私に赤裸々に思いを話してくれた。よほどのことだったのだろう。

「私は辞めるとき社長の仲井に挨拶《あいさつ》に行きました。仲井は私の三つ下で、かつて部下でしたからね。『辞める』と伝えると、仲井はこう言いました。『藤原さん、もう何年か待てば、阿部さんも稲垣さんもいなくなるじゃないか。もう少しじゃないか。その時、私に力を貸してください。いまは我慢してもらえないか』と。でも阿部さんたちがやったことは、我慢のレベルを超えていた」

取材の途中、藤原に電話がかかってきた。積水ハウスの元部下は、退社した藤原にまだアドバイスを求め、若手の育成に協力を仰いでいた。電話の主は「若手に一言声をかけてほしい」と頼んでいるらしかった。藤原は「おお、お前か。頑張ってるらしいな」と声をかけ、嬉《うれ》しそうにアドバイスしていた。かつての部下たちとしばらく、和やかに話をしていた藤原だが、電話を切ると目を怒らせて、私にこう言った。

「すべては阿部さんのウソと隠蔽から始まっています。ウソが疑心暗鬼を生み、隠蔽が恐怖を生んだ。阿部さんはそれを分かっていて、徹底して全国の営業部門と国際事業をコントロール下に置いた。本部長の裁量をなくし、営業マンの人事まで口を出す。経営批判を絶対に許さない体制が敷かれたのです」

阿部や稲垣は、ＣＥＯとして権勢を誇った和田を「独断専行」と批判して、クーデターを起こした。しかし、和田を追い出して出来上がったのは、より強権的な経営体制だったのだ。何と皮肉なことだろう。

常務執行役員の突然の退社は、社内に動揺を広げた。地面師事件とクーデターが引き起こした亀《き》裂《れつ》は、確実に大きくなっていた。

クーデターから一年あまりが経った二〇一九年二月、和田は前年の秋の叙勲で旭日《きょくじつ》重光章を受章した、元住友林業社長の矢野龍《やのりゅう》の祝賀会に招待されていた。和田はこの時、相談役に就いていたはずだが、名刺も持たされていない。それでも、旧交のある国交省の幹部や大和ハウス社長の芳井敬一《よしいけいいち》も、親しく話しかけてきた。

祝賀会には阿部も招待されていた。ところが、彼は、和田とは目も合わせようとはしない。和田はさみしそうにこう言った。

「一言くらいあってもええと思わんか」

和田は、失脚後の二〇一八年二月の全国営業会議で、社員らに辞任を報告し「皆さん、頑張ってください」と挨拶している。この時も阿部は和田と言葉を交わしていない。

業界団体の住宅生産団体連合会の会長を務めていた和田が、退任の挨拶をしに出向いた際も、阿部はその場にいた。だが、一切、声をかけてこなかったという。また、「相談役の任期は一年」と説明しに来たのは、稲垣と仲井、そして内田の三人だった。

「いろんな公益団体の理事をやっとったんですが、阿部は『和田を辞めさせろ』と団体に電話するんです。なんで、ワシに直接、言ってこんのや」

和田は、二〇一八年四月の株主総会に取締役相談役として出席し、そこで取締役を退任したが、以後、国際事業についても、渉外活動についても、相談は一度もなかった。

「ワシの解任に反対した伊久《いく》くんも、その年に取締役を不本意な形で退任させられた。また人事・

報酬諮問委員会で阿部の解任に賛成した常任監査役の和田純夫くんは、任期がまだ残っているのに、辞任させられた」

和田は「報復人事があった」と証言し、怒りを隠さなかった。

徹底した排除は、むしろ和田の気持ちを積水ハウスに留め置かせることになる。

第六章

結集

公器としての会社を問う

驚愕したアメリカ

地面師事件の責任を指摘された阿部俊則が、徹底調査を進めてきた和田勇をクーデターで失脚させたことに重大な懸念を示したのは、日本よりもアメリカの株主だった。

アメリカ合衆国の古都、フィラデルフィアの新聞に、日本の民間企業の内紛が報じられたのは、クーデターから二ヵ月あまりが経った二〇一八年三月三〇日のこと。老舗《しにせ》の地元紙、フィラデルフィア・インクワイアラー（The Philadelphia Inquirer）が、地面師事件とクーデターについて報道した。

同紙は、一八二九年に創刊され、過去に何度もピューリッツァー賞を受賞している、アメリカのジャーナリズムを体現してきた日刊紙である。しかし、なぜフィラデルフィアで積水ハウスのクーデターの記事が掲載されたのか。記事の内容から執筆者のジョセフ・ディステファーノに情報を提供したのは、日系アメリカ人の米国弁護士、ウイリアム・ウチモトだったことがうかがえる。弁護士の齊藤誠《さいとうまこと》を介して、和田からクーデターの詳細を聞き取ったウチモトは、「アメリカではあり得ない」と愕然《がくぜん》としたという。

齊藤誠は、日弁連で「企業等不祥事における第三者委員会ガイドライン」の策定にあたった経験があり、ウチモトも米証券取引委員会（SEC）のスタッフ弁護士や、フィラデルフィア証券取引所の法務責任者を歴任していた。日米のコーポレート・ガバナンスの専門家が、クーデターに違和感を抱いたのだ。

ウチモトは、クーデターについて次のようにコメントしている（以下、引用は筆者による訳）。

「積水ハウスがナスダックやニューヨーク証券取引所に上場していたら、何が起こったかを考えると興味深いものがある」（『Will Philly lawyer Uchimoto's case boost U.S.-style corporate governance in Japan?』二〇一八年三月三〇日付）

さらに、「調査報告書は、SECによって直ちに『フォーム8－K』にファイリングされ、公開されていただろう」と指摘する。フォーム8－Kとは、日本でいう「適時開示」のことで、事業に影響を及ぼす重要事項について、迅速な情報開示を義務付けるものだ。アメリカだったら、調査報告書を非開示にすることは「不可能だ」とウチモトは言うのである。

またこの記事は、四月二日にウチモトと同じく元SECのスタッフ弁護士であるメリット・コールのコメントが追記され、調査報告書を開示しない姿勢を批判している。コールはこうコメントした。

「積水ハウスのコーポレート・ガバナンスは、投資家が正確かつ迅速に情報を受け取ることを保証していない」（同前・四月二日付追記）

阿部のクーデターは、市場経済の改良に人生を捧《ささ》げてきたアメリカの専門家に不快感を与えた。

ウチモトは積水ハウスのアメリカ大株主、ブラックロックやバンガードに注意喚起し、また議決権を行使する際に助言レポートを提供する議決権行使助言会社に、状況の調査を要請した。果たして、米二大議決権助言会社のインスティテューショナル・シェアホルダー・サービシーズ（ＩＳＳ）とグラスルイスは、阿部と稲垣士郎の取締役選任に反対を推奨する助言をレポートしたのだ。

四月二六日に行われた株主総会は、地面師事件の責任を問う個人株主からも反発の声が上がったが、阿部も稲垣も取締役に再任され、波乱は起こらなかった。しかし翌日、公開された臨時報告書には、多くの機関投資家が阿部と稲垣を嫌ったことが示されていた。

臨時報告書によれば、他の取締役候補が九五％以上の賛成を得たのに対して、阿部の賛成票は七割にも届かない六九・〇九％に留《とど》まった。稲垣も七三・四四％しか賛成を得られていない。会社側の提案が追認されることの多い日本企業で、約三割もの株主が会社の選任案に反対するのは、異例のことだ。

積水ハウスの海外の法人株主は、当時、約二八％を占めていた。海外株主の多くが、ＩＳＳやグラスルイスの反対推奨に準じたとみられている。また、日本の機関投資家でも三井住友信託銀行や三井住友アセットマネジメント（現三井住友ＤＳアセットマネジメント）が、阿部の選任に反対。またみずほ信託銀行やみずほグループの資産運用会社であるアセットマネジメント・ワンも阿部と稲垣の二人の選任に反対した。

グラスルイスは、総額四億九一〇〇万円の役員報酬にも反対を推奨していたため、その賛成比率も六一・三％と低かった。五五億五九〇〇万円の被害を受けた地面師事件の調査結果も満足に説明せず、前年と同等の役員報酬を得ることに、多くの株主が反発したわけだ。ちなみにこの年、阿部の役員報酬は前年比で一〇〇万円アップしている。

後日、取材に応じてくれたウチモトは、こう語った。

「調査報告書の結果に基づき対応しようとした和田会長は、取締役会での評決の結果に基づき、辞めざるを得なくなったわけですが、アメリカなら同じことは起きなかったでしょう。SECが直ちに調査をし、忠実義務に反して行動した取締役に対応する事例だと思います。

アメリカでは、財務諸表に何か重要な情報を出すことを失念しただけで、意図的に虚偽の情報を出すのと同じくらい重大な問題として捉《とら》えられます。だからこそ、調査報告書の非開示は、我々にとって、衝撃的だったのです」

以後、ウチモトは、アメリカから積水ハウスに厳しい視線を送り続けている。


日米の専門家や海外の株主が、なぜここまで怒るのか。積水ハウスのクーデターが「隠蔽《いんぺい》のための解任」と映ったからだ。地面師事件の不祥事の全容解明を目指して調査を進めた和田を、社外役員の示した調査報告書で「重い責任」を指摘された阿部が、解任したのである。コーポレート・ガバナンスに造詣《ぞうけい》の深い日米の弁護士たちは、企業不祥事のたびに積み重ねた議論を否定し、世界規模で拡大している株式市場を愚弄《ぐろう》していると受け取ったのだ。

欧米では、コーポレート・ガバナンスについての議論が古くから盛んに行われている。近年では二〇〇〇年代初頭に急激に関心が高まったが、きっかけは米エンロン社やワールドコム社の粉飾会計が明らかとなり、史上最大規模の巨額破綻《はたん》が相次いだことだった。

財務諸表などの情報から、健全に成長していると思われていた企業の粉飾決算が発覚し、実は明日をも知れぬゾンビ企業だと知れ渡った瞬間、株価は大暴落する。もちろん倒産すれば、株主の資産は灰燼《かいじん》に帰してしまうから、不祥事の隠蔽は、株主にダメージを与えるどころか株式市場の信用そのものを失墜させる。

大企業の粉飾決算の反省から、アメリカやイギリスでは独自のコーポレート・ガバナンスの議論が行われ、ＯＥＣＤでも展開された。そのため、基本原則は、営利企業の永続を目的とし、企業不祥事に対応することを目的に整備されたのだ。

また、コーポレート・ガバナンスは、会社だけでなく、機関投資家にも役割が示されている。その行動規範は、スチュワードシップと呼ばれ、株主による経営の監視や、利益相反の排除を目的としている。コーポレート・ガバナンスとスチュワードシップの不徹底は、あのリーマンショックの原因とされている。その反省から、イギリスでは機関投資家の規範が策定され、二〇〇九年にスチュワードシップ・コード（原則）として公表された。

どちらも企業価値を向上させ、市場経済を発展させるために整備されたが、企業の持続的成長を重視しており、最近ではＳＤＧｓ（持続可能な開発目標）やＥＳＧ（環境・社会・ガバナンスを重視する投資）と並列に語られる。株式会社は営利を追求しているが、そのあまり、環境や社会を破壊しかねない経営者の行動や、私欲に駆られた一部の株主の暴走を、公益性を持つ機関投資家（株主）がコントロールする仕組みと言える。

金融庁は二〇一四年に日本版「スチュワードシップ・コード」を導入し、日本取引所も金融庁の指導で、一五年に日本版「コーポレートガバナンス・コード」を導入した。

世界の株式市場には、カルパース（カリフォルニア州職員退職年金基金）や、ノルウェー政府年金基金に代表される多くの公的年金基金が投資している。世界の年金基金は「長期マネー」と呼ばれ、市場の安定的な成長に一役買っている。世界規模の低金利のいま、株式市場には多額の公的マネーが流入しており、日本のＧＰＩＦ（年金積立金管理運用独立行政法人）は株式市場で年金積立金そのものを運用している。上場企業の公益性はますます高まっており、企業不祥事やガバナンスへも厳しい視線が注がれている。

阿部と稲垣の取締役選任の賛成率が大幅に低かったのは、ガバナンスを軽視する二人に、株主の厳しい視線が注がれた結果と言えた。

「日本人はウソを言うと怒りますけど、隠すことには抵抗がない」

積水ハウスの取締役の任期は二年（現在は一年に改定）。次の改選は二〇二〇年の四月の株主総会である。

再び、フィラデルフィア・インクワイアラーに積水ハウスの記事が掲載されたのは、二〇一九年一一月一二日のことだ。顔写真入りで登場したのは、松岡直樹だった。阿部ら四人の代表取締役の善管注意義務違反を問う、株主代表訴訟の代理人である。

記事のタイトルは『Why Japanese investor activists are picking the brains of some Philly-area experts』。いわば「日本の投資運動家が、フィラデルフィアの専門家にアドバイスを求めているのはなぜか」という意味合いだが、松岡は日本の〝アクティビスト〟と紹介されている。彼は、日本のコーポレート・ガバナンスの改善のために行動を起こした人物として、アメリカの専門家や積水ハウスの株主に歓迎された。

多くの専門家と意見を交わした松岡は、ガバナンスの大家として名高い、デラウェア大学の教授、チャールズ・エルソン（Charles Elson）とも面会したという。エルソンは、「日本から私のところに相談に来るのは初めてだ」と歓待し、日本の企業統治の問題に一石を投じる活動をしていると、松岡を評価した。

松岡が言う。

「海外投資家は企業情報、とりわけ不祥事についての情報は、株主と共有されることが前提だと考えています。アメリカの専門家は、地面師事件以降、調査対策委員会を立ち上げ、調査報告書まで作成したのに、それを株主に示そうとしない経営陣の姿勢を問題視しており、同社の隠蔽体質を許しているコーポレート・ガバナンスを改善するべく、行動を起こそうとしていました」

その中心にいたのはウチモトであり、彼の意見に賛同する米株主も少なくなかったようだ。阿部ら、経営陣を追及するのろしがアメリカから上がった。

特に、アメリカの専門家らに衝撃を与えたのは、積水ハウスのクーデターが、世界的に話題となった日本企業の不祥事と瓜《うり》二つだったことだ。オリンパスの粉飾決算事件である。

オリンパスの代表取締役社長（当時）のマイケル・C・ウッドフォードが突然、解任されたのは二〇一一年一〇月一四日のことだった。同日に示されたプレス・リリースでは、解任の理由を「ウッドフォード氏と他の経営陣の間にて、経営の方向性・手法に関して大きな乖離が生じ、経営の意思決定に支障をきたす状況」となったことが示されている。ところが、社長解任の本当の理由は、オリンパスの歴代経営者がバブル期から隠蔽してきた粉飾決算を、彼が追及したことだった。

ウッドフォードは、解任の背景を英BBCなどのインタビューで告発。海外から、日本のゆがんだガバナンスに猛烈なバッシングが巻き起こる。その後、東京地検特捜部などの捜査で、ウッドフォードを解任した当時の会長、菊川剛《きくかわつよし》ほか三人が「金融商品取引法違反（有価証券報告書虚偽記載罪）」の容疑で逮捕され、いずれも有罪が確定した。

ウッドフォードは、月刊誌「ファクタ」誌上で展開されていた、経済ジャーナリストの山口義正《やまぐちよしまさ》の追及で粉飾疑惑を知った。粉飾を正そうとしたウッドフォードを「経営の意思決定に支障をきたす」と強弁して解任したことは、欧米では衝撃を持って受け取られた。

アメリカから帰国した松岡は、こう語った。

「オリンパス事件と同じことが、積水ハウスを舞台に再び引き起こされたというのが、アメリカの専門家の一致した認識でした」

地面師事件の解明を目指した和田が解任に追い込まれ、以後、「調査報告書」は隠蔽されている。この「解任と隠蔽」の構図が、オリンパス事件を強く想起させていた。

「日本人はウソを言うと怒りますけど、隠すことには抵抗がない。和を重んじる気持ちがあるからでしょうが、自分の地位に影響があるから『隠したほうがいい』という意識も見え隠れします。ガバナンスを重視する海外の投資家との意識に、大きなギャップがある。特に、リーマンショック以降に高まっているコーポレート・ガバナンスを重視する機運を、甘く見るのは危険だと思いました」
松岡が訪米したところ、アメリカでキャンペーン・ウェブサイト「SAVE　SEKISUI　HOUSE」が立ち上がり、これに積水ハウスの一部株主や弁護士たちが同調した。トップページに掲げられた「ミッションステイトメント」（活動方針）には、こう書かれていた。

SAVESEKISUIHOUSE・COMは、日本企業及びその他アジアに拠点を置く企業のコーポレート・ガバナンスの改善を目的とする情報ウェブサイトです。本ウェブサイトは積水ハウスの株主、従業員、あるいは積水ハウスを含む日本企業及びその他アジア企業のコーポレート・ガバナンスの向上・改善に関心のある方々からの情報提供を歓迎致します。本ウェブサイトでは、積水ハウスの一部取締役に対する地面師事件及びその後の情報隠蔽の責任を追及する株主代表訴訟に関して、情報を随時更新しておりますので、頻繁に本ウェブサイトを確認されることを推奨致します。

同サイトには、株主代表訴訟で一般人でも閲覧が可能となった、調査報告書の謄写物のコピーも掲載された。
SAVE　SEKISUI　HOUSEの立ち上げは、次期の株主総会で、取締役の選任について株主提案があることを強く示唆していた。こうしたキャンペーンサイトには、前例があったからだ。二〇一九年五月、ＬＩＸＩＬグループの株主総会は、前年にＣＥＯの職を解かれた瀬戸《せと》欣哉《きんや》の株主提案に揺れていた。自らを含む八人の取締役選任を求めるもので、瀬戸は株主提案にあたり「ｓａｖｅｌｉｘｉｌ」（現在は閉鎖）というウェブサイトを立ち上げていた。結果、瀬戸の提案は株主総会で承認され、彼はＣＥＯに返り咲く。

ステークホルダー資本主義

一二月、ウチモトが来日した。その折に私は、彼が顧問弁護士として随行していたアメリカ人をインタビューする機会を得た。その人物は、クリストファー・ダグラス・ブレイディといった。ブレイディは、ジョージ・Ｈ・Ｗ・ブッシュ（パパブッシュ）大統領の政権で、財務長官を務めたニコラス・フレデリック・ブレイディの子息ということだった。共和党系の経済ブレーンの一家である。振る舞いは洗練され、胸には日米友好旗のピンバッジを付けていた。

彼は一九五四年生まれの六五歳（当時）。八一年にリーマン・ブラザーズで仕事を始め、八二年～八七年にかけて、韓国を中心に極東で国際ファイナンスの経験を積んだという。二〇〇一年、米中枢同時多発テロが起こると、防衛、安全保障、情報、諜報《ちょうほう》の分野で活動した。チャート・ナショナルという投資ファンドを組成して、いま再びアジアにフォーカスしているという。来日の目的は、「米中貿易戦争の影響を視察する」ということだった。

「私がかつてコリアやジャパンを拠点としていた時、あなたはまだ生まれてなかったでしょう」

「いやいや、そんな。私は七五年の生まれですよ」

「私はけっこう年を取っているのです、見た目よりはね」

やたらと品の良いジョークを飛ばすブレイディだが、彼の来日の目的は、もう一つあった。米ファンドの対中国投資が減少することを前提に、日本の投資環境の改善を訴えることだ。

「アメリカでは二〇〇一年のインターネット革命のときのスキャンダルや、リーマンショックなど、大変な不祥事が続いた。そのたびにガバナンスに関連する枠組みを変えてきた。日本のガバナンスがその水準かと言えば……、いずれそうなっていくと思う」

「遅れているんですね、日本は」

「経団連の会員企業と中身のある懇談を持つことができた。彼らは機関投資家だが、率直に問題を話してくださる。日本のコーポレート・ガバナンスの問題の一つは『持ち合いだ』と。我々も日本企業の持ち合いを心配している」

「持ち合い」とは、関係企業や銀行が株式を互いに持ち合って議決権を行使することだ。関係の強化が目的だが、かつては外資から買収されるのを防ぐ狙いもあった。最近では「物言う株主」の台頭もあり、アクティビスト対策の面が色濃く、外資からは批判の的になることも多い。株式を持ち合う企業の経営陣が連携すれば、スチュワードシップ・コードによる監視体制が弱まるからだ。

「コーポレート・ガバナンスは、社会に何をもたらすのですか」

「グッドクエスチョン。第一の理由として、日本の株式市場の様々な指標は、先進国の指標と比べて下回る傾向にあるが、これが改善されるということだ。ガバナンスを改善すれば、年金基金の運用もうまくいく。

あともう一つ。労働慣行など、旧弊なやり方が変わるでしょう。若い人が会社でプレッシャーを受けすぎるとか、自死してしまうとか。ここが変わる。最も重要なポイントです」

ブレイディの発言は、電通で起こった女性新入社員の過労自死事件や、日本のブラック企業問題を指しているらしかった。

「マイクロソフトが、週四日勤務の制度を始めたことは知っているか」

「それは知りませんでした」

「記事をメールしよう。楽しく仕事ができる環境を用意する。これがいま、求められる経営だ」

この時期、ステークホルダー資本主義という言葉が、世界の経済界の掛け声となりつつあった。八月に米経済団体のビジネス・ラウンドテーブルは、「米経済界は株主だけでなく、従業員や地域社会などすべての利害関係者（ステークホルダー）に経済的利益をもたらす責任がある」と声明を出した。翌年の一月には、世界経済年次フォーラム（ダボス会議）で「ステークホルダーがつくる、持続可能で結束した世界」がテーマとなった。株主だけの利益を追求してきた二〇〇八年までの株主資本主義は、リーマンショックという未曾有《みぞう》の金融危機をもたらし、格差を拡大して地域を疲弊させた、という反省が前提にある。

「アメリカも日本も資本主義国家です。従業員のため、あるいは株主のためという意味で、企業はしっかりと説明責任を問われるべきであって、それが実現できれば、日本は大きく変革できると思います。実際、アメリカはそうやって変わってきた」

「日本はお上に逆らうことを良しとしない文化がある。それが物言う株主が嫌われる理由でもあります」

「ビューティフル・カルチャー！　その美徳は、好ましいし、忠誠心はステキなことだ。だが行きすぎると、それを利用して、自分のためだけに身を守ろうとする経営者が出てくるでしょう」

「なるほど……、積水ハウスのことは、どう思いますか」

「彼らは二〇一六年にファニーメイ（米連邦住宅抵当公庫）の本部ビルを買収した。ビッグディールを成立させる力のある企業だ。アメリカの名だたる不動産企業や、不動産セクターをウォッチしている投資家は、みな注目している。私もその一人だ」

ファニーメイは、サブプライムローンで経営破綻し、公的資金で再建中である。二〇一六年一一月、約四万平方メートルの土地と築六〇年の重厚なレンガ造りの歴史的建造物を取得した積水ハウスは、ここに商業施設を開発するという。ホワイトハウスから車で十数分の一等地。交渉に成功したのは、ノースアメリカ積水ハウスCEO（当時）の山田浩司のチームだった。アメリカの中枢で、積水ハウスは注目されるデベロッパーとなっていた。

ブレイディは四日後、米公共ラジオNPRの記事を送ってくれた。「マイクロソフトジャパンが週四日勤務で四〇％、生産性が向上した」という内容だった。メールには「仕事は楽しいものだ」という言葉に添えて、「来年の初頭に、日本に戻ってくる」と書かれていた。

株主提案

果たして翌年の二月一七日、ブレイディは、和田と肩を並べて記者会見の壇上に立っていた。

二〇二〇年が明けると、和田は頻繁に上京するようになった。私は二月の上旬に和田と藤原元彦、そして現職の取締役専務執行役員の勝呂《すぐろ》文康《ふみやす》を取材する機会を得た。

和田と勝呂は、四月に行われる株主総会に向けて、株主提案に踏み切る決断をする。和田はこう話した。

「ワシらとアメリカの山田くんを加えた四人が取締役候補となり、さらに七人の社外取締役候補を提案する。現職の取締役の勝呂くんが、『株主提案』して株式数の関係でワシも提案者の一人になる」

勝呂は和田の薫陶を受けて、国際事業を継承していた。和田は「勝呂から頼まれて、立つ」と言ったが、互いの気持ちが一致した結果だろう。また、和田が取締役の候補となったのは、アメリカの株主や専門家の要請もあったからだ。

和田は復帰後、第三者委員会を立ち上げ、地面師事件を再調査することを目論《もくろ》んでいた。加えて、社外取締役を過半数として、執行役を監視するガバナンス体制を築こうというのである。そのためには、求心力のある人間が復帰しなければ、徹底したガバナンス改革などできはしないというのが、アメリカの株主や専門家の考えだった。

株主提案後には、あるネットメディアの記者から「古い経営者が返り咲きを目指している」とか、「老害だ」と批判を浴び、ＳＮＳやヤフーニュースの掲示板でも同様の批判が起こった。失脚前に、二〇年も積水ハウスに君臨していたことがマイナスに作用した。もちろん、提案前からこのような批判が起こることは想定されていて、「晩節を汚す」という毒にも薬にもならない警告もあったようだ。しかし、和田の気持ちは固かった。

勝呂は、現職の取締役として株主提案に踏み切る理由をこう語った。

「数字のタスク（課題）だけが強くて、失敗すると異動させられる。納得感の薄い人事異動で、多くの優秀な人間が辞めていった。感情が欠落した決定が横行したからです。これ以上、血の通わない経営を続けてはいけない。我々が、経営を正し、ガバナンス改革をやります」

藤原は苦悩の末の決断だ。

和田に「一緒に戦ってくれ」と頼まれた藤原だが、現在の仕事の責任も大きかった。藤原は、積水ハウスを退職した後、大阪発祥の老舗ゼネコン、髙松建設を中核企業とする髙松コンストラクションググループに迎えられていた。すでにスタートアップの住宅メーカーであるタカマツハウスの社長に就任していたのだ。和田からの誘いは、そんな矢先のことだった。

恩師の大勝負を助けたい気持ちもあるが、自分を迎え入れてくれた髙松グループの取締役名誉会長、髙松孝之《たかまつたかゆき》への恩義もある。決断を迫られた藤原は、悩みを吐露した。

「和田さんの気持ちにも応《こた》えたいが、髙松名誉会長の期待を裏切るわけにいかない。どうすればいいのか……」

藤原は意を決して、髙松に正直な気持ちを話した。すると、こんな言葉があったという。

「分かりました。それは藤原さんが、やるべきことだ。和田さんを助けてあげなさい」

髙松との面会の結果を私に伝えてきた藤原は、憚《はばか》ることなく泣いていた。

決戦に踏み切る決断をした三人だが、勝てる見通しなど立ってはいない。株式保有が分散している積水ハウスでは、筆頭株主は実質的にＧＰＩＦ（年金積立金管理運用独立行政法人）とみられ、発行済み株式数の八・五％の水準（二〇一九年三月末現在）だ。積水化学工業も五・三八％（二〇年一月末現在）。三人を支援する大株主のファンドもなく、二〇〇〇社を超える法人株主や八万二〇〇〇人超の個人株主に、支援を呼びかけなければならなかった。

和田たちの戦略は、二〇二〇年一月末時点で保有比率が三割を超えていた海外株主を味方につけることである。一八年の改選期と同様に、ＩＳＳとグラスルイスの議決権行使助言会社を説得し、ガバナンス改革に理解のある外国人株主を取り込む。それでも、日本人株主から保有比率で二割の理解者を確保しなければならない。厳しい戦いになるのは、目に見えていた。だが、三人はやると決めた。

「会社は善意の人間の集まりや。ウソから始めた経営は、必ず行き詰まる」

株主提案は二月一四日の金曜日に行われた。提案書を積水ハウスの大阪本社に届けたのは、弁護士の松岡である。記者会見は、週をまたぎ二月一七日の月曜日に行われた。取締役候補者たちが記者の前に並んだ。候補者番号順に紹介しよう。

1. クリストファー・ダグラス・ブレイディ（チャート・グループ、チャート・ナショナル社会長兼ＣＥＯ）
2. パメラ・フェネル・ジェイコブズ（スパウティング・ロック・アセット・マネジメント社チー

フ・サステナビリティ・オフィサー）
3. 岡田康司《おかだやすし》（東京成徳大学　名誉教授）
4. 佐伯照道《さえきてるみち》（北浜法律事務所・外国法共同事業パートナー、フジテック株式会社ほかの社外取締役）
5. 岩﨑二郎《いわさきじろう》（元TDK取締役専務執行役員、ルネサスエレクトロニクス株式会社　社外取締役）
6. 齊藤誠（齊藤法律事務所　代表社員）
7. 加藤《かとう》ひとみ（元高砂香料工業　法務・特許部長、日光ケミカルズ株式会社　執行役員・法務部長）
8. 勝呂文康（積水ハウス取締役専務執行役員）
9. 藤原元彦（元積水ハウス常務執行役員）
10. 山田浩司（元ノースアメリカ積水ハウスCEO）
11. 和田勇（元積水ハウス代表取締役会長兼CEO）

株主提案は、経営陣の一掃を求め、全員を入れ替えるという大胆なものだった。取締役候補の目玉は三つで、社外取締役が取締役よりも三人多い過半数の陣容であること、加えて、今や常識となりつつあるESG（環境・社会・ガバナンス）投資に造詣の深いパメラ・フェネル・ジェイコブズと、ブレイディの二人の外国人が候補に入っていること、そして、ジェイコブズと加藤ひとみの女性二人の候補が入り、多様性を担保していることだ。昨今のコーポレート・ガバナンスの要件を満たし、経営陣よりも一層、ガバナンス改革を進める意思が示された。この陣容を、ＥＳＧに関心の高い経済誌は好意的に受け入れた。

また、記者たちの注目を集めたのは、地面師事件である。

地面師や真の地主から発せられた数々の詐欺の兆候に気づかず、杜撰《ずさん》な稟議《りんぎ》を決裁したことを、取締役候補たちは「不正取引」と指摘した。さらに、社外役員が過半数を超える人事・報酬諮問委員会が示した阿部解職の答申を覆して、地面師事件の責任が明確な四人が代表取締役となって会社支配を続けていることを、厳しく批判したのだ。

取締役候補の一人、弁護士の齊藤誠は熱弁をふるった。

「私は、不祥事にどう対応するか、ガイドラインを日弁連でまとめた責任者です。また不祥事を調査した第三者委員会の調査報告書を格付けする委員会を作って、調査報告書の審査を続けてきました。

不祥事が起きた時に、責任者が処分された会社は、その後、Ｖ字回復しています。しかし、責任を取らずに調査報告書も公表しない会社が、まさに腐敗を起こす。いまの積水ハウスはその典型です」

齊藤の発言は、社外取締役候補たちの共通認識だった。

日本のガバナンス改革は矛盾している

株主提案のメンバーの中で、中心的な役割を果たしていたのは、岩崎二郎だ。一九四五年生まれの彼は、株主提案時、七四歳。岡田や加藤など、社外取締役のメンバーは岩﨑が声をかけ、また面接をしたという。

岩﨑が一肌脱ごうと考えたのは、地面師事件の全容とその後のクーデターを知ったからだという。

「積水ハウスには恩も義理もないし、和田さんとの付き合いもクーデターの後からです。しかし、調査報告書を公開せずに、クーデターとは、あり得ませんな。放っておくことはできません」

岩﨑もまた、解任と隠蔽に衝撃を受けて、ガバナンスに対して並々ならぬ関心を持った一人だった。だが、TDKで取締役を務め、各社で社外取締役を務めてきた岩﨑でさえ、コーポレート・ガバナンスについては「勘違いしていた」という。

「日本の経営者の多くがガバナンスを取り違えている。どうやらコーポレート・ガバナンスとは、株主を中心としたステークホルダーが、取締役や取締役会に求める規律のことですな。ところが、多くの日本の経営者は、コーポレート・ガバナンスとは、インナーコントロール（内部統制）だと思っている。

社員たちに規律や倫理を求めて『しっかりやれ』と言い、その規範を作ろうとするが、実はこれ、インナーコントロールであって、ガバナンスじゃないのです」

「では、ガバナンスとはどういうものでしょう」

「にわか勉強で恐縮ですが、ガバナンスとは、会社を所有している株主が、経営者を監視する仕組みです。つまりこれは、主権者たる国民が権力者を監視する立憲主義に似ています。国家権力は憲法で権力の範囲を規定されており、選挙で為政者や政治家を選出する。ダメなら選挙で落とされ、良ければ、また選ばれる。為政者が国民から監視される仕組みが取られているのが立憲主義。経営者が株主から監視されるのが、ガバナンスということです」

「ということは、ガバナンスの効いていない会社というのは、社長のクビを切れない会社ということになりますね」

「その通りです。まさに積水ハウスのことです」

「けれども、日本の経営者はガバナンスのことを、詳しくは知らないものなのですね」

「恥ずかしながら、私も最近、勉強して知ったくらいですからね。しかしそれには日本語訳の弊害もあるでしょうな。コーポレート・ガバナンスは『企業統治』と訳される。これを見た日本人の経営者は、自分が会社をしっかりとコントロールすることを求められていると思うでしょう。この訳語は、本質を捉えていませんな」

岩﨑はコーポレート・ガバナンスになじみのない私に、分かりやすく説明してくれた。

為政者の権力を規制するのが憲法なら、経営者の権力を制限するのがコーポレート・ガバナンスということになる。もちろん、両者は完全に同じというわけではない。コーポレート・ガバナンスは、資本主義と株式会社制度の発展の過程で、独自の歩みを続けてきた。

和田は、株主提案後のある日、記者を集めて勉強会を開く。そこで「ガバナンスとは何か」を説いたのは、東京大学名誉教授でミシガン大学ビジネススクールの若杉敬明《わかすぎたかあき》だった。若杉は日本コーポレートガバナンス研究所の理事長も務め、日本におけるガバナンス研究の大家と謳《うた》われていた。

和田は「私も勉強せないけませんので、皆さんもご一緒に」と、記者たちを招いたのだ。

若杉は「ネアンデルタール人など数ある種類の人類が地球上に出現したが、生き残ったのは我々ホモサピエンスだけだった。それはなぜか」という問いから始め、あまり時間のない記者たちを「そこからか……」と困惑させた。ところが、一時間ほどで見事にガバナンスの本当のところを説明してみせた。

ちなみに、その問いの答えは「ホモサピエンスは、社会を作り助けあうのが特徴だったから」というものだった。私たちホモサピエンスは社会を形成し、生きるために必要な食糧や物、そしてサービスを得る「経済」を営んできた。この社会経済体制を発展させるためにできたのが、企業制度だという。多くの人から出資を集めて設立される株式会社にコーポレート・ガバナンスが生まれたのは、「株主と経営者の利害対立の解消を目指すためだった」と若杉は説いた。

「資本主義は私有財産制度を前提としています。ですから会社を所有しているのは、出資をしている株主であり、彼らが会社を支配する権利を持っている。しかし、株主は直接、会社を経営することはできません。よって誰かを経営者に選んで、経営してもらう。『所有と経営の分離』が株式会社の本質です。

ということは、株主は自分の望む経営を経営者にしてほしいが、自分では経営ができないので、株主と経営者の利害対立が生まれてしまう。例えば、株主はたくさん利益を分配してほしいが、経営者は株主に分配するより、自分の報酬をたくさん欲しい。こんな利害対立が、株主と経営者の間には生じる可能性があるわけです。そこで支配権を持っている株主が、経営者をコントロールする仕組みが必要となった。これがコーポレート・ガバナンスの原点です」

この原点からスタートすれば、ガバナンスの中核を担うのは、取締役会だと分かる。取締役は株主総会で、株主によって選任される。取締役で構成される取締役会が、経営者（会長や社長、あるいはＣＥＯやＣＯＯ）を選び、その上で経営者に業務執行を委《ゆだ》ねるわけだ。つまり、取締役会は会長や社長などの執行者を選んだうえで、監視し、コントロールすることを株主に付託され、代行していることになる。

逆に言えば、私欲や保身の考えが強く、経営側の利益を重んじる取締役が多ければ、人事権などの権限を持つ経営者が取締役を支配して、株主の利益を代行しているはずの取締役会の機能をゆがめてしまう。本末転倒な事態となるわけだ。

では、積水ハウスはどうか。阿部と稲垣の二人の実力者は、社長の仲井や副社長の内田ほか四人の社内取締役を、実質的に支配している。これに対して、阿部と稲垣の支配をさほど受けない社外取締役は三人（二〇二〇年三月時点）で、社内取締役より一人少ない。こう考えれば、阿部と稲垣が取締役会を支配している構図が浮かび上がってくる。

弁護士の齊藤が言う。

「だからこそ、取締役会は、社外取締役が過半数を占めることが重要なのです。社外取締役が怒って結託すれば、経営者のクビはすぐに飛ぶので、経営者と株主の間に緊張関係を作ることができる。特に効果を発揮するのは、不祥事を未然に防ぐことです。積水ハウスの場合、阿部さんが人事・報酬諮問委員会の答申に従わず、クーデターを起こした当時、社外取締役は二人しかいなかった。これが、ガバナンスの崩壊を招いた大きな要因と言えるでしょう」

確かに、クーデター当時、二人の社外取締役の三枝輝行《さえぐさてるゆき》と涌井史郎《わくいしろう》は、阿部解任に賛成だった。彼らは調査対策委員会のメンバーでもあり、地面師事件で阿部の責任を極めて重くみたことも、議論を尽くしての判断だった。

東京証券取引所の一九年八月のデータによれば、日本のすべての上場企業三六三九社の内、取締役の過半数が社外取締役であるのは二二二社で、全体のわずか六・一％に過ぎない。

「東証は株主が嫌いなんです。経営者の方が好きで、彼らが嫌がることはやらない」

若杉は、日本でコーポレート・ガバナンスへの理解が遅れていることに、苛立《いらだ》ちを隠さなかった。日本のマスコミも、コーポレート・ガバナンスには「後ろ向き」だと、若杉は怒っていた。それは日本人が、欧米由来の所有権の絶対性を根拠とする資本主義に嫌悪感を持っているからだろう。また、年功序列・終身雇用を前提とする共同体的経営が謳われてきた日本では、会社は従業員や取引先も含む関係者（ステークホルダー）全体のものであって、株主だけのものではないという意識も背景にあるようだ。私も、市場原理だけに身を委ねる新自由主義や、強欲に駆られた株主資本主義がリーマンショックを引き起こしたと解釈して、その惨禍を記憶に刻んできた。

ディスクロージャーという原則

日本では頻繁に「株式会社は誰のものか」という議論が巻き起こる。日本人の資本主義観が、欧米のそれと大きな隔たりがあるからだ。この資本主義観のギャップは、博覧強記として知られ、学際的社会科学研究者として名高い小室直樹《こむろなおき》（一九三二年～二〇一〇年）によって、九〇年代後半に指摘されている。

小室は、著書『小室直樹の資本主義原論』（東洋経済新報社、一九九七年）で、「資本主義的所有は『絶対』である」と説いた。それは、商品交換において生産力を拡大させてきた資本主義の機能を支える根幹であるという。そして、所有の絶対性は、日本の民法にも定められており、民法二〇六条に「所有者は、法令の制限内において、自由にその所有物の使用、収益及び処分をする権利を有する」（筆者注・漢字、カタカナは平仮名に改め、読みやすくした）とある。「自由に使用、処分する権利を有する」ところに資本主義的所有の本質があるというわけだ。よって会社は株主に「所有されている」という理屈を否定するなら、公然と資本主義の基本前提を否定することになる。

この民法の規定を、小室は「言わば資本主義宣言」とし、欧米資本主義諸国においては当たり前のことであるが、「ただし、日本などの資本主義未熟国においては、法律上はそのように決められてはいるが、実効性に乏しい」としている。なぜなら、日本において「所有」は、実効的な「支配」と密接に結びついているからだという。

小室は、評論家の山本七平《やまもとしちへい》（一九二一年～一九九一年）が、鎌倉《かまくら》幕府の第三代執権である北条泰時《ほうじょうやすとき》（一一八三年～一二四二年）が定めた武家の成文法典『貞永式目《じょうえいしきもく》』（『御成敗式目』とも呼ぶ）に基づいて、鎌倉時代の「所有」は「その財産を『抽象的でなく具体的に保持し、かつ経営し機能させている者』に所有権ありとする」ものだったと述べたことに着目した。例えば、幕府から所領や知行を授かって、それを「『占有しかつ機能させている』あるいは『現実に支配している』と解釈するべき」ものが、所領や知行地の所有者なのである。これが、昨今にも残る日本社会における「所有」

の概念なのだという。

これを、小室は「資本主義とは対蹠《たいせき》（筆者注・正反対の意味）的である。向かい合わせた足の蹠《うら》（筆者注・裏の意味）程にも正反対なのである」と書いている。日本人の「所有」という感覚には、資本主義的所有とこれほどのギャップがあるということだ。

小室は、資本主義を採用していながら日本的所有感覚で資本主義を運用することに警鐘を鳴らした。齟齬《そご》や矛盾があちこちに噴出するからだ。

「財産権はこれを犯してはならない」と日本国憲法第二九条で規定されており、資本主義国として歩んでいる以上、会社を所有しているのは出資者たる株主という原則を無視することは難しいのではないか。資本主義的所有制度の原則を無視すると、資本主義経済が円滑に機能しないばかりか、世界の資本主義の進展に後れをとることにもなりかねない。しかも、株主の存在を無視しようとする意識は、経営者が責任を取ろうとしない無責任の体系が保身の役に立つ、という打算に繋《つな》がっているようにも見える。

「会社は株主のもの」という資本主義の根本原理からスタートしたからこそ生まれたのが、株主に行動規範を示したスチュワードシップ・コードであり、株主が経営者を監視するコーポレートガバナンス・コードである。利害が対立する株主と経営者のせめぎあいを解消するこの二つの仕組みは、特にリーマンショック以降、社会的規範に基づいた激しい議論を生んだ。

その結果、株主側と経営側が折り合ったのが、昨今の「持続可能な社会の探求」になりそうだ。

会社のステークホルダーの定義には、株主だけではなく、従業員や地域社会を構成するすべての人々が加えられた。これにより会社は、株主だけのものではない、公益性がより増した組織となった。

これが、ダボス会議でステークホルダー資本主義が示された背景の一つだと考えれば、資本主義には自浄作用や、社会規範的な対応能力が備わっていることになる。

もっとも私は、小室が指摘する日本特有の「所有」概念から生じた、経営者による会社支配を完全に否定しようとは思わない。この日本特有のシステムが機能していたから、戦後の高度経済成長が実現したと考える。また、従業員を家族のように扱うことは、高度な所得再分配機能を持っていた。

経営者の権威に基づいた会社支配は、「経営家族主義」に通じている。日本は、経営者と労働者の階級関係を、親分と子分の身分関係に置き換えて、終身雇用と年功序列とによって、従業員の福利厚生まで企業が保証するという特殊なシステムを作り上げた。しかし、私はリーマンショックの時、「家族的経営」のシステムを色濃く維持しながら、非正規労働者をあっさりと切り捨てた〝ハケン切り〟に直面した世代だから、もはやこうした考え方を受け入れられなくなっている。

経営家族主義が機能しなくなっているのは、世界の資本主義の進化に日本企業が追い付いていないからなのか、それとも、経営家族主義を今日の資本主義に適合する形へ転換できない日本の経営者の劣化なのか。

いずれにせよ、株式を公開して、たくさんの株主からおカネを調達しながら、実権を握る経営者だけが会社を我が物のように支配し、ステークホルダーによるガバナンスを否定することは、大株主の利益だけを追求してきた強欲資本主義と大差ないだろう。

ましてや、自分にとって都合のいいところだけを資本主義的諸制度から抜き出して利用し、都合が悪くなると、ごまかしたり、ウソをついたり、隠したりする経営者が跳梁跋扈《ちょうりょうばっこ》すれば、資本主義がうまく機能するはずがない。


私は、事実をもとに文章を書いて生活の糧にしている売文業者でもある。生業《なりわい》を成立させるために、事実を探求するジャーナリズムを念頭に置いている。こんな私の利害と一致する考え方が、コーポレート・ガバナンスには存在している。それが、会社法や金融商品取引法で義務付けられる、ディスクロージャー（情報開示）の原則だ。

会社が破綻すれば株券は紙くずとなるから、リスクをとって出資している株主には、会社の状況をリアルタイムで把握する権利がある。とりわけ、過去何度も不祥事によって、株価の大暴落や経営破綻が生じた経験から、情報公開の要求は大きくなっている。会社が不祥事によって窮地に立たされると、従業員や地域社会のステークホルダー全体が損害を被ることになるので、情報公開は株主だけの利害に留まらない。

資本主義の原理原則に基づく株主からの要求に、日本の経営者たちはきちんと応えていると言えるのか。若杉や社外取締役候補たちの問いかけは、重い意味を持っていた。


経営トップの不正を監視し、制御する機能は、日本にはない

株主提案側の社外取締役候補は、弁護士と元経営者や実務家、また学識者に分けられるが、彼らに共通するのはガバナンスの意識が高いことだけではない。多くが過去、日本企業が引き起こした不祥事を目の当たりにした経験があることだった。中でも、法務実務のプロである加藤ひとみは、企業不祥事の内部告発を受ける内部通報制度の専門家である。加藤は、企業不祥事で生活や尊厳を奪われた経営者や社員の悲哀を何度も見てきた。

私の取材に、加藤は熱心に考えを語っていたが、日本最大の香料メーカー、高砂香料工業で法務部長をしていた時の経験が、彼女の思いをひときわ強くしていた。

「二〇〇三年に、上場企業の法務部門の団体の『経営法友会』で、内部通報のガイドラインを作成する委員会のメンバーを務めました。従業員たちの犯す不祥事については、未然に防ぐ仕組みを作ることができたと自負していますが、未だに解決を見ない問題が残されています。それは経営トップ、つまり会長や社長はじめ、重役たちの不祥事を封じる手立てがないことです。積水ハウスで起きていることは、まさにこの問題でした。私は積水ハウスの取締役になることができるなら、日本が抱える経営者の不祥事をどう防ぐのかという問題の答えを出したいと考えています」

加藤は一九七七年に三菱石油（現ＥＮＥＯＳ）に入社。その後、特許事務所で経験を積み、九六年に高砂香料工業に入社する。一貫して企業法務の実務家としてキャリアを積んできた。

その間に、彼女は数々の企業不祥事に直面しているが、最初の経験はキャリアをスタートさせた三菱石油での灯油裁判だった。一九七〇年代、石油危機が二度起きたが、その度に、石油業界のトップたちは不正に価格を定める〝ヤミカルテル〟に手を染めていた。当時の報道には、三菱石油の会議室で石油連盟会員会社の役員が集まり、価格を決定した様が、生々しく記録されている。公正取引委員会は、独占禁止法違反で告発に踏み切り、繰り広げられたのが灯油裁判だった。加藤は、ヤミカルテルを言い逃れする灯油裁判の要員として、三菱石油に入社したのだ。

その後、彼女は特許事務所などに転籍したが、折に触れ三菱石油の変遷を気にかけてきた。一九九六年には石油卸商への不正資金供与事件が発生。会長や副社長らが引き起こした不正取引で、当時の社長の関与は乏しかったが、社長は株主代表訴訟で注意義務違反に問われることとなる。結果、副社長と共に一億八〇〇〇万円の賠償命令が下された。加藤が言う。

「不祥事は人生を変えてしまう。その後、三菱石油は日本石油に吸収され日石三菱となり、今では新日本石油となって三菱の文字は会社名から無くなってしまいました。不祥事を機に、会社は衰退の途《みち》を歩み始めるものなのです」

こんな経験もした。高砂香料に転籍後の二〇〇二年には、雪印食品の牛肉偽装事件が発生。牛海綿状脳症（BSE）問題に日本中が揺れる中、農水省の買い上げ事業を悪用した詐欺事件だった。その後、雪印食品は消滅し、当時の社員たちが続々と高砂香料に転職してきた。夢を失った彼らの姿は、志を半ばに会社が消滅することの辛苦を物語っていた。不祥事によりもたらされる災厄を、加藤は肌身に感じてきたのだ。

「企業の内部で膿《うみ》がたまり、それが看過できない不祥事に育っていく。ひとたびマスコミに漏れ伝わると、激しいバッシングとなって企業を破滅に追い込んでしまう。会社が自浄能力を持つしかないと強く思いました。そうした危機感から、内部通報制度のガイドライン作成に携わるようになったのです」

二〇〇三年、加藤は経営法友会で「内部通報制度ガイドライン作成研究会」に参画する。当時、国でも公益通報者保護法の整備に取り組んでいたが、顕名が条件となるなど、内部告発者にとってはハードルの高い制度だった。そこで加藤らは匿名通報を柱とし、不祥事につながる膿が小さなうちに察知することを目的に、内部通報制度の研究に取り組んだ。

経営法友会は、上場企業など約一二〇〇社の法務実務担当者のサロンである。一九七一年の発足当初から公害問題を議論するなど、法とコンプライアンスの視点を持った先駆的な取り組みを続けている。内部通報制度ガイドライン作成研究会には、関西電力、新日鉄（現日本製鉄）、トヨタ自動車、松下電器産業（現パナソニック）、三菱電機などの法務担当者が参加していた。

企業内で起こる不正を察知する仕組みが、実行力のある制度として示され、成果は『内部通報制度ガイドライン』（商事法務）として出版された。しかしこの時の研究では、どうしても解決できない壁が存在したという。

「それが経営者の不祥事でした。当時の議論で最後の最後まで解が見つからなかったのは、経営トップに近ければ近いほど、この内部通報制度は働かないということです。

例えば、社長の不正を通報しても、内部通報の窓口が経営トップに報告すれば、その場で握りつぶされてしまうでしょう。人事権を含む強大な権力を持っている社長に、不正の内部告発があったと追及できる人もほとんどいない。つまり、内部通報制度は、経営者の不祥事だけには、対応できなかった。そして今も、経営トップを監視する仕組みを、日本企業は持ってはいないのです」

経営トップの不正を監視し、制御する機能は、日本にはない――。加藤の指摘は重かった。

過去一〇年を振り返れば、オリンパス粉飾決算事件をはじめ、二〇一五年には東芝で粉飾決算事件が発生。一八年には日産自動車で経営トップの内紛に発展し、さらにガイドライン作成に担当者を送っていた関西電力でも、会長や社長らの金品受領問題が明るみに出た。一七年前に加藤たちが抱いた危機感は、相次いで現実のものとなっている。

また、トップを守ろうとして少なくない人が凄惨《せいさん》な最期を遂げたのも、日本企業の特徴だ。加藤は、経営法友会でともに議論した仲間を経営トップの不祥事で失ったという。同じく社外取締役候補の一人で、日本長期信用銀行でキャリアを積んだ岡田康司も、一九九八年の破綻やその後の粉飾決算の立件で、旧知の人物の自殺に直面した。巨額破綻を招いた長銀は、粉飾決算事件をめぐり、元副頭取や支店長など三人が自殺している。当時の毎日新聞の報道によれば、九七年から続いた金融危機で、山一證券やそごうなどが相次いで経営破綻し、二〇〇〇年までの三年間に一〇人もの経営トップや幹部、中間管理職が自殺した(『命絶った「キーマン」、3年で10人に――そごう破たん、真相抱え』〇〇年一〇月一一日朝刊)。

岩﨑や加藤、岡田は、日本の不祥事の凄惨な歴史を最前線で目撃し、命の危険を伴う経営トップの不祥事を防ぐ手立てに、思いを巡らせてきたのだ。加藤が言う。

「積水ハウスのいまの内部通報制度は大変立派で、私の経験から見てもかなり先駆的な取り組みをされています。しかしこうした不祥事対応は、会社の従業員からせいぜい課長クラスを監視するものにとどまっている。経営トップ層の不祥事は簡単に見過ごされてしまうでしょう。これは非常に残念なことだと思います」

積水ハウスの社外取締役を取締役会の過半数にして経営者を監視しようとする株主提案は、加藤の悲願に向けた最初の一歩だった。

思いの熱い加藤を、株主提案側は取締役会の議長候補とした。

日本の社外取締役は人数集めの色彩が濃く、煌《きら》びやかな経歴の割に、中身が伴っているのか疑問視される人物が選ばれることも問題になっている。二〇一八年には、日産自動車の社外取締役に元レースクイーンで、後に女性レーシングドライバーになった井原慶子《いはらけいこ》が就いたが、経営の経験が乏しいことから、実力よりも話題を先行させていると批判が起きた。官僚の天下りポストに利用されることもあり、財界活動の仲間内からの招聘《しょうへい》も多い。私もそんな社外取締役を何度か取材したことがあるが、「週刊現代」の記者と聞いただけで怒り出した世間知らずな人もいた。ある大手メーカー出身の社外取締役は、役割を果たそうと熱心だったが、そんな人ほど経営者と対立して早期に退任した。経営者にとって無難な人物を斡旋《あっせん》する社外取締役ビジネスも存在するという。こんな現状と、加藤のビジョンは一線を画していた。

二〇一九年の秋、「週刊東洋経済」の記者、野中大樹《のなかだいき》と一井純《いちいじゅん》が、積水ハウスの地面師事件とクーデターを詳細な分析に基づいて報じた（『積水ハウス詐欺被害「封印された報告書」の驚愕』一九年一〇月一二日）。すると、積水ハウスの取締役会で、阿部や稲垣に招聘された社外取締役が記事を読んで、「何をいまさら」とせせら笑ったという。調査対策委員会で、良心に従い、筋の通った調査報告書を編み上げた篠原祥哲《しのはらよしのり》や、三枝、涌井は、これをどう聞いただろう。

日本の企業不祥事の真相を見る思いがした。

マネーロンダリング

話を二月一七日の株主提案記者会見に戻そう。この日、地面師事件に注目が集まる中で、また一つの論点が示された。提起したのは、ブレイディだ。通訳を気遣い、落ち着いてゆっくりと話す彼は、まず自分の専門分野を説明し始めた。

「私が専門としている分野は、国防と国家情報、重要情報の取り扱いです。調査報告書を読んでみてほしい。あの中には非常に関心深い事実がある。よくあるマネーロンダリングの事件の兆候がちらほらと散らばっている。これこそ、まさにテロリストの資金調達の手段です。私が取締役に着任すれば、これらを解明することができるのです」

会場は一瞬、緊張に包まれた。これまで地面師事件は、日本で古くから跋扈する詐欺師たちによる、極めてドメスティックな事件だと捉えられてきたが、一気に国際色を帯び始めたからだ。元大統領のジョージ・W・ブッシュは、九・一一以降にテロとの戦いを始めたが、そのブッシュ家と関係の深いブレイディが、地面師事件の調査報告書に、マネーロンダリングとテロリストの資金調達の兆候を見たというのである。

記者会見で反応したのは、「週刊エコノミスト・オンライン」編集長の金山隆一《かなやまりゅういち》だった。

「いま、マネーロンダリングという話があった。地面師事件の決済は、預金小切手が使われていたと言うが、それなら銀行の決済が必要です。銀行に責任はないのでしょうか」

「米国には一六の情報諜報機関がありまして、日本の関連機関とも緊密に連携していますが、これについては調べてほしいと要請をいたしました。銀行に問題があります」

「決済したのは、どこの銀行なのですか」

一瞬、躊躇《ちゅうちょ》したブレイディだったが、はっきりとこう答えた。

「ミツビシ」

ブレイディの発言を受けて三菱ＵＦＪフィナンシャル・グループ（以下、三菱ＵＦＪＦＧ）の広報担当者は、マスコミ対応に追われることになった。

地面師との取引に預金小切手が使われたことは、すでに触れた。四九億円もの支払いに、最も安全な銀行口座への振り込みではなく、なぜわざわざ危険な預金小切手を使ったのか。積水ハウスの社内からはもちろん、業界でも疑問視される預金小切手の支払いは、ブレイディから見ても、奇怪な決済方法だった。預金小切手を決済したのは、三菱ＵＦＪ銀行新宿新都心支店。東京マンション事業部の取引支店だった。

預金小切手は八通に分割され、最も大きなものは約三六億八〇〇〇万円である。形式的にも危険な決済だったが、ブレイディが怒ったのは、国際的なマネーロンダリングを防止する意識が見えないことだった。

記者会見のひと月以上も前の一月九日、ブレイディは三菱ＵＦＪＦＧに対して書簡を送付していた。正確には、送付したのは日米の弁護士、ウチモトと松岡である。

書簡の表題にはこう書かれていた。

「五反田地面師詐欺事件と積水ハウスの55・5億円（51・9百万米ドル）の損失につながった資金送金のマネー・ローンダリング及びテロリスト資金供与に関する速やかな調査のお願い」

二〇〇一年九月一一日、四機の旅客機がハイジャックされた。二機がニューヨークのワールドトレードセンターのツインタワーに突入し、一機は米ペンタゴン（国防総省）に、そして一機はハイジャックに気づいた乗客の抵抗を受けて墜落した。二九七七人の犠牲者を出し、本土中枢に史上屈指の攻撃を受けたアメリカは、テロとのグローバル戦争に突入していった。愛国者法を成立させ、あからさまな国民監視を続けるなど、国民の統合に大きな犠牲を払いながら、諜報と国防に躍起となったアメリカは、いまもテロ資金に厳しい視線を送っている。書簡は冒頭から、危機感を露《あら》わにしていた。

我々は、三菱ＵＦＪ銀行（以下「貴行」）に対し、貴行を通じたマネー・ローンダリングおよびテロ資金供与の可能性がある疑わしい取引に関する透明性・詳細を調査し、その結果を我々に提供して頂きますよう要請致します。

ご承知のように、最終的には地面師が関係した日本で最も悪名高い詐欺の一つであると判明した取引において、貴行は資金の支払・送金を担いました。この不祥事により積水ハウスとその株主は55億5000万円（5190万米ドル）の損失を被りましたが、その損失額は全く回収されておりません。

（中略）

貴行はこの不正取引が行われることを防ぐことができたはずであるため、2001年の米国同時多発テロ事件以降のマネー・ローンダリングおよび反テロ資金供与スキームについての極めて厳格な対応と報告を必要とする環境下で求められる金融機関としての責任を全うしなかった可能性があると考えます。


書簡は、三菱UFJ銀行が取引に介在したにもかかわらず、なぜ地面師たちに騙《だま》されたのか、その理由を徹底調査するように求めていた。

さらに、書簡は三菱UFJ銀行が本来なら未然に防止しえたはずなのに、「過失あるいは故意に重要な危険信号を多数見落とした」と厳しく批判している。書簡が示す根拠は具体的なものだ。

・デュー・ディリジェンスや質問を一切行わなかったため、貴行は地面師が求める送金を容易にすべく合計約60億円に上る多数の預金小切手を発行した。貴行が発行した預金小切手の最大額のものは約36・8億円であった。
・不動産取引の決済には通常、銀行送金が用いられるところ、このような60億円という極めて大きな額に関して、その後の追跡が不可能な資金に換金することが容易な預金小切手を発行することは非常に稀である。
・積水ハウスの取引相手（ＩＫＵＴＡ）はペーパーカンパニー（既知の不動産ブローカーや仲介業者ではない）であり、その取締役の夫が北朝鮮に好意的な元国会議員であることを貴行が知っていた、または知りうべきであった。これらの要因により、マネー・ローンダリングに関する疑念が直ちに生じ、貴行において「外国政府等の重要な公人」（「ＰＥＰ」）に該当する可能性についての判断があるべきであったと考えられる。
・組織犯罪およびテロリスト集団は通常、多数のスキーム参加者への資金の配分を迅速かつ効率的に行うべく支払いを細かく分けることから、多額かつ多数の預金小切手は非常に疑わしいというべきである。

ポイントは、ペーパーカンパニーと預金小切手だ。国際的なマネーロンダリング対策では、この二つは、レッドフラッグ（危険信号）である。現金同様に決済時に資金の流れが追いにくく、リスクが高い預金小切手を使い、ペーパーカンパニーと取引する。杜撰な決済を調査もなく許した、三菱ＵＦＪ銀行に不信感が滲《にじ》んでいた。

「元国会議員」とは小林興起のことだ。小林が北朝鮮に好意的かどうかは分からないが、日本の国会議員として近隣国の北朝鮮や、その大使館の役割を担う朝鮮総連と交流を持つことを直ちに批判されるべきではないだろう。しかし、米朝は緊迫した関係を続けてきた。小林興起の事務所が所在地であり、妻が役員に名を連ねるペーパーカンパニーとの取引は、北朝鮮への送金を連想させたようだ。

　また、国際的なマネーロンダリング対策においては、国内外を問わず、政府関係者や政治家との取引もレッドフラッグの一つなのである。その上で、次のように警告した。


　私たちは、事業のプロセス及び全体的なガバナンスの破綻、隠蔽、そしてこの取引全体から窺《うかが》われるマネー・ローンダリング及びテロ・犯罪資金との関わりの懸念から、そのままこの状態が放置されれば、今後不祥事が再発し、積水ハウス、貴行、そして日本の経済界全般の信頼と評判に対する長きに渡る損害となることを懸念致します。


　ブレイディが指摘したマネーロンダリングは、注目を集めた。そこで和田たちは、三月に再び会見を開き、弁護士の高橋大祐《たかはしだいすけ》が壇上に立った。彼は、経産省をはじめ公的機関のガイダンス策定に携わってきたマネロン対策の専門家だ。日弁連の「海外贈賄防止ガイダンス」の策定に関わった弁護士や研究者たちの独立団体、海外贈賄防止委員会の委員を務め、事務局を担っている。

　不正防止に並々ならぬ意欲があり、地面師事件についても詳しく分析していた。

「多額の預金小切手が使われ、ペーパーカンパニーが介在する非常にリスクが高い取引でした。いくつもレッドフラッグ（危険信号）があり、不動産のプロとしては慎重に対応しなければならない案件でした。

　それにもかかわらず阿部会長ら経営陣は、社長案件として自ら取引のハードルを下げて突き進み、向う見ずにも犯罪集団に資金を預けたわけです。そして資金はどこに消えたかも分からない。阿部さんたちの行動はマネロン対策のコンプライアンス要請に逆行したものではないかと考えています」

温和な表情に、怒りを潜ませながら説明する高橋に、半ば圧倒されながら会見は進んだ。

日本でもマネーロンダリング対策は近年強化されているが、国際的なマネロン対策の歴史は、一九八九年のフランスで開かれたアルシュ・サミットまでさかのぼる。警察庁の犯罪収益移転防止対策室の説明によれば、アルシュ・サミットの経済宣言を受けて、FATF（Financial Action Task Force on Money Laundering）が設立される。二〇〇一年の米同時多発テロ以降は、テロ資金供与に関して国際的な対策を主導してきたFATFは、これまでに数々の勧告を行い、対策を世界に促してきた。

日本においても二〇〇七年に犯罪収益移転防止法が施行され、改正を続けている。金融庁長官は、マネーロンダリング情報を一元的に集約し、整理・分析して捜査機関に提供する権限を持っており、金融機関には、疑わしい取引についての報告義務がある。

また、同法は金融機関だけでなく、宅地建物取引業者にも厳格な本人確認と、疑わしい取引に際しての届出を義務付けていた。

こうした背景を鑑《かんが》みれば、地面師事件の取引の内容は、マネロンそのものになるだろう。

高橋が続ける。

「FATFは四〇の勧告を公開していますが、マネロン対策の最も重要な概念は、第一条に記載されている『リスクベースアプローチ』というものです。リスクが高いところに対しては、慎重な対策をとるというのが、原則です。ＦＡＴＦの勧告を受けて、日本でも国家公安委員会が『犯罪収益移転危険度調査書』を毎年、発表しています。

今回の不正取引（地面師事件）は二〇一七年三月から六月にかけて行われましたが、直前の一六年の調査書には、『不動産取引においては多額の財産の移転が伴うことから、リスクが高い』と書かれています。

特に多額の現金により決済され、架空名義、または借名で行われた疑いのある取引については、一層リスクが高いと明確に記載されている。今回の取引はまさに多額であり、一枚で約三六億円という多額の預金小切手を振り出して、しかもＩＫＵＴＡというペーパーカンパニーが介在した。外形的に見てもリスクが高い取引だったと言えるでしょう」

実際、地面師との取引に利用された預金小切手によって、約三六億円が振り込まれたのはＩＫＵＴＡ　ＨＯＬＤＩＮＧＳの口座ではなく、代表者や、当初から交渉にあたっていた代表格の生田剛名義でもない、男性名義の口座だ。その後、多額の出入金が繰り返されたが、チェック機能が働くことはなかった。

責任からの逃避

書簡は警察庁の「犯罪収益移転防止対策室」や金融庁の「マネーローンダリング・テロ資金供与対策企画室」、さらに「米連邦捜査局（ＦＢＩ）」の捜査機関などにも送付された。

和田と勝呂のもとに、ＦＢＩから情報提供を依頼する電話があったのは、この会見からしばらく経った三月半ばから、四月の上旬にかけてだった。二人によれば「ＦＢＩは、預金小切手とペーパーカンパニーが利用されたことに、深い関心を持っていた」という。

三月一七日には、地面師事件で司令塔の役割を果たし、主犯格の一人とされる内田マイクに対して、東京地裁は懲役一二年（控訴）の判決を言い渡した。判決文によると内田は、「少なくとも一億一五〇〇万円取得していた」ということだ。カミンスカス操も六月一〇日、東京地裁で懲役一一年の判決を受けたが、彼が取得したと認定されたのは、「少なくとも一億円」ということだった。

ＦＢＩは、地面師に渡ったとされる約三六億円と、内田とカミンスカスに渡った二億一五〇〇万円との差額がどこに流れたのか、関心を寄せているという。

私は、三月に断続的に行われたカミンスカスの裁判を傍聴した。偽者の地主に扮《ふん》し、罪を認めて服役中の羽毛田正美《はけたまさみ》が、カミンスカスの目の前で「すべて小山さん（カミンスカスのこと）からの指示です」と証言する様を、彼はじっと聞き入っていた。本人尋問では、検察官が、彼が犯人であることを示す数々の証拠を提示しても、たじろぐことなく「私も騙された一人」と主張。マスク越しにのぞく目は、恐ろしいほど冷静だった。六月一五日一審判決を不服として、カミンスカスは控訴した。積水ハウスと取引するにあたり、彼にはどんな世界が見えていたのだろうか。

ウチモトと松岡が送付した書簡は、積水ハウスと三菱ＵＦＪＦＧの関係もまた、厳しく指摘している。二人の問題意識と危機感がうかがえるので、紹介しておこう。

積水ハウスの取締役等は、必死になって不祥事を隠蔽しようとしており、その手段として、まず彼らに責任があるとした調査報告書が公開されないようにし、更にその責任により自身が解任されることを回避すべく大胆な取締役会でのクーデターを通じて当時の会長を解任しました。

積水ハウスの取締役等は、同社の取締役会と経営陣を引き続きコントロールしており、失われた多額の資金を回収したり、貴行を含む詐欺取引に関与した人物または団体を訴えたり回答を求めたりするということによって会社に対する忠実義務を果たすようには行動していません。それどころか、積水ハウスの取締役等は貴行との銀行取引関係を拡大させていると理解しています。

さらに、貴行は上記積水ハウス取締役等の1人の近親者を雇用していると聞いています。これらの問題は積水ハウスの株主にとっては重大な関心事であり、詐欺取引を完遂させ多額の損失を被らせた本件における送金を防げなかったという結論を導いた貴行の過ちという点に注目して考えると、これらの問題が、貴行が何らの対応も行わなかったことに対する不適切な見返りである可能性があるものとして、迅速かつ断固たる姿勢で調査を行う必要があります。

ガバナンスを無視したクーデターと調査報告書の隠蔽から始まった株主や専門家の疑念は、積水ハウスと三菱ＵＦＪ銀行の不適切な関係を疑うまでに、大きくなっていた。

積水ハウスは「不正取引」と指摘する和田たちの株主提案に対して、「関係者に違法性はない」旨、反論している。だが、違法性があろうがなかろうが、情報開示とガバナンスを軽視する姿勢は、取引先を巻き込んだ世界規模のレピュテーション（評判）リスクを招くことを、この書簡は示唆していた。

後日、ウチモトと松岡のもとには、三菱ＵＦＪＦＧの執行役常務で、グループＣＣＯ（チーフ・コンプライアンス・オフィサー。筆者注・マネロン対策も含むコンプライアンスの最高責任者）の半沢淳一《はんざわじゅんいち》（現三菱ＵＦＪ銀行頭取）より、正式に回答が届いた。趣旨は「犯罪収益移転防止法に照らしても、責任ある対応をした」というものだが、顧客情報に関する守秘義務を盾に、詳細については何ら触れられていなかったという。

第七章

総会

企業倫理、漂流す

勢いづく株主提案

積水ハウスは、二〇二〇年一月期の決算を三月五日に発表した。連結の売上高は二兆四一五一億円、純利益は一四一二億円に達した。大幅な増収増益だが、前期にアメリカ不動産売却の「期ずれ」があったので、国際事業が大幅に伸びたことが、主な要因だった。また、土木建築の鴻池組を持つ鳳ホールディングスを連結子会社としたことが、売上を七二四億円も押し上げた。現預金を手厚く用意しているゼネコンを連結したことで、稲垣士郎が傾注していた財務健全化も一気に進んだ。

最高益に沸いているはずの同社だが、社長の仲井嘉浩によって発表された二〇二一年一月期～二三年一月期までの中期経営計画（第五次）は、失望を誘う。三年後の二三年一月期の純利益の予想が、一四七〇億円とわずかな成長にとどまる計画だったからだ。会見で、仲井は第五次中計を「基盤づくり」と説明したが、二年間、事業投資を抑制した影響を見越しているからだろう。中計期間の三ヵ年で、二〇〇〇億円規模の事業投資を見込んでいるが、これは不動産投資ではなく、M＆Aや新規事業にあてるものだ。投資がストップした二年間で離れていった取引相手を再び引き寄せられるのか。そんな課題も浮かび上がる。

最高益を支えた国際事業も鳳ホールディングスのM＆Aも、和田時代に仕込まれたこと。現経営陣の実力は、まだ分からなかった。

中期経営計画の発表会に出席できたのは、国土交通省記者クラブと大阪建設記者クラブの加盟社だけだった。同社の広報は、当初、雑誌記者にも案内を送っていたが、和田らが株主提案をした後、突然、手のひらを返す。「ダイヤモンド」や「東洋経済」などの経済誌や「週刊現代」やウェブニユース媒体には、株主提案側の情報をもとにした記事や、和田やブレイディらのインタビューが並んでいた。広報は、新型コロナウイルスの影響を主張するのだが、記者クラブは良くて雑誌記者はダメという基準は根拠に乏しく、心証がいかにも悪い。オンライン会見を開けばよいだけなのだが、それもやろうとはしなかった。

決算発表と同時に株主提案への会社側の反論も示されたので、記者会見は公の場で株主提案の争点を整理するチャンスでもあったが、それはかなわなかった。

株主提案への反論は、「株主提案に対する当社取締役会意見に関するお知らせ」（以下、会社意見という）としてプレス・リリースされる。冒頭、こう表明された。

取締役会としては、本株主提案に反対いたします。
なお、委員の半数以上を独立社外取締役又は独立社外監査役とする人事・報酬諮問委員会における審議においても、全会一致で本株主提案の11名の候補者全員に反対の意見が表明されております。

取締役会には、現職ながら反旗を翻した勝呂《すぐろ》がいるので、全会一致にはならない。そこで人事・報酬諮問委員会での「全会一致」を強調している。しかし、二年前は、阿部解職の答申を覆しているので、同委員会が機能しているとは言い難い。都合の悪い答申はひっくり返し、都合のいい答申は、ことさらそれを強調しているように見える。しかも、人事・報酬諮問委員会が「全会一致」と胸を張って言えるのかも甚だ疑問だった。同委員会には、調査対策委員長の篠原祥哲《しのはらよしのり》（社外監査役）がいる。また、取締役会にも調査対策委員会のメンバーの三枝輝行《さえぐさてるゆき》、涌井史郎《わくいしろう》の二人の社外取締役がいた。彼らの信念に、泥を塗るようなことが行われていないことを祈るばかりだが、いずれにせよ、社外役員も含めて全会一致と謳《うた》ってしまうところに、多様な意見を許さないガバナンスの現状があった。

会社意見では、ガバナンス不全を指摘する株主提案に反論し、経営陣の進めるガバナンス改革がアピールされている。

・取締役会議長と招集権者の分離
・経営会議の設置
・代表取締役の七〇歳定年制導入
・取締役会の実効性評価の実施
・女性社外役員の登用
・取締役の任期の見直し（二年→一年）
・取締役会の独立性向上（独立社外取締役比率三分の一達成）
・支店長のインテグリティ向上

比較的優れた制度が示され、確かにガバナンス改革は進んでいると評価したい。だが、これまでのウソと隠蔽《いんぺい》を知る者は、これらが正しく実行されていると信じることができるだろうか。社外取締役が役員全体の三分の一に留《とど》まることで、ガバナンスが本来求めている経営陣の厳しいチェック体制を謳う株主提案とは、見劣りしている。

実際、議決権助言会社のＩＳＳは、取締役の任期が二年から一年になることについて、制度改変そのものは評価する一方で、株主提案への対抗戦術としてのガバナンス改革であり、「見せかけではないか」と疑っていた。

今後の第五次中計期間の目標として、「コーポレートガバナンスの体制改革と実効性強化」と「情報開示の充実とステークホルダーとの対話」が掲げられたが、前者はともかく、後者の情報開示もステークホルダーとの対話も、本来は達成するような目標ではなく、日々、正しく行われるべき基本的なことだ。地面師事件や株主提案を念頭に、「今はやりません」と宣言しているようにも見えてしまう。その姿勢は、後日の株主総会で明らかとなった。

また、株主提案が地面師事件を「不正取引」と指弾したのに対し、会社意見は「多数の事実誤認や事実と異なる内容が含まれる」として激しく反論した。現体制が地面師事件の認識を公に示したのは、後にも先にも一度きりなので、全文を掲載しておこう。

なお文意が変わらない限り、別資料を提示しないと理解できないなど、不要と思われる箇所は、私の判断で略した。

本株主提案の提案理由には、以下のとおり、多数の事実誤認や事実と異なる内容が含まれております。

①不正取引は存在しないこと

当社は、２０１８年3月の個人株主から現代表取締役への提訴請求の際、当社監査役会の主導の下、外部弁護士に委嘱して詳細な事実調査を実施しております。

本株主提案の提案理由に記載の内容は、その詳細な調査結果と異なるもので、明確な事実誤認であり、「不正取引」は存在しません。また、詐欺事件に関する刑事捜査においても、その後の刑事裁判手続においても、当社内部者と犯人グループとのつながり等の不正な行為は一切検出されておりません。

②重要情報を公表していること

当社は、２０１８年3月6日付の適時開示文書として、「分譲マンション用地の取引事故に関する経緯概要等のご報告」を公表しており、「地面師事件」の経緯概要、発生原因、責任の所在、再発防止策及び処分の内容に至るまで網羅して記載しております。

当社対応の問題点を段階や立場に応じて分析し、「本社からの牽制機能が働かず、現場は契約の履行に邁進」、「複数のリスク情報への対応は非常に拙劣」等の評価を率直に記載するとともに、（中略）阿部社長（当時）の責任について「業務執行責任者として、取引の全体像を把握せず、重大なリスクを認識できなかったことは、経営上、重い責任があります。」と調査報告書の原文をそのまま記載しております。

当社が調査報告書の全文を公表していない理由は、「地面師事件」の模倣犯を生じさせかねないことへの懸念や捜査上の機密保持及び個人のプライバシーへの配慮のためであり、提案株主の言うような重要情報の隠蔽などは全くありません。

③２０１８年以降、徹底したガバナンス改革によりガバナンスは強化されていること

２０１８年3月6日付適時開示「当社取締役会の議事に関する報道について」で公表しておりますとおり、同年1月24日開催の取締役会において、新しいガバナンス体制の構築に向けて、取締役会の議長と招集権者の分離等による権力集中の解消等を目的とした和田会長（当時）の解職その他の動議がなされ、当該取締役会の議長交代及び取締役会規則改定の動議が可決された後、和田会長（当時）から辞任の申し出がなされ、当該辞任が全会一致で承認されました。そして、（中略）現取締役会は、２０１８年以降、動議の目的であったガバナンス改革をその後も徹底して実施し、これにより当社のガバナンスは強化されております。

提案株主が主張する「ガバナンス不全」は、事実に反し、かつ、何ら具体性のない主張であります。現取締役会としては、提案株主である和田氏が、自身の意に添わない形で２０１８年1月の取締役会の決議がなされたことに対し、根拠なく当社を「ガバナンス不全」と称しているに過ぎないと理解せざるを得ません。

この会社意見には、監査役会の承認は付されていない。よって、この見解は、会社のものと言うよりは、阿部や稲垣ら代表者四人の認識と、ストーリーに基づいたものと考えて良いだろう。

隠れ蓑にされる「模倣犯」「プライバシー」という言葉

私なりに疑問点を指摘しておこう。

①では、同社は二〇一八年三月に個人株主から株主代表訴訟を提訴された際、監査役会の主導の下、外部弁護士に委嘱して詳細な事実調査を実施した、と主張している。

確かに二〇一八年四月一九日付のプレス・リリースで、監査役会の下に社内対応チームを設置して、外部弁護士に調査を委嘱した旨は、公表されている。しかし、当時の監査役から「事実調査をしたという認識はないが……」という意見が漏れるほど、手続きは曖昧《あいまい》なものだった。

当時、監査役会は、株主からの提訴請求について、阿部を会社として提訴するかどうかの判断を求められていた。会長職に就いた阿部を提訴して、善管注意義務違反に問えば、経営上の混乱は必至。監査役会が提訴を視野に入れて事実調査をすることは、ハードルが極めて高かったのである。

また、当時の監査役会は正常とは言い難かった。常任監査役二名、社外監査役三名で構成されていたが、人事・報酬諮問委員会で阿部解任に賛成した和田純夫（常任）や篠原祥哲（社外）に加えて、ヤメ検の小林敬（社外）もいた。和田純夫と國定浩一《くにさだこういち》（社外）は、監査役会が阿部を「提訴しない」と判断した八日後の株主総会をもって、任期途中で辞任に追い込まれている。さらに、吉田《よしだ》憲五《けんご》（常任）も任期満了で退任した。五人中、三人の退任が決まっている監査役会は、すでにレームダックの状態で、阿部ら経営陣にたてつくような真剣勝負の「詳細な事実調査」が、本当に可能だったのだろうか。

そもそも、地面師事件の事実関係を調査したのは、取締役会から要請された調査対策委員会だ。

調査結果がすでに示されているのに、なぜ監査役が主導して再び事実調査をする必要があったのか。私は、ネットニュースサイトの「ＪＢｐｒｅｓｓ」編集部を通じて、積水ハウスに外部弁護士が誰なのか、また不正取引がないという根拠は何かを質《ただ》したが、会社側は一切、それを明かさない。

大上段に「詳細な事実調査」をして、「不正取引は存在しない」と主張するには、会社意見は根拠に乏しかった。

また、「詐欺事件に関する刑事捜査においても、その後の刑事裁判手続においても、当社内部者と犯人グループとのつながり等の不正な行為は一切検出されておりません」と主張しているが、これも株主提案側と会話がかみ合っていない。株主提案は、地面師事件において経営陣に「不正行為があった」と主張しているが、刑事捜査が伴うような「違法行為があった」とは、指摘してはいない。警察は違法性を検証するために捜査するのであって、経営上の不正行為を捜査しない。

四人の経営者の限界は、詳細な事実の経緯が示されている調査報告書を、主張の前提にできないことだろう。取締役会が承認した調査対策委員会による調査は、ガバナンス上の規定に基づいた正式にして唯一の調査だった。阿部は、自分の責任の重さとその経緯が克明に示されている調査報告書を、主張の前提とできないのなら、改めて第三者委員会などを設置し、地面師事件の詳細を調査して報告すること以外に、説得力を持つ術《すべ》はなかっただろう。

さらに②では、会社意見は、調査報告書を公開しない理由を、『『地面師事件』の模倣犯を生じさせかねないことへの懸念や捜査上の機密保持及び個人のプライバシーへの配慮』としている。これまでにも、地面師事件は散々報道されており、ノンフィクションライターの森功《もりいさお》が、地面師たちの暗躍の様を、詳細な経緯と共に掘り起こした書籍（『地面師　他人の土地を売り飛ばす闇の詐欺集団』講談社、二〇一八年）も刊行されている。それでも模倣犯を心配したり、捜査が終結してからも、調査報告書の内容を捜査上の機密なのだと主張する。

調査報告書は株主代表訴訟に提出され、裁判資料として閲覧が可能になっているが、その際、プライバシーに配慮して、一部の人名は黒塗りにされている。裁判所の決定に基づいて、プライバシーに配慮する公開の在り方を検討すればよいのだが、それもせずに「重要情報の隠蔽などは全くありません」と主張しても説得力はないだろう。

「模倣犯」、「プライバシー」という言葉は、何事かを隠したい経営者の隠れ蓑《みの》に、過去、何度も利用されてきた。関西電力の金品受領問題でも、当初、プライバシーを理由として問題に関わった幹部の名前や、受領した金品の内容は伏せられた。しかし、その姿勢は厳しく批判され、すぐに明らかにされた。

二〇一八年一月二四日の取締役会でのこと。和田が阿部の解職動議を出したとき、反対意見として内田隆（副社長）は、「地面師事件は、責任をとって辞めるほどのものではない」と言ったとされる。ならば、調査報告書を経営状況と照らしたうえで、理解が得られるまで、説明を尽くすべきだったのだ。ところが、彼らはクーデター後に、調査報告書を非公開とし、説明を避けてしまった。

こうした経緯を鑑《かんが》みると、③の「ガバナンスは強化されている」との主張は、かえってガバナンスの抜本改革への強い拒否反応と感じてしまう。

私は積水ハウスに対して、会社意見の矛盾を質した上で、阿部と稲垣のインタビューを申し込んだが、会社意見をなぞったうえで、次のように回答するだけだった。

「情報公開につきましては、当社は上場会社として法律・ルールに則って、株主の皆様に対して適宜適切に情報を開示しております。

なお、現会長及び現副会長へのインタビューには応じかねます」

四月一日、株主総会招集通知が公表され、会社側の取締役候補が正式に発表された。候補者番号順に紹介しよう。

1．阿部俊則（代表取締役会長）
2．稲垣士郎（代表取締役副会長）
3．仲井嘉浩（代表取締役社長）
4．内田隆（代表取締役副社長）
5．涌井史郎（社外取締役・東京都市大学　特別教授）
6．吉丸《よしまる》由《ゆ》紀《き》子《こ》（社外取締役・三井化学　社外取締役）
7．北沢《きたざわ》利文《としふみ》（新任　東京海上日動火災保険取締役副会長）
8．田中《たなか》聡《さとし》（新任　三井物産　顧問）
9．西田勲平（取締役　専務執行役員）

10．堀内容介（取締役　専務執行役員）
11．三浦敏治《みうらとしはる》（取締役　専務執行役員）
12．石井徹《いしいとおる》（新任　専務執行役員）

社外取締役を一人増員して四人とし、代表の四人に、その指揮下にある四人の執行役員が付き従う体制である。調査対策委員会のメンバーだった三枝は退任することになった。

積水ハウスは、株主の議決権を奪い合うプロキシファイトに突入した。

議決権行使助言会社のＩＳＳとグラスルイスが、レポートを出したのはそれから一週間ほど経ってからだ。ＩＳＳは、阿部と稲垣の二人の実力者に反対推奨を出した。また、株主提案側のクリストファー・ダグラス・ブレイディと岩﨑二郎の賛成を推奨した。この案の通りに取締役会を構成すれば、社外取締役が一二人中六人体制となる。社外取締役の過半数とはならないが、半数を社外取締役が占め、経営監視体制が拡充される。

グラスルイスは、より踏み込んでいた。代表取締役四人全員に反対推奨を出し、和田と勝呂文康《ふみやす》、ブレイディと加藤ひとみに賛成を推奨した。阿部と稲垣、さらに彼らに付き従った仲井、内田も辞めさせる。代わりに和田と勝呂を復帰させて、社外取締役にブレイディと加藤を送り込む。グラスルイスも半分を社外取締役が占める体制を推奨したわけだ。和田は「復帰したら第三者委員会を設置し、地面師事件の経営責任問題に区切りをつける」と話していたが、彼にガバナンス改革の求心力を求めたわけだ。

ＩＳＳもグラスルイスも、二年前の改選と同様に、阿部と稲垣が実権を握り続けることを許さなかった。両社は、調査報告書を開示しない姿勢を懸念しており、それを反対推奨の理由としている。これに対し、会社側はＩＳＳの判断に、わざわざプレス・リリースを出して「重要情報の隠蔽などは全くなく、当社の開示姿勢は適切であります」と反論したが、初めて開示姿勢について修正した。

当該事件の犯人達（事件当時、当社が存在自体を知らなかった者を含みます）の刑事訴訟が現在も係属中でありますので、その終息がある程度見込まれた時点で、さらなる説明責任を果たすための方法について検討してまいります。

「検討する」という言葉に逃げ込むところに、彼らの本心が透けて見える。

このころ、「日経ビジネスオンライン」に勝呂や藤原元彦のインタビューが掲載され、「週刊文春」や「週刊新潮」も地面師事件の「不正取引」について報じていた。特に「週刊文春」は、地面師事件当時、不動産部長だった黒田章の告発をもとに、阿部が取引に関与した経緯を詳報して「文春砲」と話題となった。他にも、「月刊ファクタ」などでも株主提案の内容に即した記事が掲載される。私自身も「現代ビジネス」や「ＪＢｐｒｅｓｓ」などに記事を書いた。

株主提案側がメディアへ積極的に接触したのに対して、会社側はほとんどメディアに主張を示さなかった。株主提案に反論し、対立軸を際立たせたくない、報道が過熱すれば、会社側は不利。そんな思惑があったのだろう。

そんな折、和田をインタビューした私は、こう打ち明けられた。

「実は、非公式だがシャープが支持をしてくれている」

株主提案側は、機関投資家や法人株主に、地道に支持を訴えていた。勝呂や藤原は、連日のように株主企業を訪問して支持を頼んだ。また、岩﨑や岡田らも独自のネットワークで株主提案側を支持するよう働きかけていた。シャープは住宅設備などを積水ハウスに供給する関係の深い株主である。そんなシャープが、非公式とは言え、株主提案を支持したことには大きな意味があった。

すでにISSとグラスルイスが、阿部や稲垣に反対推奨を出し、海外株主はこれに準じる可能性が高い。非公表ではあるが、シャープが株主提案に賛同の意を示したのは、和田たち提案側を勢いづけた。

しかし、攻勢もここまでだった。色よい返事が聞けたのはシャープだけだったのだ。

結果から言えば、四月二三日に開かれた株主総会で、株主提案はすべて否決される。阿部と稲垣さえも、再任が承認されるという厳しい結果に、和田と勝呂ほか彼らに賛同した社外候補たちは、日本での株主提案の難しさを目の当たりにすることとなった。

壁となった持ち合い

和田たちは、メンバーと連日のように電話会議を開き状況を連絡しあっていたが、提案側の事務方として、戦術をとりまとめたのは、代理人の松岡直樹である。彼に株主提案の戦いぶりを振り返ってもらった。

「提案側は、日本の株主にどのように支持を訴えたのでしょうか」

「株式の三割を持つ海外株主は、ブレイディさんの奮闘もあったし、またＩＳＳとグラスルイスの助言に基づいて、議決権を行使するだろうと見込んでいました。ですから我々は、日本の機関投資家や法人株主に、どれだけ味方についてもらえるかというのが勝負の分かれ目と踏んでいました」

二〇二〇年一月三一日現在の積水ハウスの株式分布状況によれば、外国人が三〇・三七％で、そのほとんどをブラックロックのような資産運用会社や年金基金などの法人が保有していた。また、日本の金融機関が四〇・〇一％を保有し、証券会社など金融商品取引業者が六・一九％を保有している。

これらの金融機関は、顧客から資産を預かり運用を受託しており、その運用分の議決権については、スチュワードシップ・コードを受け入れ、議決権行使のガイドラインを公表している。その比率は不明だが、議決権行使基準に基づく株式数においては、株主提案の趣旨に賛同する可能性があった。

また、我々の年金の積立金を運用するＧＰＩＦ（年金積立金管理運用独立行政法人）もまた、資産を預ける信託銀行やアセットマネジメント会社に、ＧＰＩＦのスチュワードシップ・コードに基づいた議決権行使を委《ゆだ》ねていた。

議決権行使基準を公表している機関投資家は、株主提案側の主張に理解を示す可能性はあったことになる。先述したように、実際二〇一八年の株主総会では、三井住友信託銀行などが阿部の選任に反対し、アセットマネジメント・ワンなどが、阿部と稲垣の取締役の選任に反対している。

株主提案側の望みは、日本国内の機関投資家の支持を固めることだった。松岡が言う。

「より具体的な地面師事件の実態を訴え、ガバナンスの根底が揺らいでいることを訴えれば、機関投資家の一定数が支持をしてくれることを期待しました」

一方で、彼らの前に立ちはだかったのは、日本独特の株主資本主義の実態だった。会社側は、「政策持ち合い」という強固な固定票を持っていた。

その大きな牙城《がじょう》となったのが、積水グループ四社の血の結束である。

積水ハウスは積水化学工業を母体として誕生した。現在も積水化学は、積水ハウス株の五％超を保有する単独企業として筆頭株主である。また、積水化学が二〇％超を保有する関連会社の積水樹脂、積水化成品工業は、積水ハウスの株も保有し、グループ内で強固な持ち合いが続いていた。

「持ち合い」は「政策保有株式」と呼ばれ、日本固有の買収防衛策であり、海外の投資家からは批判の対象になっている。バブル期に持ち合った株は、その後の株価暴落で巨額の含み損を出し、各企業の財務体質に大きなダメージを与えた。

近年、政策保有株式については、持ち合いの弊害を解消することを海外にアピールするために、金融庁が主導して有価証券報告書に開示義務が設けられ、実態が概《おおむ》ね明らかになっている。積水ハウスと積水化学との持ち合いも縮減傾向にあるが、依然として強固な結びつきがあることを、松岡は目の当たりにしたという。

「積水化学、樹脂、化成の三社に、我々は面会要請を断られました。『会わない』『会っても結果は変わらない』という理由でして、まさに門前払いでしたね」

います。

「血の結束は生きているわけですね」

「経営陣が互いに議決権を行使することで、お互いの会社支配を守ろうとする。我々としては、株主がどれだけ正当な意見を提案しても、検討すらしてもらえないということですから、問題だと思います。

また、他にも政策持ち合いは強固に生きている。それが積水ハウスの取引業者です。例えば、積水ハウスの家を購入したら、住宅設備品を納入する企業がありますが、取引関係のある企業が多数、同社の株主になっています。例えばエアコンのダイキン工業がそれにあたります」

「シャープは、かつて会長の町田勝彦《まちだかつひこ》氏が、積水ハウスの社外取締役を務めていました。典型的な政策持ち合いの会社ですが、今回は、株主提案に賛同しました。これはどういうことでしょうか」

「シャープは、二〇一六年から鴻海《ホンハイ》精密工業の傘下に入っています。我が方のブレイディさんも持ち合いを特に、問題視していましたが、シャープの戴正呉《たいせいご》CEOも、政策持ち合いを理解できなかったのではないでしょうか。おそらく『なんでウチが積水ハウスの株を持ってんねん』と、こんな印象を持ったでしょう。純然たる株式会社制度では、この政策持ち合いは、互いに経営者同士のなれ合いを助長するだけで、株主にとってメリットはありませんからね。外資となったシャープが我が方を支持したことは、日本のマーケットが世界から特異な存在だと考えられている証左と言えます」

「他にも積水ハウスはメガバンクや地銀と政策持ち合いをしています」

「三菱UFJFGやみずほフィナンシャルグループなどの銀行業をもつ金融機関も、住宅メーカーは住宅ローンへの窓口であり、また法人融資の顧客でもあります。銀行などが政策保有を目的に独自に持っている株の議決権は、スチュワードシップ・コードの対象となっていません。この点も我々には不利に働いたでしょう」

メガバンクの幹部に、一般論としてプロキシファイトの際に銀行はどのような行動をとるかを尋ねてみると、「取引相手の経営陣にNOを突き付けることは、現実的には難しい」と教えてくれた。

こうした政策的な持ち合いは、特に関西経済連合会の加盟企業では未《いま》だに根強く残っている。先述した関西のヤメ検サークルも関経連企業の中で回っているが、関西電力を中心とした強固なもたれあいは、公然と続けられてきた。そこに不祥事の追及がメスを入れた。

六月二五日に行われた関西電力の株主総会は、金品受領問題の不祥事も受けて、取締役解任も含む二六議案の株主提案があった。この株主総会で、社外取締役が過半数を占め、経営と執行が明確に分離される指名委員会等設置会社に移行する大幅なガバナンス改革が行われる。

それ以前の関西電力では、三菱UFJFG元会長の沖原隆宗《おきはらたかむね》、ダイキン工業会長の井上礼之《いのうえのりゆき》、近鉄グループホールディングス会長の小林哲也《こばやしてつや》、京都女子大学元教授の槇村久子《まきむらひさこ》の四人が社外取締役を務めていたが、その内、ダイキンの井上と近鉄の小林は、関電前会長の八木誠と共に関経連の副会長でもあった。

金品受領問題について経営陣を追及できなかった井上と槇村は株主総会をもって、関西電力の社外取締役を退任したが、小林は再任されている。ダイキンと近鉄は、関西電力と互いに株式を持ち合う関係であり、積水ハウスも関西電力、ダイキン、三菱UFJFGと株式を持ち合う関係にある。

以前は、元検事総長の土肥孝治が関西電力と積水ハウスの監査役を務めていたが、いまは槇村が一八年より積水ハウスの監査役を務めている。関経連で資本とヒトを融通しあう隠然とした癒着関係は、不祥事を見過ごし、ガバナンス強化を訴える株主たちの求めを無視し続けてきた。

株主提案側が訴える内容を検討するよりも、取引相手の経営陣を刺激したくないという本音は、隠然と存在する。松岡が続ける。

「取引関係を強化するために設けられた仕組みが、株式の政策持ち合いですから、互いに取引相手の経営者を守る傾向にある。今回のように経営者に不利な株主提案があっても、その提案に賛同するのはハードルが高いのでしょう」

「これが温存されていると、どのような問題があるのですか」

「純粋な投資目的ではないので、株主から預かっている資本を無駄に使っているという批判があります。また互いにもたれあう関係ですから、経営者に緊張感を持たせることができません。さらに政策持ち合いは、取引相手とも相互依存することになりますから、例えば安くて良質な住宅設備を納入する企業があっても、持ち合いの関係を考慮して、粗悪な住宅設備を使い続けるということも起こりかねません。つまり取引の上での競争を阻害するので、企業のコスト面から見ても、合理的ではないという批判があります」

会社側に有利な点は、持ち合いだけではない。例えば、従業員や協力企業の持ち株会は、自動的に会社側に賛成票を入れてしまう会社側の固定票となる。

積水ハウスには、従業員持ち株会の「育資会」をはじめ、協力業者の持ち株会、また資材納入業者の持ち株会がある。仕組み上は、従業員も個別に議決権を行使できるが、投票行動は会社側に筒抜けとなる。社員株主は現役の社員たちであり、人事権を持つ上司に逆らうことは難しい。また、協力業者や資材納入業者も同様で、会社側は彼らの議決権行使を実質的に支配している。

「こうした会社側との強い関係の上に経営陣の固定票は、少なくとも二割に上ると見られます。例えば、せめて株主の従業員や協力業者の議決権行使の内容は、会社側に秘密になるような制度が、必要ではないかと強く思いました」

株主提案側には厳然としてアプローチできない、経営者が実質的に支配している株主たちがいる。これが日本の現状でもある。

敗因

そもそも株主提案は、招集通知書やインターネット議決権行使の状況を見ても、かなり不利だ。例えば、株主総会の招集通知は、会社によって作成されるために、会社側に賛成するアピールと共に、株主提案に賛成しないように、呼びかけられる。それは冒頭から徹底される。

本定時株主総会に上程される議案には、会社提案（第1号議案から第7号議案まで）及び株主提案（第8号議案）が含まれております。各議案の内容は株主総会参考書類に記載のとおりですが、株主提案（第8号議案）について、当社取締役会は「反対」の意見を表明しております。

また、議決権行使を案内する文面では次のように、株主提案に反対するよう促されていた。

書面による議決権行使の場合
同封の議決権行使書用紙に議案に対する賛否をご表示のうえ、２０２０年４月22日（水曜日）午後６時までに到着するようご返送ください。
議決権行使書用紙による議決権行使の際に、各議案について賛否のご表示がない場合は、会社提案（第１号議案から第７号議案まで）については「賛」（賛成）、株主提案（第８号議案）については「否」（反対）のご表示があったものとしてお取扱いいたします。
株主提案（第８号議案）について、当社取締役会は「反対」の意見を表明しております。当社取締役会の意見にご賛同の場合は、第８号議案に「否」（反対）をご表示ください。

白紙投票は会社側の賛成票となることを、会社は一方的に決めることができる。また、株主提案について強く反対を促すこともできた。
さらに、「招集ご通知」には、会社側の業績やアピールポイントが盛んに喧伝《けんでん》されるが、株主提案については、最後の議案とされ、しかも提案内容の後には、会社側の反論文が掲示される。この通知書だけでは、提案側に良い心証を持つ株主は、ほとんどいないだろう。
積水ハウスではインターネットでの議決権行使も行ったが、これも会社側が有利だったと松岡は言う。

「会社から送られてくる議決権行使書には、それぞれの株主向けのQRコードが記載されていました。これを読み取るとスマホ上に『議案賛否の方法の選択』という画面が現れます。その際に先頭にあるのは、『会社提案の全ての議案を賛成、株主提案の全ての議案を反対とされる場合』と示された『確認画面へ』というボタンです。これをクリックすると、会社側にすべて賛成、提案側にすべて反対の表示が出て、送信のボタンを押すだけ。二クリックで会社側にすべて賛成できる。一方で、提案側に賛成を入力しようとすれば、『賛否行使画面へ』をクリックして、それぞれの議案とそれぞれの候補に賛否を打ち込む必要があった。

もちろん株主提案に一括賛成というボタンはありません。株主提案を支持してもらうためには、我々が発する多くの情報に接してもらい、さらに議決権行使のために、いくつもの手間をかけてもらわなければなりませんが、会社側は両者の提案内容に関心のない株主でも、簡単に一括賛成を得ることができる。日本の議決権行使には、こうした不平等があることは、否めないでしょう」

プロキシファイトは、会社側に極めて有利に働くようにできていた。しかし、株主提案の一切が否決された背景には、それ以外の要因もたくさんある。

和田と勝呂の提案は、勝呂を除く取締役の総入れ替えを求める提案だった。いきなり取締役がごっそりと入れ替わって、経営がうまくいくのかという株主たちの不安には、明確に答えを示すことができなかった。

また、七八歳となっていた和田が取締役に復帰することについては、マスコミやアナリストからも否定的な意見が多かった。二〇年もの長期にわたり積水ハウスに君臨した和田は、「それでもなお、権力に執着して返り咲きを目指しているのか」という印象を持たれてしまったのだ。和田が阿部の『ガバナンス不全』を謳っても、自身が主導して「第三者委員会を立ち上げ、地面師事件を再調査する」と訴えても、和田の返り咲き狙いとの印象をぬぐえなかった。グラスルイスは改革の求心力を求めて、和田の復帰に賛成推奨したが、株主の理解を得ることはできなかった。

短期間に地面師事件を「不正取引」と訴えるには、問題があまりに複雑だったということもあるだろう。阿部と稲垣のガバナンス不全に焦点を当て、地面師との取引に責任を問われた調査報告書に基づいて、阿部の退任と過半数の社外取締役候補の選任を求めていれば、機関投資家の賛同は得やすかったかもしれない。

前年には、LIXILの株主提案が成功し、和田や勝呂らもLIXILの手法を参考にしていたようだ。だが、LIXILの布陣とは、明らかに見劣りするものだった。

LIXILの株主提案をした瀬戸欣哉は、創業家の潮田洋一郎《うしおだよういちろう》との内紛の末、二〇一八年の秋に不透明な人事でCEO職を退任していた。これを、英投資会社マラソン・アセット・マネジメントやポーラー・キャピタルなど大株主の海外機関投資家が、ガバナンス上の問題を指摘して瀬戸を支援した。また、同社の母体企業の旧INAXの創業家で、現役取締役の伊奈啓一郎《いなけいいちろう》や、現役の社外取締役の賛同も得ていた。海外の大株主をバックにつけ、複数の現役役員らと共鳴したうえでの提案だったのだ。

それに比べて、和田と勝呂の株主提案は、支援する大株主も、支持を表明する大株主もいなかった。また、積水ハウスの社外役員も和田に共鳴することはなかった。勝呂や藤原の経営権を握ろうとする取締役候補が、株主提案時に明確な経営ビジョンを示すには至らなかったことも大きかっただろう。スチュワードシップ・コードに基づく各社の議決権行使状況を見れば、海外勢でも大株主のブラックロックは株主提案を「株主価値向上に資するとは考えられない」と、会社提案に賛成した。

二〇一八年のクーデターの際に、和田が辞任を表明していたことも、会社側に有利に働いた。ガバナンス上の問題が大きく、事実上の解任ではあっても、自ら辞意を表明してしまったことは、会社側の論理武装の根拠となったのだ。

株主提案に反論した会社意見は、次のように和田を糾弾した。

本株主提案は、和田氏が「当社の現状を憂い立ち上がった」（本株主提案の理由）ものではなく、あくまでも提案株主の私的な理由によるものである可能性が高く、当社の企業価値及び株主共同の利益向上を実現するためのものではないと考えざるを得ません。

曲がりなりにも合法的にクーデターが成功していることで、最後まで強気の姿勢を崩さなかった。地面師事件は三年前に起きた不祥事。二年前の改選で、不祥事については禊《みそぎ》を終えたという、日本らしい感覚があったという分析もある。オリンパス事件しかり、関西電力しかり、不祥事はウソと隠蔽から始まり、やがて制御しきれなくなると暴走を始めた。それが公となった時、たまたま経営者だった人物が、凄惨《せいさん》な社会的制裁を受ける。こんな様を見てきた日本だが、不祥事の芽を事前に摘むという感覚は、未だ乏しかった。

敗因は上げればきりがない。三月に本格化した新型コロナウイルスの蔓延も一つの要因としてあげることはできる。しかし、株主提案側の敗因に、コロナ禍はそれほど大きく影響したとは思えない。むしろ、ガバナンスの問題に焦点を絞った、勝ちにこだわった巧妙な戦略が描けなかったことが大きかっただろう。議決権行使状況の開示によれば、日本にも株主提案に理解を示した機関投資家が少なからずあったからだ。

野村アセットマネジメントは、会社提案にもすべて賛成したが、株主提案の社外取締役候補七人の選任にも賛成している。みずほ銀行系列のアセットマネジメント・ワンやみずほ信託銀行は、株主提案には賛同しなかったが、「株主に対する情報開示が十分に行われていないと判断」したとして、阿部や稲垣ら四人の代表取締役の選任に反対した。また三井住友DSアセットマネジメントや東京海上アセットマネジメントは、「不祥事に関する説明が不十分」などとして、阿部の選任に反対した。スチュワードシップ・コードに基づけば、経営陣のガバナンスに課題があると認める機関投資家はそれなりに存在する。それだけに、株主提案側が、ガバナンスの問題に焦点を絞れなかったことは、敗因の大きな要素と言えるだろう。

アメリカのスタッフはリークを極度に嫌った

二〇〇〇年代、村上ファンドに代表される「物言う株主」は、村上世彰《むらかみよしあき》の逮捕で低迷した。近年、再びアクティビストが声を上げ始め、海外ファンドと共鳴する動きが高まっている。

アメリカでは、株主の利益と経営者の利益が一致する自社株買いなどの株価政策が問題となって、それを求めてきたアクティビストファンドへの批判も高まっていた。こうしたアクティビストが、今度は日本に狙いを定めているとされ、日本の財界は警戒を強めている。

だが、ファンドの支援のない和田や勝呂の株主提案は、狡猾《こうかつ》さがないという面では、異彩を放っていた。東大名誉教授でガバナンスの専門家の若杉敬明や、アメリカのウイリアム・ウチモト、松岡や高橋大祐のような若手弁護士が率先して活動し、熱心に支援した。ブレイディやジェイコブズも含め、日本の取締役候補者たちは、いずれも手弁当で活動したという。彼らは連日、熱心に情報交換を行っていたが、その様は純然たる社会運動の風情が漂っていた。

株主提案を発表する直前、私は驚くべき話を和田と松岡から聞かされていた。ブレイディを支えるアメリカのスタッフたちは、マスコミへの事前リークを極度に嫌っていたという。

株主提案が行われたという第一報は、新聞記者の間では、スクープの実績となる。そのため、広く社会に主張を訴えたい株主提案者は、PR会社などを通じて、必ず事前に情報をマスコミに漏らす。日本の政界や経済界では、よく見られる光景だ。しかし、リークはマスコミとの癒着を問題としない日本的な悪弊でもあった。近年、リークは、メディアコントロールの手法として問題視されるようになっている。アメリカ側はこれを嫌ったのだ。

「ガバナンスの原則を問おうという我々が、抜け駆けや、ズルをしてはいけない。マスコミとの癒着は、透明な情報開示とは、程遠い、悪しきものだ」

私は「そんなことで、本当に勝てるのか」と面食らい、あまりに実直すぎると思った。ガバナンス意識が、経営者どころか記者たちにもさほど浸透していない日本で、この理屈が理解されるとは思えなかったからだ。

けれども、情報開示の原則に忠実な彼らの行動は、日本型の株主資本主義とは表裏の関係にあるように見えた。ブレイディの高いガバナンスへの意識は、積水ハウスの経営陣の欺瞞《ぎまん》と、日本の株主資本主義の矛盾を浮き彫りにしていた。彼らの資本主義の原則を貫こうとする姿勢は、自由主義社会と資本主義社会を生きる、矜持《きょうじ》なのだろう。

積水ハウスが発表した、株主総会の結果と賛成率は次の通りだった。

【会社提案　第三号議案】　全員が可決

阿部俊則	六九・二七％
稲垣士郎	七二・八七％
仲井嘉浩	八五・三二％
内田隆	八五・九七％
涌井史郎	九六・七三％
吉丸由紀子	九七・八二％
北沢利文	九七・一九％
田中聡	九七・一九％
西田勲平	九六・九一％

堀内容介　九六・九二％
三浦敏治　九六・六九％
石井徹　九七・〇一％

【株主提案　第八号議案】全員が否決
クリストファー・ダグラス・ブレイディ　三〇・四九％
パメラ・フェネル・ジェイコブズ　一三・二三％
岡田康司　一一・四二％
佐伯照道《さえきてるみち》　一三・二二％
岩﨑二郎　二五・四八％
齊藤誠　一二・一四％
加藤ひとみ　一八・三九％
勝呂文康　六・一七％
藤原元彦　二・〇二％
山田浩司　二・〇三％
和田勇　六・一三％

なお、この賛成率に、株主総会当日の議決権数は含まれていない。すでに前日までの議決権行使状況で、勝敗は決していたのだ。株主総会にまで足を運ぶ株主は、問題意識が高いので、むしろ当日分を入れれば、阿部や稲垣の賛成率は、もっと下がっている可能性がある。しかし、それでも株主提案側は惨敗だった。

二年前と同様に、今回も阿部と稲垣は、低い賛成率となった。ＩＳＳとグラスルイスの反対推奨で、阿部と稲垣に反対したのは、今回も海外投資家と一部の日本の機関投資家だろう。

コーポレート・ガバナンスの進化とスチュワードシップ・コードの整備は、企業にその社会的規範を強く求めている。世界の株主資本主義の共通認識は、企業のステークホルダーを株主だけではなく、従業員はもとより、地域社会も包摂しようとしているからだ。

阿部と稲垣への賛成率が低いことも、ブレイディと岩崎への賛成率が高いことも、未だ積水ハウスのガバナンスが世界の水準に見合っていないと考える、切実な株主の意見と言えた。

阿部や稲垣は、こうした意見をどの程度、理解しようとしたのだろうか。それは、株主総会で明らかとなる。

緊急事態宣言下の株主総会

四月七日、新型コロナウイルスの感染拡大を受けて、政府は史上初めて緊急事態宣言を出した。七都府県が対象で、積水ハウスの株主総会が開かれる大阪も対象となった。当初、想定された期間は五月六日までの一ヵ月間。当然、問題になるのは、四月二三日に開催が予定されている株主総会を実施するのかどうかだ。

言うまでもないが、株主総会は株式会社の最高位にある意思決定機関である。会社法で毎年の開催が義務付けられており、出席する株主は、取締役などに意見を表明し、説明を求めることができる。これに対して取締役などは、説明を尽くす義務がある。緊急事態宣言下で株主総会を開くには、難しい判断が求められた。ましてや、今回は株主提案があり、争点が生じているので、総会での議論は株主の議決権行使行動にも影響を与える。

大阪府では四月に入って新規感染者が急増し、警戒が高まっていたが、会社側の対応は遅かった。ようやく対策がプレス・リリースされたのは、緊急事態宣言が発令された日になってからだ。四月一五日、ウェスティンホテル大阪から会場の使用を断られ、急遽《きゅうきょ》、会場を本社の入る梅田スカイビルに変更することとなった。例年、一三〇〇人〜一六〇〇人規模で行われてきた株主総会は、大幅な人数制限がとられ、例年の一〇分の一程度しか収容できなくなった。しかも、会場は三五階にあり、エレベーターの三密は避けられない。リスクを犯して株主総会を開こうとする姿勢に、株主提案側は、異議を唱えた。

会社側は「一月三一日を基準日とした株主に対する期末配当金の支払いが不可能になる」、「株主や経営に重大な影響が生じる」として、開催を主張した。経済産業省及び法務省は「株主総会運営に係るQ＆A」で株主に来場を控えるように呼び掛けたり、入場制限を行ったりすれば、総会を開くことは「可能」という判断を示していた。会社側は、これを株主総会を予定通り開催する根拠としたのだ。

一方で、株主提案側は、現職の取締役でもある勝呂が、大阪地裁に延期を求める仮処分を申し立て、また取締役と監査役に対して意見書を提出した。

勝呂の主張は、会社法三一七条の「継続会」の規定を用いるというものだ。「継続会」とは、本題となる議案を後日に持ち越し審議すること。四月二三日に議長など少数の役員だけで予定通り株主総会を開催し、そこで「継続会の開催」を審議、決定する。正味、数分の手続きをとるだけで、配当、議決権の基準日を一月三一日に維持したまま、総会を延期することができる。後日、緊急事態宣言が解除された段階で継続会を開催すれば、株主の利益を守りながら、対話も可能というわけだ。勝呂は、継続会を五月一四日に行うことを提案した。

この間、オンライン総会の準備も可能で、緊急事態宣言が解除されれば、より広い会場の確保も容易になる。実際には、緊急事態宣言の解除は、五月二一日まで待たねばならなかったが、一四日に再び継続会を決議し、六月開催まで引き延ばすことも可能だった。

勝呂の提案は、新型コロナ対策を行いながら、株主の利益を守るうえで、検討の余地が十分にあった。

ところが、会社側は主張を曲げなかった。勝呂が大阪地裁に申し立てていた仮処分命令も、明確な法的根拠を示すには至らず、和解交渉のすえに決裂。結局、棄却された。

勝呂の仮処分命令申し立てに対する積水ハウスの反論文（「株主による当社第69回定時株主総会開催禁止等の仮処分の申立てに関するお知らせ」二〇二〇年四月一七日付）には、こう書かれてある。

当社は、経済産業省及び法務省より示された新型コロナウイルス感染症拡大下における「株主総会運営に係るQ&A」の考え方に則り、適法かつ適正に本変更等を実施しております。したがって、当社は、本定時株主総会の招集手続には何らの法令違反も不当な点もないと確信しております。

（中略）

当社としましては、本申立てには全く理由がないと考えており、当社の見解について真摯に主張・立証し、本申立ての却下を求めて対応する方針です。

会社側は正当性を謳いあげているが、根拠に乏しい主張だった。経産省と法務省のQ&Aは、感染対策をとるうえで何ができるかということを示したに過ぎない。後日、経産相の梶山《かじやま》弘志《ひろし》は次の談話を発表した。

「企業においては、六月末に開催されることが予定されている株主総会につき、その延期や継続会の開催も含め、例年とは異なるスケジュールや方法とすることをご検討頂きたい」

経産相の発言は、勝呂の主張を後押しするもので、緊急事態宣言下の行動の規範を示したものだ。しかし、この談話の発表は株主総会の翌日のことだった。

梅田スカイビルの施設内でも感染者が発生していた。株主総会の前日、大阪府の「現在感染者数」は一三八〇人に達し、ピークを迎えていた。

「日経ビジネスオンライン」の報道によれば、積水ハウスは、副社長の内田隆と新型コロナウイルス対策事務局の名義で、社員に「集合形式の会議・研究・出張・懇親会の開催は原則禁止」を通達している（『積水ハウス、緊急事態宣言下でも開きたい株主総会』二〇二〇年四月一六日）。

議決権行使書を収集する信託銀行からは、会社側の優勢は早い段階から伝えられていただろう。少なくとも前日までの行使状況で、会社側の提案はすべて可決されていた。株主提案側の主張をこれ以上、メディアなどに流され続けることは、今後の経営にマイナスにしかならない。経営陣は、株主や従業員を危険にさらしても株主総会を開くことを優先したのだろう。かくして四月二三日、株主総会は、予定通り開かれた。

繰り返される紋切り型の答弁

当日、私は株主総会の会場となった梅田スカイビルの周辺で取材はしたが、株主ではないので会場内には入場できなかった。後日、出席した株主から聞き取った情報をもとに、以下、株主総会の模様をできるだけ忠実に再現していこう。

午前一〇時三〇分、予定より三〇分繰り下げて総会は始まった。壇上には取締役と監査役が並び、株主提案側は、勝呂が出席した。また、株主提案を熱心に支援してきた代理人弁護士の一人、宮島《みやじま》渉《わたる》が帯同した。宮島もまた積水ハウスの株主である。

本来、株主提案側は当初、和田や藤原など、株主でもある候補者全員が参加する予定だったが、コロナの影響で会社側が出席者を制限したことから断念した。

壇上中央の議長席に会長の阿部がつき、開会が宣言された。冒頭から総会は、異様な雰囲気だった。阿部は、緊張からか声が裏返ることもあったという。議決権行使数を説明する際には、株主から「数字をもう一度、正確に読み上げてほしい」と求める声が上がったが、そんな声にも「静粛に願います。議長の指名によらない発言は、お控えください」と対決姿勢で臨んだ。

「議決権の総数をもう一度、読み上げてほしいだけなのですが……」

こう求める株主の声が、よく聞き取れないのか、「動議ですか？」と返答する。阿部は株主への警戒感を露《あら》わにし、対応は明らかに上滑りしていた。

約四五分をかけて、会社の状況や会社提案を説明したあと、ついにその時はやってきた。

阿部と勝呂がそれぞれ株主提案についての意見を述べたのだ。二人は取締役として、積水ハウスを経営してきた戦友でもある。ともに和田に引き上げられてきたが、阿部は二年前のクーデターで和田との縁をすっぱりと切り捨て、反発した勝呂は和田と志を遂げようとしていた。阿部はこの時、初めて和田の主張に向き合い、意見を述べた。議場は一気に対決姿勢に包まれた。

「当社取締役会としては、本株主提案に反対しております。また委員の半数以上を独立社外取締役、また独立社外監査役とする人事・報酬諮問委員会における審議においても、全会一致で本株主提案の一一名の候補者全員に反対の意見が表明されております。

第一に、過去最高業績及び、第五次中期経営計画の策定は、株主の皆様をはじめとするステークホルダーの支えに加え、現経営陣が一丸となって経営に励んだ成果です。従いまして、当社がご提案している現経営陣を中心とする取締役候補者は、企業価値、株主共同の利益向上の観点から、最良の選択肢と確信しております。

第二に、会社提案、及び株主提案の検討、及び審議のプロセスには透明性が確保されており、このプロセスのもとで会社提案こそが最適なものであると判断し、株主提案の候補者を取締役に選任することは適切ではないと判断されております。

第三に、株主提案における企業価値、株主共同の利益向上策は不明確です。株主提案には具体的な経営戦略が示されておりません。

第四に、株主提案の提案理由には多数の事実誤認や事実と異なる内容が含まれております。

第五に、本株主提案は、提案株主の正当な理由によるものではないと推測されます。

最後に第八号議案の取締役候補者は当社の企業価値、株主共同の利益向上のための適切な構成となっておりません。

以上から、当社取締役会としましては、第八号議案の候補者を取締役に選任する必要は、皆無であると考えております」

用意された文書を読み上げただけだが、株主提案を否定する文言はひと際、強調された。

次に阿部は、勝呂のことを「株主様」と呼び、株主提案の説明を求めた。会社側は四五分にわたり実績と会社提案を説明してきたが、勝呂に与えられた時間は三分だけだった。

「二〇一七年に起きました地面師の詐欺事件。上場会社としてはあり得ないコンプライアンス違反の不正取引であることが判明しているにもかかわらず、現経営陣は重要な事実などの情報を開示しない。隠蔽を続けることを許容していると言わざるを得ません。その結果として、社内外に多くのひずみを生じ、本来の活気ある積水ハウスが失われつつあります。積水ハウスを株主の皆様のもとに取り戻すためには、抜本的なガバナンスの改革が必要だと考えております。それを理由にしまして、私たち提案株主は、社外取締役を過半数として候補者を選定いたしました。ガバナンスを徹底することを目的として、私たちの提案する取締役をぜひ選任していただけますよう、お願いを申し上げます」

勝呂にとって総会は、敵地といっても過言ではなかった。彼や宮島を取り囲むように座った株主たちは、ほとんどが動員された社員だったという。会社側に疑問を投げかける質問をする株主が出ると、この社員たちが議事の進行を助ける役割を担っていた。

質疑応答について、阿部が一人一問に限ると説明を始めた時だった。勝呂はすかさず手を挙げた。

阿部はまたも「動議ですか?」と尋ねる。

「議事の進行についてお願いがあり、動議ではありません」

「議長の指名によらない発言はお控えください。いまはまだ議事の進行中です」

すると周囲からは、「議事進行!」「進行、進行!」と声が上がる。動員された社員株主によるものだ。阿部は、議場に向かってこう発言した。

「このまま、議事進行してもよろしいですか」

すると一斉に賛同の拍手が沸き起こる。勝呂の発言は封じられようとしていた。

「お願いがあるのです」

食い下がる勝呂に、さすがにまずいと思ったのだろう。阿部は後方のスタッフと協議したうえで、ようやく受け入れることにした。

「手短にお願いします」

「御指名いただきありがとうございます。お願いというのは、議事の進行にあたりまして、これから株主の皆さんからも質問があります。その中で、ぜひシャンシャン総会にならないように、株主の皆さんと会話をしていただきたいと思います。これは議長の気持ち一つで、できる話ですので、ぜひお願いしたいと思います」

勝呂がこのように願い出たのには、わけがあった。株主総会の議長が和田から阿部に代わってからというもの、株主総会は紋切り型に変わり、株主が意見を述べても、「貴重なご意見、ありがとうございます」という無味乾燥な対応が繰り返されてきたからだ。勝呂は私にこう語っていた。

「阿部さんは、法務部や弁護士が用意した文章を読み上げるだけ。株主が質問する際は、前に出てから質問し、発言が終われば、まず席に戻される。その上で阿部さんが回答する。このやり方は、法務的には一〇〇点満点です。しかし、議論にすらなりません。わざわざ総会に来ていただく株主の皆さんは、実のある議論がしたいはずですが、それが一切、かなえられない。これでは血の通った総会とは言えません」

総会に出席した宮島は会社法を専門とする弁護士で、株主総会の運営にも精通している。阿部の株主総会の議事進行について、こう解説してくれた。

「法務を専門とする弁護士としては議長を務める阿部さんの気持ちも、分からないではありません。まず株主の発言には、注意を払わないと、運営の瑕疵《かし》を問われて、決議の取り消しを求められることもあるからです。おそらく阿部さんは株主の発言を『意見』、『質問』、『動議』の三つのパターンに分けていたのでしょう。阿部さんがすぐ『動議ですか』と尋ねるのは、動議を無視すれば、後々に議決取り消し訴訟のリスクにつながるからです」

法務部主導の紋切り型対応は、日本の株主総会の多くで見られるが、これは総会屋対策の名残である。

総会屋は、日本版元祖アクティビストと評価する向きもあるが、とはいっても、彼らの中には、株主総会を荒らすことで企業に脅しをかけ、利益供与を受けることを目的とする者もたくさんいた。ひとたび、彼らを敵に回すと、無理難題を総会で突き付けられ、質問が長時間に及ぶこともあった。

一九八二年の商法改正で総会屋への利益供与が禁じられ、いわば反社会的勢力に組み込まれるが、その後も、跳梁跋扈《ちょうりょうばっこ》する総会屋に企業は悩まされてきた。毅然《きぜん》と対応したことで有名なのがソニーの社長だった大賀典雄《おおがのりお》だ。そのため八四年のソニーの株主総会は、一三時間を超えた。

一方で、融資先企業の調整役を演じていた金融機関は、総会屋との関係を断ち切れず、一九九七年、第一勧業銀行や、野村証券などの四大証券幹部が、三二人も摘発される戦後最大の経済事件を引き起こした。第一勧銀の元会長・宮崎邦次《みやざきくにじ》が自殺し、社会に大きな衝撃を与えた。

関西企業も総会屋には悩まされてきた。山口組傘下の暴力団幹部も務めた大物総会屋、児玉英三郎（本名・玉水秀蔵、故人）率いる「児玉グループ」は、京都を拠点に活動し、積水ハウスの株主総会にもメンバーを送り込んだ。朝日新聞の報道によれば、一九九四年の積水ハウスの株主総会には、関東と関西の総会屋グループのメンバーが会場入りし、「事務局は何しとるんや」「早う答えろ」と怒号が飛び交い、総会は三時間を超えたという（『総会屋との闘い正念場　株主総会シーズンで企業に不安感』一九九四年五月一〇日朝刊）。和田もこうした総会屋と対峙《たいじ》しながら、株主総会を乗り越えてきた一人である。勝呂が言う。

「和田さんは株主の発言を遮ったり、質問を制限することもなかった。法務部が後ろから、何かを忠告しても『うるさい』と言って、株主の質問に耳を傾けていましたから。法務部から見れば○点でしょうが、株主から文句や不満が出たことはありませんでした」

しかし、「株主との会話を」と求めた勝呂の願いは、阿部にはまったく届かなかった。

議長に指名された株主は、前方に用意されたマイクまで進んで、質問する。質問は一人一問に限られ、一つ質問するたびに、阿部から「席にお戻りください」と促された。

また、たびたび『動議ですか』と尋ねる姿勢は、株主たちとの対決姿勢をうかがわせ、怒りを買った。質問があるたびに回答について自分で判断できず、後方に控えていた弁護士や事務局にどう対応すればいいのかを尋ねてしまう。打ち合わせが数分に及ぶこともあり、議事の進行は極めてもどかしいものだった。

質疑応答で質問を一問に制限しようとする阿部に、宮島は動議を出した。

「動議です。議長は、強硬に質問を一つにしようとする。株主総会なのだから、株主を大事にしてください。みんなコロナの中で、遠くから来ているんです。あなた方が説明を短くするのは当然ですが、（コロナの中で無理に）開催をしたのは、あなた方ではないですか」

宮島の口調は厳しかった。株主の質問行動まで制限を加えようとする姿勢に反発したのは、株主提案側だけではない。動員された社員株主が大半を占める中でも、会場からは拍手が起こり「せめて、質問は二問だ」という声が上がった。だが、この声も阿部には届かなかった。

「ただいま、株主様より、質問の数を制限しないよう動議が出されました。しかしながら、本日の状況を考えますと、そのような対応は不要と考えます」

会場には「じゃあ、（総会を）やらなかったら良かったじゃないか」という怒声も飛んだが、阿部は無視して、採決をとった。

「このまま議事を進めることに異議のない方は、拍手をお願いします」

動員した社員株主から「異議なし！」と一斉に拍手が沸き起こる。「おかしい！」「異議あり！」と声が上がるが、多勢に無勢だった。

「ありがとうございます。議場の株主の賛成過半数と認めますので、このまま議事を進めたいと思います」

動議がバッサリと切り捨てられるのを見て、たまらず高齢の株主が誠実な対応をするよう意見したが、その発言も遮られ、阿部はこう回答した。

「ありがとうございます。貴重なご意見として承ります」

「意見として承りましたでは、回答になっていない」

こんなこともあった。一般の個人株主からの質問である。

「積水ハウスは、エコハウス、育児休業など、非常に良いイメージを持っていますが、地面師事件でとにかく、ごたごたしている印象を持っています。事故なのか不正なのかは、問いません。しかし、起きた後の対応が非常におかしいなと思っています。いま従業員の方は、この総会を、固唾《かたず》を呑《の》んで見守っていると思いますが、社員の方には地面師事件について、どういう説明があったのか。議長（阿部）と勝呂さんにお尋ねしたいと思います」

まず、阿部が回答した。

「ご質問は、地面師事件の顚末《てんまつ》を従業員に対して、きちんと説明していないのではないかという、ご質問だったと思います。これについては、我々は三月六日の適時開示文書をホームページにも公表しておりまして、従業員にも発信していますので、従業員に対する適切な説明は尽くされているものと考えております。従業員に理解してもらいたいのは、事件の詳細と言うよりは、再発防止の思想性であり、不動産購入手続きの厳格化等を通じて、再発防止の意識は徹底しているものと認識しております。以上、ご回答申し上げました」

勝呂は大きくため息をついた。そして、阿部のこの発言に対して、反論を用意していただろう。実際に従業員からはまともな説明がない、という不満が勝呂の耳にも入っていたからだ。会場の誰もが次に指名されるはずの勝呂の発言を待っていた。ところが、阿部は「他に質問はありませんでしょうか」と議事を進行し始めたのである。質問した個人株主は、たまらず「勝呂さんにも、ご回答をお願いします」と声を上げると、阿部はそれさえも制止した。

「議長の指名によらない発言はおやめください」

会場は憤激の内に混乱した。「だったらどうやったら、発言できるのだ」「株主に対してその口のきき方はなんなのだ」。質問した株主は「私は勝呂さんにも質問をしたのですよ」と声を裏返して主張したが、阿部はまともに取り合おうとはしなかった。

「再三、申し上げましたが、議長の許可のない発言を続けられますと、止むを得ず、退場をお願いすることもありますので、発言は議長の許可を得てからにしてください」

けれども、静かに手を挙げるだけでは、指名してもらえない。株主たちは、八方ふさがりの状態だった。結局、勝呂は回答することを許されなかった。その理由を、阿部はこう説明した。

「勝呂取締役は、本日欠席しております。株主の立場で出席しておりますので、そういう点でご理解いただきたい。本日は欠席しております。以上、ご回答申し上げました」

目の前に座る現職の取締役の勝呂を欠席しているとするのは、実に奇妙だが、宮島によれば「回答者の指名権は、議長にのみ与えられている」のだという。しかし、その場にいる勝呂をいない者として取り扱うのは、質問した株主や、その場にいる勝呂をあまりに軽視していた。

宮島はその後、「議事の進行が恣意《しい》的」との理由で、議長の不信任動議を出す。だが、またもその理由を説明する宮島の発言が終わらないうちに、阿部は採決を始めてしまう。

「私といたしましては、議長の職責を全うすべく、公正に議事の制御を行っているつもりであり、引き続き議長として本総会を適切に運営して参りたいと存じますが、私が引き続き、議長を務めることに賛同いただける方、拍手をお願い致します」

会場は拍手に包まれた。もちろん、ほとんどは動員された社員株主によるものだ。

「賛成過半数と認められますので、議長不信任動議は否決されました」

すべてがマニュアルに従って進められていた。阿部は法務スタッフや従業員など、会社の資源をふんだんに使い、また服従させている社員株主を動員することで、全体の株主たちを支配した。相手は総会屋でもないし、ましてや反社会的勢力でもない。株主提案者ばかりか、積水ハウスを憂えて質問する一般株主まで、阿部にとっては疎ましい存在なのだろう。圧倒的な力で会社を支配し、株主までその支配下におさめようとする強い意志は、一片の揺るぎもなかった。

株主たちの声と、阿部の対応をいくつか記しておこう。断りのない限り、一般の株主からの声である。

「会社提案への反対があることが、議場にとってのエネルギーですよ。反対の意見を聞かないという姿勢が、今回の問題を起こしていると思います。反対の意見を聞きたくないのは分かりますが、それでは法人としての資格はないと私は思います。そうした姿勢を改めるつもりはありますか」

「この株主総会は、雰囲気が悪い。株主提案は日本のどの企業も門前払いだが、それだと議論にもならない。株主提案にも見るべきところはある。反対するにしても、せめて受け止めてほしい」

こうした株主の主張は「ご意見として承りました」と、片づけられた。

「意見として承りましたでは、回答になっていない」という意見に対しても、「ありがとうございます。貴重なご意見として承りたいと思います」と回答され、それは激励の意見を述べる株主に対しても、同じだった。

「ピンチをチャンスに変えていきましょう。心より応援しています。株主と経営陣の皆様と総会後に懇親会をやってはいかがでしょうか」

「ありがとうございます。貴重なご意見として伺いたいと思います。本当に感謝しております。これからもどうぞよろしくお願いしたいと思います」

一般株主から上がる不満や質問、また問題意識の何一つも、彼は自分の頭の中で咀嚼《そしやく》しようとはしない。

繰り返すが、阿部はこの時、プロキシファイトの勝負が決していることを知っている。それでも一切の株主の主張に誠実に応じ、議論すら展開しようとしなかった。

質疑の最後、宮島は、代表取締役四人全員にグラスルイスが反対しているが、なぜ監査役は会社提案を支持したのか、監査役に意見を求めた。四人の監査役の内、三名は会社側の意見をなぞり「ガバナンスは正常に機能している」と語るだけだったが、地面師事件の調査対策委員長を務めた篠原祥哲だけは、安易に経営陣を追認するようなことは、言わなかった。

「過去の事件に関してはここでいう必要はないと思いますが、私も長く、公認会計士をやってますので、ガバナンスの問題にもシビアですし、それなりに厳しい意見は取締役会でも監査役会でも言わせてもらっています。

ただ、今回の役員を総替えするかどうかというような、株主提案の意見についてはね……。私は、会社が日本経済の中で、成長していき、立派になるために社外監査役を引き受けております。いまここで株主提案のように（取締役の）総入れ替えをすることが、会社のためにプラスになるかどうかという点に関して、現状の役員会を是認いたしました」

篠原は、会社提案やガバナンスには触れず、株主提案、つまり和田と勝呂に対して注文を付けた。役員の総入れ替えをして、経営陣を一掃しては、会社の行く末をどう判断すればいいのかと。すでに若い仲井が社長をやって頑張っている。この二年間を白紙に戻すことが本当に会社のためになるのか。篠原は、率直に信条を語っているようだった。

私は、調査対策委員長だった篠原の行動をでき得る限り入手して、篠原の考えにアプローチしてきたつもりだ。これまでも指摘してきたように、篠原は、阿部に「重い責任がある」と判断し、なおかつ、調査報告書は公開するべきだとの考えを持っていた。

第五章で述べたように、彼は次世代を担う仲井を育てることを、最優先課題と考えて行動していたという。仲井がクーデター後の記者会見で、和田の退任と地面師事件は「全く関係ない」とウソをついてしまったことを、「次の社長にウソを言わせるとは、何を考えているのだ」と激しく怒ったとされる。篠原は、地面師事件の内情を公にしたくない阿部が、暴走してしまわないように監視する大きな重しの役割を担っていた。それだけに、仲井までをも退任させようという、和田と勝呂の株主提案には賛同できなかったのだ。しかし、篠原は阿部が仲井の負担になることを心配していた。株主総会後の会合で、篠原は仲井にこう語ったという。

「あんたが、ごっつい大切やぞ。しっかりせえよ」

篠原は、この株主総会をもって監査役を退任した。


空前のパンデミックがピークを迎えたその時に、強行された株主総会である。その姿勢を問う質問が、一般の個人投資家からも上がるのは、当然のことだ。

「これだけのコロナの影響下で、延期になると思っていました。大事な株主総会なので東京から駆け付けました。（会場を見れば）スタッフの方も大変〝密〟な状況だし、株主も〝密〟な状況です。

法律に照らせば延期する必要はなかったかもしれないけど、日本が、世界がこれだけコロナの影響を受けている中で、大切なのは倫理観なんですね。御社を見ますと、インテグリティという言葉を使っています。本当に、どういう風に考えていらっしゃるのですか」

冷静だが、重い声色の質問だったという。積水ハウスは、生活と命に係わる責任あるホームビルダーである。その経営者たちが、株主や従業員の命の危険を顧みないことに、静かな怒りが込められていた。

阿部の答えは、こうだった。

「他社では定期総会を延期した会社がある中、御社も延期するべきではなかったかという質問かと思います。ご回答申し上げます。当社としても慎重に検討の上、株主の皆様への配当金の支払いや、取締役、監査役の任期満了に伴う選任は、法令に基づく本株主総会の開催が必要であり、本株主総会を延期した場合、株主の皆様、及び、当社の経営に重大な影響を及ぼす恐れがありますことから、できる限りの感染防止策を実施することを前提として開催させていただくことを判断させていただきました。以上ご回答申し上げました。他にご質問、ございますでしょうか」

阿部は自分が社員に強く求めるインテグリティという言葉にさえ、何も反応を示さなかった。彼は二兆円の売上を誇るホームビルダーの会長である。

終章

腐敗

立憲主義を取り戻せるか?

変質

プロキシファイトから一〇ヵ月あまりを経た二〇二一年三月四日、阿部俊則と稲垣士郎、内田隆が代表取締役を四月二七日付で退任することが発表された。稲垣と内田は代表取締役の七〇歳定年制に従う形での退任だが、阿部は規定まで一年を残した退任だった。住宅業界団体の役職の関係上、阿部は八月末まで、稲垣も六月末まで特別顧問を委嘱された。

今後の舵《かじ》取りは、社長の仲井嘉浩が担うことになるが、新たに副会長に堀内容介が、また副社長には西田勲平と田中聡（社外取締役）が就き、代表権を与えられた。実質的に仲井体制に移行したことになる。

阿部の退任で内紛劇は一つの区切りを迎えたことになるが、一方で深刻な事態も進行していた。積水ハウスは、昨年から再びコンプライアンスの問題に見舞われていたのだ。

東洋経済の記者、森創一郎の記事（『積水ハウス揺るがす子会社「不透明取引」の異様』二〇二一年一月二七日・東洋経済オンライン）は、中部地方を管轄する一〇〇％子会社「積水ハウス不動産中部（旧・積和不動産中部）」の不透明な不動産売買を伝えていた。賃貸アパートなどオーナーから不動産を借り上げ、転貸するサブリースのサービスを行う同社の営業所長が、契約の解除に際して高齢のオーナーから物件を不当に安く買い取り、訴訟沙汰《ざた》になっているというものだった。物件の内容を知り尽くす不動産のプロが、認知能力に問題のあるオーナーから物件を買い取るのは「不法行為」と指摘され、同社も内々に問題だと認めているという。職務上知り得た情報で、社員が自己の利益のために顧客に対して損失を与えた可能性が指摘されたのだ。

その後、中日新聞が、長野県内の営業所長が八〇代の女性から実際に行っていない工事の代金として二五〇万円を受け取っていたと報じた。積水ハウス不動産中部は営業所長を懲戒解雇として謝罪した。

東洋経済の記事では、阿部体制下で就任した同社の前社長も顧客から物件を買い取っていたことが明かされている。その人物は、二〇一八年四月に社長に就任しており、その三ヵ月前に起こった本社のクーデターの影響を強くうかがわせる人事だった。中部に強い影響力を誇った和田勇と関係の深かった元社長は、一五年の長期政権を敷いていた。それを排した結果、逆に組織のトップのコンプライアンスが低下したのであれば、老害よりも人材の劣化の方が深刻という話になる。

私の下には、また別の地域の積水ハウス不動産でも同様の問題が噴出しているとの情報が寄せられている。

さて、プロキシファイトが行われた二〇二〇年四月に時計の針を戻そう。

株主総会を間近に控えたある日、取締役専務執行役員の堀内は、優秀な成績を残した五人の支店長を集め、東京・市ヶ谷《いちがや》の中華料理店で食事会を開いた。堀内は、東日本の営業部門を統括している。

五人の内三人は、株主提案側に与《くみ》した元常務執行役員の藤原元彦の直属の部下だった。また、もう一人も、藤原の仕事に取り組む姿勢に好意を抱いていた。出席した支店長の一人によれば、誠実な仕事ぶりで、実態のある数字をあげてきた彼らの多くは、現体制に不満を募らせていた。そんな彼らの心中を知ってか知らずか、堀内は「プロキシファイトは二〇〇〇%、会社が勝つ」と話したという。経営陣に敵対し、和田と行動を共にした藤原のことを、とかく批判めいて話をする堀内に、露骨に不快感を示した支店長もいたほどで、食事会は終始、不穏な空気に包まれた。

「藤原は厳しかっただろ？」

「……、まあ、厳しかったですね」

「そうだろ、そうだろ」

ただ、相槌《あいづち》を打つだけの不毛な会話が続いた。忠誠心を試そうとする質問に、ある支店長はこう言ったという。

「私は藤原さんにお世話になったんです。藤原さんのことを悪く言わせたいかもしれないが、そんなことはできませんよ」

食事会に参加した支店長の一人が言う。

「藤原さんは、確かに厳しい上司だった。しかし、阿部さんに忠実な上司は、契約の水増しを求めるが、藤原さんは決してそんな不正をさせなかった」

誠実に仕事に取り組んだ藤原の部下たちは、いまも優秀な成績を残していた。しかし、彼らの居場所は乏しくなっているという。

「堀内さんは、いつも『阿部さんが喜ぶことをしないとな』と言っていた。何か提案しても『それ、阿部さんが喜ぶかな』と返される。仕事の目的が大きくずれていくのを、感じています」

支店長たちが、本部や本社に密告する社内の秘密警察、総務長の存在に苦しめられていることは、

第五章に書いた通りだ。監視を強めることでコンプライアンスを徹底させようという阿部俊則を堀内は礼賛し続けるが、支店長たちはそんな気にはなれなかった。

「最近は本部長や支店長になるのは、営業的に数字を残していない無名の人間が多くなっています。その経歴を調べてみると、阿部さんとの接点が見つかることも多い。これが良いか、悪いかは別としても、営業マンたちのモチベーションは変質しています。

昨年、東北営業本部長に昇格した人に、『おめでとうございます』と声をかけると、こんな返事が返ってきました。

『やったよ、おれ頑張ったもん。阿部さんが東北に来るたびに、ゴルフとか接待とかの準備を頑張ったもん。きっと、喜んでもらえたんだよ。それが認められたんだよ』

彼は、自分の言っていることが、分かっていないのでしょう。その喜び方が、私にはショックだった。営業の実績を上げる、顧客の利益に資する。こう考えて、出世できる者はもういない。たった二年で、こんな会社になってしまったのです」

理想を持たない人間だけが、本社の経営層に吸収される。そんな構図を、堀内と食事を共にした支店長たちは感じていた。そして彼らは、プロキシファイトの結果を聞かされ、がっくりと肩を落とした。

騙されるはずのない事件

二年前、クーデターが露見した後の経営計画説明会で、阿部が自らの言葉で語ろうとしない姿勢に社員は大いに違和感を持った。地面師事件についても、クーデターについても、詳細どころか、自分の主張さえもほとんど言葉にできない。矛盾を指摘する記者に対して、時には「分かってほしい」と媚びる態度を示し、時には何も語らないという挑発的な対応に終始する。そして、記者たちの厳しい質問への対応は広報に委《ゆだ》ねられ、マスコミの激しいバッシングが起こると、広報IR担当の執行役員はその役職を外された。

自らが語れない理由があるからではないか。そこに地面師事件とクーデターの危うさが漂っている。

私は取材を通して、地面師事件を「騙《だま》されるはずのない事件」と評価した。そう考える理由の一つに、積水ハウスが、中間業者として取引したＩＫＵＴＡ　ＨＯＬＤＩＮＧＳや、同社を実質的に支配していた生田剛へ、損害賠償を請求してこなかったことがある。しかし、二〇一九年の一二月、奇妙なことに、積水ハウスは突然、ＩＫＵＴＡを訴えた。なぜ二年も経てからなのか。株主代表訴訟で「被害回復のための効果的な訴訟等の法的措置が執られた形跡がない」と指摘されていることが影響しているだろう。

訴状によれば、積水ハウスは約五五億五〇〇〇万円の請求権を有していると主張している。しかし、生田への請求は、損害額の一部の一〇億円にとどまっている。

また、二〇二〇年九月には、実行犯の羽毛田正美や主犯格のカミンスカス操、内田マイクら一〇人に対しても損害賠償請求訴訟を提起している。その内、カミンスカスや内田ら五人は争う姿勢を示しているが、残りの羽毛田ら五人は争わず、連帯して一〇億円の賠償を命じられた。それでも彼らは支払い能力に乏しく、被害の回復は見込めそうもない。
取材を重ねて経緯を知るほどに、経営陣の被害回復への意識の低さを感じた。株主代表訴訟の原告側の準備書面は、阿部をはじめ四人の代表取締役に対して、善管注意義務違反を問うているが、その根拠として、次の五つを示している。

①　経営判断の誤り
②　他の取締役・使用人に対する監視監督の懈怠《けたい》
③　内部統制システム（リスク管理体制）構築義務の懈怠
④　被害回復についての任務懈怠（被害回復行為を行っていない。）
⑤　被害拡大防止についての任務懈怠（被害拡大防止措置をとっていない。）

特に⑤について、原告の主張を紹介しておこう。

本件詐欺事件においては、残金決済中に警察介入があり、更に決済直後に警察と真の所有者側の代理人から詐欺被害の事実を聞かされていることから、残金決済の同日中に詐欺グループへ交付した預金小切手について、詐欺被害に遭ったことを振出銀行に伝えて然《しか》るべき措置を執れば、詐欺グループによる預金小切手の現金化を防止することができたにもかかわらず、これが行われていない。この時点では手付金は既に詐取されているが、巨額の残金決済金については被害拡大防止が十分に可能であったにもかかわらず、これがなされてないことは重大な任務懈怠と言わざるを得ない。この点、調査報告書も、小切手の保全措置がとられていないことを指摘している。決済現場に被告（筆者注・阿部）らは同席していないが、直ちに預金小切手の換金防止措置を執るように指示すべきところ、これがなされた形跡もない。

被害拡大を防ごうとしたり、被害回復をしようとする意識が見られないところに地面師事件の不可解さは際立ったのである。また、契約も本決済も地面師の思惑通りに事は進んだ。なぜなのか。日本の登記制度にも要因があるだろう。

一般的な不動産取引においては、まず契約をして、手付金を払った際に、所有権移転請求権仮登記を申請する。さらに、本決済によって代金が支払われた段階で、本登記となる所有権移転登記を申請する。海喜館の取引もこのように行われた。

法務局は、特に仮登記の際には書類の要件さえ整っていれば、登記申請を受理するのが通例である。パスポートや保険証などの本人確認書類の真贋《しんがん》の確認は、申請者あるいはその代理人の司法書士に委ねられることがほとんどで、法務局が本人確認書類の真贋を審査することはほとんどない。これは本登記でも大差はない。明らかに詐欺だという、よほどの不審なものがなければ、法務局では申請者の本人確認書類まで綿密に精査しない。司法書士などの代理人が偽装を見抜けなかったり、共謀してしまっていれば、法務局も登記申請を疑いなく受理してしまう。かくして、まったくの他人が地主に成りすまして土地を手に入れ、第三者に売却してしまうということが起こり得る。

地面師たちは、登記手続きの弱点を狙っているのである。

海喜館の取引も、地面師たちが用意した本人確認書類は司法書士が審査しただけで、偽装は見抜かれなかった。海喜館の登記申請はあっさりと受理され、まずは、仮登記が設定された。

本来、地面師たちは仮登記の段階で手付金をせしめ、逃亡することが多いという。ここから先は露見するリスクが高いからだ。仮登記を行うと、本物の地主たちが仮登記に気づき、取引相手にも詐欺と気づかせる情報が多数寄せられることになる。

実際に、積水ハウスには仮登記（契約）後、本物の地主から内容証明が届き、地面師たちも数々の不審な行動をとってきたが、それらを意に介すこともなく、積水ハウスの担当者たちは、取引をやめなかった。本登記でも仮登記と同じように手続きが進めば、おそらく本登記申請も受理され、登記が実行されていただろう。

けれども、そうはならなかった。契約後に本物の地主の二人の相続人が仮登記の設定に気づいたからだ。彼らは慌てて積水ハウスや登記申請をした司法書士に、内容証明を送った。地主たちはのちにＩＫＵＴＡを相手取り民事訴訟を提起するが、その民事裁判の記録には、地主の相続人たちが必死で登記を阻止しようとした行動が記録されている。彼らは司法書士を通して、東京法務局品川出張所に「不正登記防止申出」を提出している。さらに、本物の地主の海老澤佐妃子の印鑑登録証、国民健康保険被保険者証のコピーを添付し、その原本は登記官によって確認された。結果、積水ハウスらの本登記申請は却下されたのである。

だが、他人に不正な登記申請をされ、被害者であるはずの地主たちが強いられた労力はかなり大きかったようだ。法務局の登記官からは、不正登記防止申出を受け取った後も「被害届を警察が受理しているか」、「(偽の地主が提出した)パスポートが偽造だという証明書を外務省で取得して欲しい」と請求されるなど、勝手に取引をしている人物が偽者であるという証明は、本物の地主たちが強いられたという。外務省からの回答は、「警察からの依頼がないと一般人からの依頼では対応できない」というもので、縦割りの役所に振り回されることも多かったようだ。

結局、保険証の偽造が法務局によって確認され、本登記は却下されたが、本物の地主たちは不正登記を防ぐだけでも、これほどの労力を強いられたのである。

それだけではない。仮登記を抹消するにも、地主たちは裁判を起こさなければならなかった。地主の海老澤佐妃子は一七年六月に亡くなった。海喜館を相続した二人は、おそらく相続税の支払いの懸念もあっただろう。海喜館を売却する必要に迫られた地主は、旭化成不動産レジデンス(以下、旭化成)に売却することを決めるが、問題が残されていた。

本登記が却下された後、積水ハウスは仮登記の抹消手続きを取ったが、ＩＫＵＴＡは仮登記の抹消に応じなかった。このことで相続人と旭化成の売却交渉は中断してしまう。不動産取引の実務に精通している司法書士の内藤卓は、こう解説してくれた。

「仮登記には順位保全効があります。登記記録上に、第三者による仮登記がなされていると、こちらが、所有権移転登記ができたとしても、後日、第三者が仮登記に基づく本登記をすれば、そちらが優先されることになってしまいます。取引に際しては、所有権移転請求権仮登記のような不穏な登記がされていることは、大きなマイナス要因になります。その障害が除かれない限り、取引に至ることは皆無といっていいでしょう。仮登記権利者とトラブルになる可能性があるからです」

止む無く地主たちは、ＩＫＵＴＡに対して一七年八月に「仮登記抹消請求」の訴訟を提起する。この裁判でＩＫＵＴＡ側は、地面師たちが逮捕され容疑を認める中でも、仮登記を抹消しない理由を「本物の地主と契約したからだ」と主張した。これを地裁判決は「失当」な主張と退けているが、裁判は控訴審までもつれてしまう。和解が成立したのは一九年に入ってからとみられる。

ＩＫＵＴＡが仮登記を抹消し、地主がようやく旭化成との売買契約ができたのは一九年五月のこと。不正に登記されたことが明らかでも、地主たちは長い年月をかけて裁判で争わなければ、自分の土地を自由に売ることもできなかったのだ。

積水ハウスは被害者であることだけを強調してきたが、不動産の専門業者として、公器の上場企業として、地面師事件を引き起こした責任は重いだろう。

組織の統治は構成員の納得感と信頼感に支えられている

積水ハウスの地面師事件に関与した人物と都内で二度、接触することができた。彼は事件の計画段階の詳細までは把握していない。ただし、主犯格の内田マイクとは旧知の仲で、カミンスカス操のこともよく知っていた。

「俺たちは普通の不動産取引もやれば、危ない取引もやる。誰かが大きな案件を持ってくれば、その時に弁護士や司法書士も集めて、プロジェクトを進めていく。古くから気の知れた仲間だから、何を考えて、何をやろうとしているかは、手に取るように分かっていたさ」

「主犯格の二人と積水ハウスの取引を振り返って、どう思いますか」

すぐに彼はこう答えた。

「妙な話だった。普通なら手付金で終わりのはずが、残金の決済まで進んでいった。小山（カミンスカス操）に欲が出たのだろうが、これはいくら何でも危ないなと思ったよ。内覧もあれば、司法書士の詳細な本人確認もあった。俺から見れば、身震いがするような危険な取引だ。一発でバレちゃうからな。それでもバレずに積水ハウスからカネが出た。俺もいろんな危ない取引を経験したが、こんなことは初めてだ」

「なぜ、積水ハウスは騙され続けたのでしょう」

「俺たちの仕事は、成功するという確信がないと成り立たない。確信があるからヤバい仕事でも一枚かみたいやつらが集まってくるんだ。確信は、内通者がいることで一気に高まるものだ」

捜査当局は、捜査を地面師の実行犯と主犯格に絞り込んだ。事件の全体像は闇の中だ。

積水ハウスの売上高は二兆円を超える。五五億円は同社にとって大きな金額とはいえない。だから、阿部が地面師事件について責任を追及されると、彼をかばう内田は「社長を辞めるほどの責任はない」と反論したのだろう。

また、彼らは和田が積極的に事件を公表し、調査を進めたのとは対照的に、後ろ向きな態度に終始した。積極的な説明がなければ、この事件の印象はますます不可解さが増すことを、彼らはほとんど考慮してこなかった。疑念は疑念を呼び、組織は不信感に包まれる。だからこそ、和田は事件を公表し、調査報告書を作成させて、ステークホルダーが納得感を得られる落としどころを探った。ところが、自らの地位の危うさを知った阿部と稲垣はそんなこともお構いなしに、クーデターを実行してしまう。

地面師事件、クーデター、株主提案の一連の流れで見せた、阿部ら四人の経営者たちの行動は、彼らの保身の動機と図らずも一致する。このことに和田や勝呂《すぐろ》文康《ふみやす》、藤原をはじめ、私に情報を寄せてくれた積水ハウスの幹部や社員の困惑と懸念が凝縮されている。それで、二万七〇〇〇人の社員や数十万に上るステークホルダーを納得させられるのだろうか。コーポレート・ガバナンスを語るまでもなく、組織の統治は構成員の納得感と信頼感に支えられているという、基本的なことに彼らの考えは至っていない。

いま一度、地面師たちがなぜ積水ハウスに付け入ることができたのか、それを考える必要があるのではないか。

堀内が食事会に誘った優秀な支店長たちは、ほころびを生む阿部体制の欠陥に気が付いているようだった。「今の積水ハウスでは、当たり前のことができない」と嘆く彼らの言葉は、いかにも重い。契約の水増しに始まる組織のゆがみは、新たな不正と損失を生み出す温床となってはいないか。調査報告書が「病巣が隠れて育っている可能性がある」と指摘した通り、地面師事件は、その一端が現れたに過ぎなかったのではないか。そんな彼らの不安を裏付けるように、いま子会社で不正が次々と明らかになっている。

阿部は、株主総会で地面師事件について株主たちにこう約束した。

「犯人たちの刑事訴訟の収束が、ある程度見込まれた時点で、さらなる説明責任を果たすための方法について検討して参りたい」

二〇二〇年一二月七日、積水ハウスは、地面師事件の一連の対応を検証した『総括検証報告書』を公表した。同年九月に取締役会の議決により発足した『総括検証委員会』によるもので、検証を委嘱された三人の委員は「利害関係を一切有しない」(『総括検証報告書』)法律事務所の「本総括検証を委嘱された以外、過去から現在に至るまで積水ハウスから業務の依頼を受けたことは一切ない」(同前)とされる弁護士が就いていた。内容は九一ページに及び、一連の刑事裁判や社内で蓄積されていた調査結果の情報、また関係者へのヒアリングによって、事件の経緯や一八年に取締役会に提出された調査報告書の内容を検証したものだ。

網羅的に地面師事件に関する情報が集約された報告書だが、その名の通り、あくまで検証を目的とした委員会であり、一部を除いて事実関係の分析は刑事裁判や調査対策委員会が収集した情報がベースとなっている。とは言え、地面師事件後に行われた再発防止策なども検証されており、独自の再発防止策が提言されるなど、注目すべき点は多かった。調査報告書の開示の在り方について、その問題点も社内での議論の内容を示して指摘している点で、興味深いものだ。

しかし、マンション事業本部や法務部、不動産部といった各部署の責任については調査報告書を追認する一方、経営陣や取締役会の責任は追認しなかった。

特に、私がこれまで問題にしてきた経営陣の責任に対する評価は、阿部が株主代表訴訟で示している主張や株主提案への反論などに沿う内容だ。阿部、稲垣、内田、仲井など、地面師事件の決裁に関わった経営陣の責任について、総括検証報告書はこう指摘している。

２０１８年報告書がここで指摘しているこれら役員の責任というものが法的責任を意味するのか、道義的責任を意味するのかも明らかではない。仮に前者であれば、取締役としての任務懈怠に該当するとの評価の根拠が明らかにされておらず、責任を議論する前提が欠けている。単に「審査が不十分であった」「最後の砦である」というだけでは、法的責任の根拠たり得ない。

また、道義的責任や経営責任という観点での指摘であったとしても、本件取引事故は積水ハウスないしその関係者が引き起こした不祥事事案ではなく、地面師グループによる詐欺被害を防止し得なかったという事案である。（中略）被害を防止し得なかった原因は積水ハウスの当時の稟議システム、社内環境や内部統制、あるいはリスク意識の希薄さといった点に認められるのであって、一部の業務執行取締役のみ重い責任を問われるようなものではなく、過去から本件取引事故まで積水ハウスの経営にあたった者の共通の問題である。

なぜ地面師事件から三年も経った今になって検証が行われたのか。地面師グループの刑事裁判は概《おお》ね確定したが、阿部に対する善管注意義務違反を問う株主代表訴訟は、これからが大詰めである。

このタイミングで総括検証委員に調査・検証が委嘱された背景には、執行責任者の責任を問うた「調査報告書」の結論を変える狙いがあるのだろう。委員会が立ち上がったタイミングといい、検証報告書が公開されたタイミングといい、阿部の責任を打ち消す評価は、結局は「保身」のための弁明総括に見えた。

保身にまみれた経営者を生んだもの

今回、二〇年間にわたって社長や会長兼CEOとして積水ハウスを率いてきた和田の行動を、長期間取材する機会に恵まれた。株主提案で復帰を試みた和田は「老害」と批判されたが、その是非はともかく、二兆円企業を作り上げた彼の勝負所での嗅覚《きゅうかく》には、驚かされることも多かった。

和田は一九九八年、社長に就任したが、二年目にはさっそく大きな決断に踏み切っている。土地バブルの時代に購入し、バブル崩壊で評価が大きく下がった保有資産の特別損失を約二二二〇億円計上し、二〇〇〇年一月期の決算は上場以来初の赤字に転落した。積水化学の持分法子会社でもあり、同社の決算にもマイナスの影響を与えたが、これは資産圧縮の先駆けとして評価された。

同年、積水ハウスに続き、丹羽宇一郎《にわういちろう》が社長として率いる伊藤忠商事が大幅な特損を計上し、V字回復を遂げたことはよく知られている。和田の決断は、それよりも数ヵ月、早かった。

二〇〇二年一月期にはさらに、固定資産や有価証券の評価損や退職金給付債務を償却し、約九〇〇億円の赤字を計上する。以降、積水ハウスはV字回復をたどり、〇八年のリーマンショックまで安定的な利益を出し続けた。

公益性への嗅覚も鋭かった。一九九七年に地球温暖化防止京都会議（COP3）が行われ、「京都議定書」が採択された。その翌年、社長に就任した和田は、さっそく全社的に環境活動をスタートさせる。業界でも先駆的な試みで、まだ京都議定書が発効される前、日本が批准を決める前のことだ。

京都議定書が正式に発効した二〇〇五年には、持続可能社会を目指す「サステナブル宣言」を出した。国連で「我々の世界を変革する：持続可能な開発のための二〇三〇アジェンダ」、いわゆるSDGs（Sustainable Development Goals）が採択される一〇年も前のことだった。環境活動は、エコハウスの開発につながり、それはいま海外進出の原動力となっている。

和田が株主提案の際に、ガバナンス改革を訴えたのも、ステークホルダー資本主義の萌芽《ほうが》をアメリカで察知したからだ。時代の変化を読み取り、ビジネスに活《い》かす才覚の一端を見せられた思いがした。

株主提案は戦略不足でプロキシファイトに敗れたが、決断力と行動力は、日本のコーポレート・ガバナンスの議論に一石を投じたと言えるだろう。和田は、二兆円企業を率いたカリスマを持つ経営者のすごみを、まだ残していた。

株主提案後、私は和田に電話でインタビューした。

「積水ハウスが環境に取り組み始めたのは、『環境未来計画』を策定した一九九九年からや。確かに業界的にも、世界的にも早いかもしれん。でも京都議定書が採択されたころは、もう消費社会が進んで、地球温暖化が言われ始めてから、ずいぶん、経っていたからね。住宅は、エコに対してやれることがたくさんあると考えていたんです」

「エコ住宅は、海外進出の原動力にもなりました」

「結果的にはな。でも、ワシらが海外に出た時、住宅のエコは、世界でも意識が高かったわけではないんですよ。ただし、オーストラリアは環境保全に関心があることは、すぐに気が付いた。ワシらはよくオーストラリアにゴルフに行っていたけど、入国するときの検疫が厳しくてな。空港で靴の裏を掃《はら》って、消毒までするんです。外来種のタネや雑菌を入れたくないからですよ。だから一番にオーストラリアに出ていった。プロゴルファーのグレッグ・ノーマンと仲良くなって、いろんな人を紹介してもらったしな」

「英語が話せない和田さんがなぜ、国際ビジネスを成功させることができたのか。それが不思議です」

「通訳に任せて、日本語で話したほうが、熱意が伝わるんですよ。だから取引相手に好かれたんです」

「社長時代の特別損失の決断は、どうしてできたのですか」

「あの巨額特損は、日本で一番早くやったんやで。ウチは一月決算やから、伊藤忠よりも早かった。すごいやろ。でもきつかったで。だって最初にやるんやから、何を言われるか分からんやろ。あんたの質問の答えは簡単や。ダメだったら、社長を辞めるつもりやったから。あの時、特損出さんかったら、その後は火の車やったやろうな」

「コロナウイルスの影響で、不動産業界も大きく変わるでしょうね」

「その通り。リモートワークが浸透して、家にいても、地方にいても、東京にある会社の仕事ができるようになる。人口の東京一極集中は崩れていくやろう。その仕掛けを今から始めんといかんが、サラリーマン経営者にできるかどうか」

「なるほど」

「言うとくけど、もう、ワシはやる気はないで。批判されるから」

「そうですね……。でも、和田さんもサラリーマンだったじゃないですか。ビジネスの嗅覚は、どのように培われたと思いますか」

「ワシらの時代は、事業を作り上げる経験を豊富に積めたからかもしれない。一番の思い出は、当時の田鍋健《たなべまさる》社長が、ワシが直談判《じかだんぱん》した事業を『やったれや』とOKしてくれたことや。資本金がまだ四億円くらいの時代に、同じくらいの金額の土地を買うてくれたんです。当時、ワシはまだ二〇代やで。そんなこと、想像もできんやろ。直属の上司はみな反対やったが、田鍋さんだけが認めてくれた。意気に感じたもんですよ。それでできたんが、名古屋市の高針《たかばり》団地です。

当時、高針団地のエリアは区画整理事業が行われていて、土地は担保設定のできない保留地だった。それをワシらは買って、分譲開発したのですが、担保を入れられないから、融資が受けられない。つまり、住宅ローンが組めないから、最初はまったく売れんかったんや。困り果てたけど、知恵を絞ってね。また田鍋さんに直談判して、積水ハウスが保証を付けることで、融資が下りる仕組みを作ったんです。最終的には、計画の四倍以上の分譲住宅を完売したよ」

「楽しかったでしょう」

「楽しかった。面白いことは何でもやらせてもらえた」

「阿部さんや稲垣さんは、和田さんのような経験を積めなかったのではないですか。時代が違うから」

「そうかもしれんな。でも後継候補に考えていた山崎はできる男やったで。彼が亡くなったんが、ワシには一番、きつかった。藤原くんも見込みのある男だったが、残念や」

「だったらなぜ、阿部さんを社長に選んだのですか」

「最初は、ワシの言うことをよう聞いてくれたんです」

「これは複数の関係者が証言したことなのですが、例えば、東北営業本部の契約の水増しの問題は、和田さんの耳にも入っていたでしょう」

「ワシは粗さがしをする人間じゃないんですよ。人を信じて生きてきましたからね」

少しずつ背伸びを繰り返して、成長を遂げ、ひたすらに夢を追いかけてきた。その足元をすくわれるまで、自分を追放しようとする人間がいることには気が付かなかった。高齢と権限の集中だけが、彼を失脚させた理由ではないだろう。実力で勝負することができない人間たちにとって、彼はもともと疎ましい存在だったのだ。ストレートな物言いと、狡猾《こうかつ》さのなさは、それゆえに、狡猾な人間を悩ませた。実績を残せず、社内政治に逃げ込んだ者たちは、彼の行動と言葉に、プライドを大いに傷つけられる。保身にまみれた会長を生んでしまったのは、他ならぬ実力会長だったのだ。

そしていま、積水ハウスは、実績を残そうとひたむきに取り組んできた者たちからパージされる会社となっている。前出の支店長は、こう語っている。

「地面師事件については、社員たちに未《いま》だまともな説明はありません。また、和田さんを追い落としたクーデターについても、社員たちには何の説明もありませんでした。そして今回のプロキシファイトについても、やはり我々に説明はありません。これに疑問を呈することは、タブーなのです」

支店長は、すでに積水ハウスを辞める決断をしていた。

倫理の価値表明

株主総会が終わった後、私は「週刊現代」や「現代ビジネス」の取材で、新型コロナウイルスが、社会をどう変えるのか、社会学者や経営学者たちの話を聞く機会に恵まれた。

感染症との戦いのためにロックダウンを強いられ、ソーシャルディスタンスという言葉が広がった。感染者への差別は、アメリカで人種差別につながり、日本でも感染者への憎悪を示すニュースにあふれている。

実体経済が悪化を続ける中で、株価は官製相場で押し上げられ、再び富裕層と庶民の格差を助長しかねない。

感染源となった中国は、折からの貿易戦争と相まって、米政権と激しい対立を続けている。深刻化する米中の対立は、世界恐慌後のブロック経済化への懸念も想起させている。グレーターアメリカとグレーターチャイナの二大経済圏が広がることで、世界は再び分断しかねないという懸念も生じている。

識者たちに共通していたのは、東アジアの諸国と比べて、ひたすら埋没の道をたどる日本の先行きに思いを巡らせていたことだ。日本はなぜ、経済的な停滞を続けているのだろうか。そして、日本はどうなるのか。

立教大学ビジネススクール教授で経営コンサルタントの田中道昭《たなかみちあき》は、地球温暖化で災害やウイルスの脅威が繰り返し襲ってくると予想して、人間の価値観もビジネス環境も大きく変わると指摘している。田中は精神科医で複雑系科学の先駆者であるウィリアム・ロス・アシュビーの「複雑な環境に対応できるシステムとは、それと同じだけ多様性のあるシステムである」(『必要多様性の法則』)との言葉を引用して、こう教えてくれた。

「多様性を受け入れるためにも、組織は最低限の共通項として『ミッション』『ビジョン』『バリュー』の共有が大切です」

その根底にあるミッション、ビジョン、バリューを形成する価値観こそが、いま問われているだろう。

地面師事件の不祥事にもかかわらず、保身と隠蔽《いんぺい》のクーデターで、経営陣はその地位を保ってきた。似たようなことが、日本の統治機構でも起こっていた。公文書の改ざんという犯罪が堂々と行われ、隠蔽も当然のことのように実行される。政権に忖度《そんたく》する人物たちに、改ざんを強要された財務省近畿《きんき》財務局の職員、赤木《あかぎ》俊夫《としお》さんは自死に追い込まれた。赤木さんの妻、雅子《まさこ》さんは国などを相手取り損害賠償請求訴訟に踏み切ったが、当然のことだろう。

しかし、それでも当時の政権は高い支持率を維持していた。偶然にも、その政権の首班の名前は〝アベ〟といった。

コロナ禍の中で湧いて出た自主監視団の「自粛警察」や「マスク警察」の登場も、支店長を監視する積水ハウスと共通してはいないだろうか。脛《すね》に傷を持つリーダーを戴《いただ》くと、国民同士あるいは社員同士の監視が強まる傾向があるようだ。

なぜ今、官僚たちは改ざんや隠蔽をしてしまうのか。危機に際しては、なぜ自警団のような人たちが登場してくるのか。東京都立大学教授で、社会学者の宮台真司《みやだいしんじ》はこう言った。

「日本は、お上に依存する『ヒラメ厨《ちゅう》』と、周囲にびくつく『キョロメ厨』がたくさんいるからです。これは二〇〇〇年の間、秩序を守り続けた江戸《えど》時代の善政や、『五人組』の統治戦略に由来しており、維新政府以降も隣組とか自治体、町内会に姿を変えて、今日まで存続している日本社会の特徴です。だから口ではＳＤＧｓとか、多様性と言っても、結局は辺りを見渡して、自分のポジションを確保している人が多いのです。

しかし、社会には倫理が事実として存在しています。その倫理とは『許せない』という感覚の共同主観性です。許せないという感覚が自分一人のものではなく、皆のものであるべきだと理解された時、個人の義務感が社会の倫理に昇格する。

一方で、倫理が社会から消失することもあります。『秩序は強制でなく倫理によって支えられるべきだ』と表明している哲学者のマイケル・サンデルは、『倫理で回る社会』から『監視と処罰で回る社会』への変化を憂えています。倫理の消失は歴史上、繰り返されてきましたが、それは内発性から損得勘定への頽落《たいらく》でもある。

いまは、人のクズ化（＝「言葉の自動機械・法の奴隷・損得マシン」）と、社会のクソ化（＝「言外・法外・損得外の消去」）が、倫理的存在の枯渇を通じて、社会に機能不全をもたらしています。倫理は、言外・法外・損得外のシンクロを前提としていますが、この能力が失われていると言えるでしょう。

ただし、僕は人間が、言葉の自動機械・法の奴隷・損得マシンに頽落するのを許せないし、皆も許せないはずだと確信しています」

言われてみれば、積水ハウスの株主総会もそうだった。法務スタッフの書いた文章をひたすら読み上げる（「言葉の自動機械」）。不正取引を違法性はないと言い換える（「法の奴隷」）。自分の損得の意識だけで、コロナの渦中で開かれた株主総会（「損得マシン」）。株主提案側は、その対極に立ち、言外、法外、損得外から、あるべき会社の姿を示し続けていた。

宮台の取材を終えたとき、私は和田と勝呂ら一一人の株主提案は、機能不全に陥る社会に対して、倫理を取り戻そうとする価値表明だったと評価するようになった。

立憲主義を取り戻せるか？

実は私は、和田や勝呂らの株主提案の前に、倫理の価値表明を強く感じた株主総会を取材している。

二〇一九年七月、オフィス用品通販大手のアスクルで騒動が勃発《ぼっぱつ》した。筆頭株主のヤフーが、創業社長の岩田彰一郎《いわたしょういちろう》に退陣を要求したのだ。アスクルは、八月の定時株主総会に向けて、指名報酬委員会や取締役会の手続きを経て、すでに岩田ら取締役の選任議案を決定しており、ヤフー側の要求を拒否した。

ヤフーの狙いは、アスクルの一般消費者向けのECサイトの「ロハコ事業」だった。ヤフーの社長の川邊《かわべ》健太郎《けんたろう》は、かねて岩田に対してロハコ事業の譲渡を求めていたが、ECサイトは今後の収益が見込めるアスクルの成長事業。岩田がヤフー側の要求を取締役会で諮ると、ロハコ譲渡はアスクルの既存株主の利益につながらないとして、拒否することが決定された。岩田が川邊にこの決定を伝えたところ、ヤフーは強権的に岩田の退任を求めてきたのだ。

ヤフーはアスクルの株式を四五％保有する筆頭株主。また、一〇％を持つオフィス家具・文具メーカーのプラス社もヤフーに同調していた。過半数を押さえる大株主の二社が、再任に反対するわけなので、岩田に勝ち目はない。しかし、記者会見を開いた岩田はヤフーの問題点をマスコミに発信し続け、ヤフーとの対決姿勢を鮮明にした。

ヤフーのやり方は、日本のコーポレート・ガバナンスの不備をつく悪手だった。

ヤフーと資本業務提携をする際、「イコール・パートナー」として、アスクルの独立性を維持することが両者の間で約束されていたという。契約違反の疑いもある中で、大株主のヤフーによる強権発動は、アスクルのガバナンスを否定し、少数株主の利益を無視するものだった。

問題は、ヤフーの親会社であるソフトバンクグループにも飛び火する。以前より市場で問題視されてきた「親子上場」の構図が鮮明だったからだ。自分たちの利益のために、親会社が支配権を使って、子会社の事業ソースを吸収していけば、子会社の少数株主たちは、不当に利益を逸することになる。そのため、英米独の資本主義先進国では、親子上場に厳しい視線が注がれており、少数株主保護が、支配株主には義務付けられている。

孫正義《そんまさよし》が総帥として君臨するソフトバンクグループには、携帯キャリア子会社であるソフトバンクKKがあり、ヤフーは後に「Zホールディングス」と改名して、ソフトバンクKKの傘下に置かれた。アスクルはそのヤフーの傘下である。ソフトバンクグループを頂点とすれば、子会社にソフトバンクKK、孫会社にZホールディングス、そしてアスクルは、ひ孫会社にあたるわけだ。

親会社の要求の前に、アスクルの少数株主の利益は、翻弄《ほんろう》された。ロハコ事業の譲渡要求に続く、大株主による岩田解任は、親子上場の弊害を絵にかいたような暴挙だった。

これに怒ったのは岩田だけではない。アスクルの独立役員会（利益相反のない取締役、監査役などの社外役員）は記者会見を開き、ヤフーを痛烈に批判する声明を出す。ところが、ヤフーは会見を開いた三人の独立社外取締役の選任にも反対した。

岩田とアスクルの独立取締役の三人は、最後までヤフーに抵抗し、注目を集めた。株主総会でバッサリと切られた岩田と独立取締役だったが、日本の親子上場問題に一石を投じた。二〇二〇年一月には、日本取引所グループに、親子上場問題を議論する研究会（「従属上場会社における少数株主保護の在り方等に関する研究会」）が発足している。

のちに、岩田は私に「あれは、僕らの七日間戦争だった」と語った。負けると分かっていても、許せない事に対して価値表明を貫いた岩田は、当時六八歳。いくつになっても、倫理を求めて、言外、法外、損得外の価値表明のために立ち上がる人が、日本にはまだいるのだ。

アスクルとヤフーの対立が表面化した際に、ソフトバンクグループの親子上場問題を指摘した論客の一人に、経営共創基盤の冨山和彦《とやまかずひこ》がいた。産業再生機構で、ダイエーやカネボウをはじめ数々の企業再生に辣腕《らつわん》を振るってきた人物だが、金融庁のスチュワードシップ・コード有識者検討会のメンバーでもある。彼は、少数株主保護義務をスチュワードシップ・コードに盛り込むよう意見書を提出している。

冨山に親子上場の問題点について解説してもらうと、ガバナンスの根本原理が、日本には根付いていない現状も見えてきた。

「現在、先進国の企業統治原理には、二つの根本原理があります。一つは物事を資本多数決で決める資本民主主義の原則。そしてもう一つは、一般の少数株主の権利を守る少数株主保護の原則です。どちらも、立憲主義の基本原則にある多数決と少数者の権利保護です。これと同じことが、上場企業の株式会社にも求められているわけです。

アスクルとヤフーの一件は、資本民主主義と少数株主の権利が激突していました。衝突したらどうなるか。憲法と同じように、少数株主の権利が優先されるのが、原則です」

「この原則が無視されると、やすやすと少数株主の権利が侵されるというわけですね」

「はい。英米独では明確に少数株主の保護が法律で謳《うた》われて、親会社の義務となっています。すると親会社は子会社の利益相反になることができなくなるし、そのつもりでなくとも利益相反を疑われ、訴訟に発展するリスクが増してくるので、自然と親子上場は解消されていきました。しかし、日本ではこの少数株主保護の基本原則が、法定されていないのです」

「なぜ、遅れているのでしょうか」

「日本では経済界を中心に、これを入れることに抵抗があったからです。しかし、世界的にも少数株主保護の基本原則は、論争の余地がありません。

上場資本市場の仕組みは天下万民の資本市場への信頼で成り立っています。上場企業の株式は、個人でも買えて、少数株主に支えられている。そして今、政府はＮＩＳＡ（少額投資非課税制度）やｉＤｅＣｏ（個人型確定拠出年金）を通して、国民の資産を上場市場に呼び込んでいる。日本は根本原理を整備せずに、市場を開放させてきたのです」

株主総会で、株主提案や個人株主がバカにされ続ける理由は、原理原則をないがしろにしている日本の株式市場に原因があるのだろう。

日本は資本主義や民主主義の原則を軽んじているのではないか。いいとこ取りの仕組みの悪用が、不祥事を生み、隠蔽を助長する温床になっている。しかし、解決の道のりはいつも長く、やがてたまった膿《うみ》が噴出し、壊滅的なダメージを受ける度に、誰かが犠牲となる。

いま世界では、ステークホルダー資本主義が掛け声となっているが、元伊藤忠商事社長、丹羽宇一郎はこう言っていた。

「背景には貧富の差や環境破壊などを防ぎ、持続可能社会を求める気運がある。このように世界が変わろうとしているときに、日本の経営者は周回遅れの株主最重視をとっている。変わるべき時に何も変わっていないのです」（「週刊現代」二〇二〇年四月四日号）

リーマンショックで暴走が明らかになった資本主義の改変の機運に、日本はこのまま乗り遅れ続けるのだろうか。

マックス・ヴェーバーの『プロテスタンティズムの倫理と資本主義の精神』には、世俗にあっても修道院にいるかのように禁欲的に行動するピューリタニズムの「世俗内的禁欲」が、実は資本主義的基盤を形成したことが論証されている。この論文でヴェーバーは、宗教的、倫理的な意味が失われ、競争的な感情しか残らない資本主義の発展が行き詰まりを見せる段階に現れる人間たちの姿を予見して、こう表現した。

「精神のない専門人、心情のない享楽人。この無のもの《ニヒツ》は、人間性のかつて達したことのない段階にまですでに登りつめた、と自惚《うぬぼ》れるだろう」

国連がＳＤＧｓを提唱する五〇年も前に、「社会的共通資本」という概念を着想した世界的経済学者・宇沢弘文《うざわひろふみ》（一九二八年～二〇一四年）を日本は生んだ。自惚れた「精神のない専門人、心情のない享楽人」の跋扈《ばっこ》する社会を懸念するかのような宇沢の姿を、ジャーナリストの佐々木実《ささききみのる》はこう書いている。

「グローバリゼーションの猛威によって、市場原理に輪郭を規定されてしまうような『人間』であってはならない。人間の側が、市場システムにあるべき『人間』の姿を可能とするような仕組みを埋め込むことで、真にゆたかな社会をもたらす市場経済をつくりだすことができる。

晩年の宇沢を突き動かしていたのは学問への情熱というより、焦燥にも似た憤りだった。いま、『人間』が資本主義に試されている——そんな危機意識を強く抱いていた」（佐々木実『資本主義と闘った男　宇沢弘文と経済学の世界』講談社、二〇一九年）

今は何かが足りていない。倫理や原則が軽んじられているからだろう。齟齬《そご》や矛盾が相次ぐ下で、根本的な社会の規範が解体していくその行く先には、川で石が浮かび、木の葉が沈むような混乱を極めた社会しかない。

重い十字架

『ヂメンシノ事件』という電子書籍がある。二口直士《ふたくちなおと》という銀行員を名乗るブロガーが執筆した小説だ。地面師詐欺被害に遭った積水ハウスがモデルとなっており、阿部をモデルとした社長が主人公として描かれ、和田をモデルとした会長が、取締役会で解任される物語。地面師事件の内容や取締役会の設定まで、現実とかなりの部分で重なっている。だが、本作では和田をモデルとした会長が悪玉として描かれる。

ワンマンで長期にわたり会社を牛耳る会長を、地面師事件という〝ささいな〟ミスでクビにされそうな主人公の社長が逆襲する。社長は半沢直樹《はんざわなおき》さながらに、取締役会で会長の不正を暴き、恐れをなした会長は辞任する。汚職にまみれ、私欲がむき出しの老害から会社を守った社長——。そう印象付けるストーリーだ。

小説がインターネット上に現れたのは、一九年の四月ごろ。どういう経緯で書かれたかは分からないが、私が取材で見てきたものとは、真逆の世界観だ。

私がここまで書いてきたことは、現実の資料と証言に基づき検証してきたものだが、それでも所《しょ》詮《せん》は私から見える一面的なものであり、世界の断片でしかないことを改めて思い直した。

必要なのは、阿部や稲垣の素直な認識に近づくことだろう。株主総会の後、改めて積水ハウスの広報を通じて、阿部と稲垣、仲井にインタビューを申し入れた。

しかし、彼らは、インタビューを受けてくれなかった。


株主総会後、提案した和田や勝呂をはじめ、一一人の候補者には失望感が広がった。株主提案を主導的にサポートした弁護士の松岡直樹は、総会直後、私にメールを送ってきた。

「ガバナンスキャンペーンの道のりは長く険しいですが、より良い社会を目指してがんばっていく必要があります」

藤原元彦は、すぐに仲間たちにＬＩＮＥを送った。

「様々な方から応援のお言葉もいただき、三四年間育ててくれた大好きな積水ハウスが良くなるならばと恩返しの気持ちで闘いました。今後は、株主提案活動に理解してくださった髙松建設と髙松名誉会長に恩返し致します。この機会に勉強したガバナンスを今後の人生に活かして行きたいと思います」

現在は高松コンストラクショングループが、藤原を招き入れて創設した「タカマツハウス」の代表取締役に就任し、一からホームビルダーを育てようとしている。

和田は今でも積水ハウスに関心を寄せているが、彼が先頭に立つことはもうないだろう。いまも不動産業を志す若手の実業家が、アドバイスを求めてくるそうだ。

アメリカの株主たちが立ち上げた「SAVE　SEKISUI　HOUSE」のサイトは、いまも存続し、時折更新されている。七月には会員にメールが送付されてきたが、勝呂が取材を受けた日経ビジネスの名物企画『敗軍の将、兵を語る』の紹介だった。勝呂はこう語っていた。

「開示すべきことは開示し、度が過ぎた『経営の裁量』を適正な水準に合わせ、情報公開を尽くすという基本的な所作を重んじる会社にしたかったのです。思いが伝わらなかったのは残念です。会社には、お客様と真摯に向き合い、社会的責任を果たすことを改めて事業の根幹に据えるようになってほしい」（二〇二〇年七月一七日・日経ビジネスオンライン）

阿部ら四人の経営者が背負ってきたのは、リーダーとしての責任なのだろうか。それとも公器を預かる経営者としての責任なのか。私には、彼らが重い十字架を背負っているように見える。

あとがき

「週刊現代」は、総合週刊誌として約六〇年の歴史を持っている。最近では「週刊文春」が目立っているが、総合週刊誌のいいところは、事件も政治も経済も、芸能も実用記事もなんでも取材ができることだ。二〇〇五年に「週刊現代」の記者になった私は、〇〇年代には、ハケン切りにあえいだ同世代を取材し、一〇年代には、東日本大震災や欧州ソブリン危機で疲弊していく日本の姿を見てきた。

その中で、オリンパスや東芝の粉飾決算事件にも触れた。両社では、善管注意義務違反を自覚し、後の損害賠償訴訟が提起されることを懸念した一部の幹部が、個人資産を親族に生前贈与して逃亡を図っていた。

問題の先送りが、負の遺産を内包し、これを引き継いだ経営者を醜い行動に駆り立てる。いつも気になっていたのは、変われないままの日本の姿と、着実に変わっていく世界の姿だ。

こうした取材の機会を与えてくれたのは、「週刊現代」で当初から一緒に仕事をしてきた今西武《いまにしたけ》史《し》さん、代泰征《だいやすゆき》さんの二人の編集者だ。いつも私を気にかけてくれる彼らがいなかったら、この世界で生きてはこれなかった。記者のキャリアをスタートした当初から、折に触れて知識を与えてくれたのは、「スローニュース」代表の瀬尾傑《せおまさる》さんや、「ＪＢｐｒｓｓｓ」の阿部崇《あべたかし》さん、ノンフィクションライターの西岡研介《にしおかけんすけ》さんである。また、ジャーナリストの磯山友幸《いそやまともゆき》さんや大西康之《おおにしやすゆき》さん、「週刊エコノミスト・オンライン」の金山隆一編集長の支えがなければ、この本も完成にたどり着くことはできなかった。そして、金山さんと共通の友人であるエコノミストの田代秀敏《たしろひでとし》さんには貴重なご意見をいただいた。

同僚の安部次郎記者や高木瑞穂《たかぎみずほ》記者の協力にも助けられた。

今回の取材は「週刊現代」、「現代ビジネス」での活動がなければ、到底、進めることができなかった。他社での出版を許してくれた「週刊現代」編集長の石井克尚《いしいかつなお》さんには特にお礼を言いたい。

そして、取材・執筆当初から、細部にわたり指導してくれた角川新書編集長の岸山征寛《きしやまゆきひろ》さんは、もう何年も前から、怠惰な私に熱心に「作品を書け」と叱咤《しった》激励を続けてくれた。

私を週刊誌の世界に導いてくれたのは、元ＮＨＫ社会部記者の小俣一平《おまたいっぺい》さんである。ようやく恩師に自分の作品らしいものを書いたと報告できる。これが何よりの喜びだ。

私の取材に協力してくれた関係者の方々、リスクを承知で証言してくれた方々に敬意を表したい。

二〇二一年四月

藤岡《ふじおか》　雅《ただし》

主要参考文献

※刊行・掲載年月日順に記載。記名記事は執筆者名も記している。

【書籍】
山本七平『勤勉の哲学　日本人を動かす原理』ＰＨＰ文庫、一九八四年
田鍋健『私の履歴書　経済人23』ｐ３３５～４２６、日本経済新聞社、一九八七年
マックス・ヴェーバー『プロテスタンティズムの倫理と資本主義の精神』岩波文庫、一九八九年
Ｐ・Ｆ・ドラッカー著、上田惇生編訳『マネジメント【エッセンシャル版】―基本と原則』ダイヤモンド社、二〇〇一年
経営法友会法務ガイドブック等作成委員会『内部通報制度ガイドライン』商事法務、二〇〇四年
積水ハウス株式会社　社史編集室『積水ハウス50年史』積水ハウス、二〇一〇年
和田勇『住まいから社会を変える―私の履歴書―』日本経済新聞出版社、二〇一五年
小室直樹『小室直樹　日本人のための経済原論（電子版）』東洋経済新報社、二〇一五年
森功『地面師　他人の土地を売り飛ばす闇の詐欺集団』講談社、二〇一八年
佐々木実『資本主義と闘った男　宇沢弘文と経済学の世界』講談社、二〇一九年

【報道記事】
『石油ヤミカルテル、「協定破棄せぬ限り」違法性は行政指導でも消えぬ――最高裁判決』

日本経済新聞、一九八二年三月一〇日
末村篤『〝実録〟マラソン株主総会「議場を混乱させない方法」教えます』日経ビジネス、
一九八三年五月一六日
『ソニー、マラソン総会、13時間半』日本経済新聞、一九八四年一月三一日
山田周平『積水ハウスが「営業統括本部」、「田鍋商店」脱皮めざす――決裁権限を委譲』
日経産業新聞、一九九四年二月四日
堀江泰史『総会屋との闘い正念場　株主総会シーズンで企業に不安感』朝日新聞、
一九九四年五月一〇日
『積水ハウス新社長に和田勇氏が昇格へ　奥井功社長は会長に就任　98年4月決定』
大阪読売新聞夕刊、一九九七年一一月二二日
『命絶った「キーマン」、3年で10人に――そごう破たん、真相抱え』毎日新聞、
二〇〇〇年一〇月一一日
『緊急リポート　積水ハウスで自殺者相次ぐ!!　何がそれ程までに社員を追い詰めるのか?』
月刊タクティクス、二〇〇四年三月号
『ドラッカー名言集』週刊ダイヤモンド、二〇一〇年一一月六日
『米年金基金、積水ハウスなどに不動産売却』日本経済新聞電子版、二〇一二年一月一八日
『積水ハウス、ワシントンで再開発　一等地取得へ』日本経済新聞電子版、二〇一六年一二月一日
『海外事業・M&Aに意欲　積水ハウス仲井次期社長』日本経済新聞電子版、二〇一八年一月二五日
『実は「解任」だった…積水ハウスの会長交代』日本経済新聞電子版、二〇一八年二月一九日
北西厚一『積水ハウス和田氏「社長交代打診、半年前あり得ず」』日本経済新聞電子版、

二〇一八年二月一九日
Joseph N. DiStefano『Will Philly lawyer Uchimoto's case boost U.S.-style corporate governance in Japan?』The Philadelphia Inquirer、二〇一八年三月三〇日
藤岡雅『積水ハウスの地面師事件、警察内部で「内通者説」が囁かれ始めたワケ』現代ビジネス、二〇一九年二月一四日
藤岡雅『積水ハウスがいまだ公表しない「地面師事件報告書」その驚きの中身』現代ビジネス、二〇一九年四月五日
藤岡雅『積水ハウスの地面師事件、ついに「あの土地」と「裁判所」が動いた！』現代ビジネス、二〇一九年六月二八日
藤岡雅『地面師事件の積水ハウス、エース社員「退任」で広がる社内不協和音』現代ビジネス、二〇一九年七月二六日
『重要判例紹介』金融・商事判例、二〇一九年九月一五日
金井和之、加藤裕則『(原発と関電マネー) 関電監査役、昨秋に把握 「違法でない」取締役会諮らず』朝日新聞、二〇一九年一〇月六日
野中大樹、一井純『積水ハウス地面師事件「封印された報告書」の全貌』週刊東洋経済、二〇一九年一〇月一九日
『4-Day Workweek Boosted Workers' Productivity By 40%, Microsoft Japan Says』National Public Radio, NPR、二〇一九年一一月四日
藤岡雅『特報！ 関西電力の調査委員長が積水ハウスでも暗躍』ＪＢｐｒｅｓｓ、二〇一九年一一月一一日

Joseph N. DiStefano『Why Japanese investor activists are picking the brains of some Philly-area experts』The Philadelphia Inquirer、二〇一九年一一月一二日
藤岡雅『積水ハウスの地面師事件、「封印」された「内部文書」を全部明かす！』現代ビジネス、二〇一九年一一月二八日
藤岡雅『地面師事件の積水ハウス、なんとアメリカで「問題視」され始めた……！』現代ビジネス、二〇一九年一二月三〇日
磯山友幸『積水ハウス地面師事件「マネロン」も焦点？ 米国人取締役候補らの指摘』現代ビジネス、二〇二〇年二月一八日
臼井真粧美、重石岳史『積水ハウス内紛で前会長が反攻、三菱ＵＦＪ巻き込み「マネロン手口」追及も』ダイヤモンド・オンライン、二〇二〇年二月二一日
『積水ハウス・和田前会長「私をクビにした阿部会長に告ぐ」』週刊現代、二〇二〇年二月二二日
藤岡雅『地面師事件の衝撃、三菱ＵＦＪに送られた「マネロン書簡」を入手した！』現代ビジネス、二〇二〇年三月一一日
『「四悪人」糾す積水「地面師」総会』月刊ＦＡＣＴＡ、二〇二〇年四月号
『変えられていた積水ハウス取締役会規則』週刊エコノミスト・オンライン、二〇二〇年四月六日
北西厚一『積水ハウスへの株主提案「真の目的は会社の正常化」』日経ビジネスオンライン、二〇二〇年四月六日
桑子かつ代『積水ハウス取締役争い　前ＣＥＯらが株主提案　改革期待で株価が上昇』週刊エコノミスト、二〇二〇年四月七日
藤岡雅『波乱必至、地面師に喰われた積水ハウスの株主総会』ＪＢｐｒｅｓｓ、

二〇二〇年四月一三日
藤岡雅『積水ハウスの女性役員候補は「不祥事対応」のプロ』ＪＢｐｒｅｓｓ、二〇二〇年四月一五日
北西厚一『積水ハウス、緊急事態宣言下でも開きたい株主総会』日経ビジネスオンライン、二〇二〇年四月一六日
大西康之『積水ハウス会長は不正取引を知っていた　55億円地面師事件　元不動産部長が実名告発』週刊文春、二〇二〇年四月一六日
『日本人は知らない、本物のリーダーが抱くこの国への「危機感の正体」　伊藤忠元会長・丹羽宇一郎氏が語る』現代ビジネス、二〇二〇年四月一八日
藤岡雅『緊急事態宣言下で積水ハウスが株主総会強行の事情』ＪＢｐｒｅｓｓ、二〇二〇年四月二〇日
『どっちが勝つか「積水ハウス」「会長派vs.前会長派」の多数派工作』週刊新潮、二〇二〇年四月二三日
『積水改革への思い、届かず〔敗軍の将、兵を語る〕　勝呂文康氏〔積水ハウス前取締役専務執行役員〕』日経ビジネスオンライン、二〇二〇年七月一七日
森創一郎『積水ハウス揺るがす子会社「不透明取引」の異様』東洋経済オンライン、二〇二一年一月二七日
石井宏樹、塚田真裕、飯塚大輝『Ｙｏｕｒ　Ｓｃｏｏｐ（ユースク）　みんなの取材班　積水ハウス子会社　元営業所長　架空工事の請求　サブリース　所有者に２５０万円』中日新聞、二〇二一年二月一七日

【企業リリース・資料等】

『代表取締役の異動に関するお知らせ』オリンパス、二〇一一年一〇月一四日
『上場会社における不祥事対応のプリンシプル』日本取引所自主規制法人、二〇一六年二月二四日
『分譲マンション用地の購入に関する取引事故につきまして』積水ハウス、二〇一七年八月二日
『分譲マンション用地の取引事故に関する調査対策委員会の設置について』積水ハウス、二〇一七年九月七日
『積水ハウス株式会社コーポレートガバナンス報告書』積水ハウス、二〇一七年一〇月二〇日
『サステナビリティレポート　２０１８』積水ハウス
『調査報告書』積水ハウス　調査対策委員会、二〇一八年一月二四日
『代表取締役の異動に関するお知らせ』積水ハウス、二〇一八年一月二四日
『代表者異動に関する一部報道について』積水ハウス、二〇一八年二月二〇日
『株主からの提訴請求について』積水ハウス、二〇一八年三月六日
『分譲マンション用地の取引事故に関する経緯概要等のご報告』積水ハウス、二〇一八年三月六日
『コーポレートガバナンス・コード』東京証券取引所、二〇一八年六月一日
『報告書』関西電力　調査委員会、二〇一八年九月一一日
『積水ハウス株式会社に対する株主提案』積水ハウス株主、二〇二〇年二月一七日
『株主提案に対する当社取締役会意見に関するお知らせ』積水ハウス、二〇二〇年三月五日
『調査報告書』関西電力　第三者委員会、二〇二〇年三月一四日
『日本版スチュワードシップ・コード』金融庁　スチュワードシップ・コードに関する有識者検討会、

二〇二〇年三月二四日
『第69回定時株主総会上程議案への議決権助言会社のレポートに関する当社見解について』積水ハウス、二〇二〇年四月
『第69回定時株主総会招集ご通知』積水ハウス、二〇二〇年四月一日
『株主総会運営に係るQ&A』経済産業省、二〇二〇年四月二日
『新型コロナウイルス感染防止への対応について』積水ハウス、二〇二〇年四月七日
『新型コロナウイルス感染防止への対応について（第二報）』積水ハウス、二〇二〇年四月一〇日
『第69回定時株主総会　開催場所・開始時刻変更等について』積水ハウス、二〇二〇四月一五日
『株主による当社第69回定時株主総会開催禁止等の仮処分の申立てに関するお知らせ』積水ハウス、二〇二〇年四月一七日
『第69回定時株主総会決議ご通知』積水ハウス、二〇二〇年四月二三日
『臨時報告書』積水ハウス、二〇二〇年四月二四日
『調査報告書』関西電力　取締役責任調査委員会、二〇二〇年六月八日
『総括検証報告書［公表版］』積水ハウス、二〇二〇年一二月七日

※その他、積水ハウスの有価証券報告書、決算短信、中期経営計画、また本文で触れた訴訟関連資料などを参照した。

装丁・図　長谷川じん（コマンド・ジー・デザイン）
写真提供　共同通信社
（積水ハウス本社の入る梅田スカイビル）

本書は書き下ろしです。
本文中に登場する方々の肩書きや年齢は、いずれも
取材・執筆時のものです。

藤岡 雅（ふじおか　ただし）
1975年4月6日、福岡県生まれ。拓殖大学政治経済学部卒。編集プロダクションを経て、2005年12月より講談社『週刊現代』記者。福岡のいじめ自殺事件やキヤノンを巡る巨額脱税事件、偽装請負問題などを取材。リーマンショックを機にマクロ経済やマーケット、企業研究などの分野に活動を広げ、東芝の粉飾決算の事件などを担当した。現在は『週刊現代』のほかに「現代ビジネス」、「JBpress」などに記事を寄稿している。

保身《ほしん》　積水《せきすい》ハウス、クーデターの深層《しんそう》

2021年５月28日　初版発行
2024年11月10日　４版発行

著者／藤岡《ふじおか》 雅《ただし》

発行者／山下直久

発行／株式会社KADOKAWA
〒102-8177　東京都千代田区富士見2-13-3
電話　0570-002-301（ナビダイヤル）

印刷所／株式会社暁印刷

製本所／本間製本株式会社

ISBN 978-4-04-109756-4　C0036